पञ्चतन्त्र

पञ्चतन्त्र

विष्णु भट्ट शर्मा

वाणी
प्रकाशन

प्रकाशन के उत्कृष्टतम 62 वर्ष

vaniprakashan.com

पेपरबैक पहला संस्करण : 2007
पेपरबैक दूसरा संस्करण : 2016
पेपरबैक तीसरा संस्करण : 2025

वाणी प्रकाशन

4695, 21-ए, दरियागंज, नयी दिल्ली-110 002

फ़ोन : + 91 11 23273167, 23275710

शाखाएँ

अशोक राजपथ, पटना-800 004, बिहार

कॉफ़ी हाउस कैम्पस, महात्मा गांधी मार्ग, प्रयागराज-211 001, उत्तर प्रदेश

महात्मा गांधी अन्तरराष्ट्रीय हिन्दी विश्वविद्यालय, वर्धा-442 001, महाराष्ट्र

sales@vaniprakashan.in
vaniprakashan@gmail.com

Panchtantra
by Vishnu Bhatt Sharma

ISBN : 978-93-5229-437-4
Collection of Stories

मूल्य : ₹ 195

जी.एस. ऑफ़सेट, दिल्ली-110 095 में मुद्रित

वाणी प्रकाशन का लोगो मक़बूल फ़िदा हुसैन की कूची से

अनुक्रम

प्रथम तंत्र

दुष्ट और लालची गीदड़

किसी समय दक्षिण देश में महिलारोप्य नाम का एक नगर था। उसमें वर्धमान नाम का एक व्यक्ति रहता था। वर्धमान जाति का वैश्य था। वह व्यापार करता था और अपने धंधे के सिलसिले प्रायः देश-विदेश की यात्राएं किया करता था। उसके पास अपार धन-सम्पत्ति थी, फिर भी और अधिक दौलत कमाने की उसकी भूख कभी शांत नहीं होती थी। एक बार रात के समय बिस्तर पर लेटे हुए उसने विचार किया कि मुझे अपनी सम्पत्ति को और अधिक बढ़ाने के लिए कोई उपाय करना चाहिए, क्योंकि धन ही एक ऐसी वस्तु है जिससे संसार की किसी भी वस्तु को प्राप्त किया जा सकता है। धनवान व्यक्ति मे ही सभी मित्रता करते हैं और धन न रहने पर तो संगे बंधु-बांधव भी साथ छोड़ दिया करते हैं। संसार में जिसके पास धन हो, उसी को उत्तम पुरुष माना जाता है, और उसी को विद्वान माना जाता है। गांठ में धन हो तो एक अपूज्य भी पूजनीय मान लिया जाता है। धन की महिमा समझ में आते ही उसने धन कमाने के उपायों पर विचार किया। धन कमाने के छः उपाय हैं। भिक्षा मांगकर धन कमाना, किसी की नौकरी करके धन कमाना, खेती-बाड़ी करके धन अर्जित करना, अन्य व्यक्तियों को विद्या दान देकर उससे धन कमाना, दूसरों को ब्याज पर ऋण देकर उससे धन हासिल करना, या फिर व्यापार द्वारा पैसा कमाना। इन छः उपायों में उसे अपना स्वयं का कार्य, व्यापार करना ही श्रेष्ठ लगा। क्योंकि भिक्षावृत्ति तो कपटी लोगों के कारण बदनाम हो चुकी है, नौकरी में परिश्रम का उचित मूल्य नहीं मिलता, खेती-बाड़ी के काम में परिश्रम बहुत करना पड़ता है और उसका

फल बहुत कम मात्रा में मिलता है। कभी-कभी तो नहीं भी मिलता, क्योंकि प्राकृतिक प्रकोप के कारण कभी-कभी खड़ी खेती नष्ट हो जाती है। शिक्षक बनकर शिक्षा देने का कार्य भी कोई अधिक मुनाफे वाला नहीं, और ब्याज पर ऋण देने में कभी-कभी मूल धन के ही डूब जाने का खतरा बना रहता है, अतः व्यापार करना ही श्रेष्ठ रहता है।

फिर वर्धमान ने यह भी विचार किया कि व्यापार में भी किस चीज का व्यापार करना ठीक रहेगा और किस चीज का गलत। किस चीज का व्यापार करने से लाभ हो सकता है और किस चीज के व्यापार में नुकसान होने की आशंका है। इन सभी बातों पर भली-भांति विचार करके उसने निश्चय किया कि वह व्यापार करने के लिए मथुरा जायेगा। फिर किन-किन वस्तुओं का व्यापार सम्भव है, यह विचार करके उसने सारी सामग्री एकत्रित की। उन वस्तुओं को बैलगाड़ी में लदवाया, गुरूजनों का आशीर्वाद लिया और परिजनों से स्नेहपूर्वक मिलकर, अपने साथ कुछ नौकर लेकर अपने संजीवक और नन्दक नामक बैलों को गाड़ी में जोतकर मथुरा के लिए चल पड़ा।

कुछ दिन तक तो उनकी यात्रा निर्विघ्न चलती रही, किन्तु दुर्दैव से जब उनका काफिला यमुना के कछार में पहुंचा तो वर्धमान के संजीवक नाम के बैल का एक पैर दलदल में फंस गया। उसने बलपूर्वक आगे बढ़ना चाहा तो बैल का वह पैर ही टूट गया। बैल का पैर ठीक हो जाने की प्रतीक्षा में वर्धमान वहीं पड़ा रहा।

जब उनको वहां पड़े हुए तीन दिन और तीन रात हो गए वर्धमान के साथियों ने उसको समझाया—'मित्र। इस बीहड़ वन में इस बैल के ठीक होने की प्रतीक्षा में इस प्रकार यहां रुके रहना बेकार है। यह वन अनेक हिंसक प्राणियों से भरा पड़ा है। शेर-चीते हाथी जैसे हिंसक जानवर यहां विचरण करते रहते हैं। किसी दिन उन्होंने हम पर आक्रमण कर दिया तो जान बचानी मुश्किल हो जायेगी। हमारे लिए यही बेहतर रहेगा कि इस स्थान को छोड़कर किसी सुरक्षित स्थान में चले चलें। कहा भी गया है कि किसी छोटी वस्तु के लिए बड़ी वस्तु की हानि नहीं करनी

चाहिए। संकट आने पर छोटी वस्तु का त्याग कर देना ही बुद्धिमानी समझी जाती है।''

वर्धमान को यह बैल बहुत ही प्रिय था। उसने जन्म से ही इस बैल को पाल-पोस कर बड़ा किया था। वह अपने प्रिय को इस हालत में छोड़कर नहीं जाना चाहता था किन्तु साथियों के आग्रह पर विवश हो गया। उसने बैल की देखभाल के लिए दो सेवक वहीं छोड़े और अपने शेष साथियों के साथ एक ही बैल के सहारे आगे को चल दिया।

वैश्य जब उन सेवकों की नजरों से ओझल हो गया तो दोनों सेवक उस वन की भयंकरता देख भयभीत हो उठे। वह रात तो आग जलाकर जैसे-तैसे उन्होंने काट ली किन्तु सुबह होते ही आपस में विचार-विमर्श किया। एक सेवक बोला—

''मित्र! एक मामूली से बैल के लिए इस प्रकार अपनी जान जोखिम में डाल बुद्धिमत्ता नहीं है। नौकरी तो कहीं और जगह भी पा लेंगे लेकिन किसी हिंसक जानवर ने हम पर आक्रमण कर दिया तो जान बचाने के लाले पड़ जाएंगे। उचित तो यही रहेगा कि इस बैल को इसकी किस्मत पर छोड़ें, और तत्काल यहां से भाग चलें।''

''लेकिन यदि सेठ ने पूछा तो क्या उत्तर देंगे?'' दूसरे ने आशंका व्यक्त की।

''अरे सेठ कौन-सा इसे देखने के लिए वापस आने वाला है। कह देंगे कि बैल मर गया। हम उसका दाह-संस्कार करके वापस लौट आए हैं।''

यह विचार दूसरे सेवक को भी पसंद आया। अतः उन्होंने संजीवक को उसके भाग्य के भरोसे छोड़ा और वहां से चले गए। दो दिन बाद वे वर्धमान के पास पहुंचे और उससे कह दिया कि संजीवक के मर जाने के बाद वे विधिपूर्वक उसका दाह-संस्कार कर आये हैं।

वर्धमान को अपने प्रिय के मरने का दुख तो बहुत हुआ, किन्तु विधि के विधान के आगे वह कर ही क्या सकता था। उसने रास्ते में एक नया बैल खरीद लिया और अपनी यात्रा जारी कर दी।

उधर संजीवक को वहां पड़े-पड़े हरी घास चरने को मिली तो उसकी कुछ पीड़ा भी कम हो गई। वह लड़खड़ाता हुआ उठा और इधर-उधर चलने का प्रयास करने लगा। इस प्रकार धीरे-धीरे लंगड़ाता हुआ वह यमुना के तट पर पहुंच गया। शेर-चीतों के भय से वहां घास चरने वाले पशु बहुत कम ही आते थे, अतः बहुत बड़ी मात्रा में वहां हरी-हरी घास थी। उस हरी घास को खाकर और यमुना का शीतल जल पीकर संजीवक कुछ ही दिन में स्वस्थ हो गया। इस प्रकार उस वन में निर्द्वंद्व रहता हुआ वह किसी सांड के समान हृष्ट-पुष्ट हो गया। किसी विद्वान द्वारा कहा गया यह कथन ठीक ही है कि यदि भाग्य साथ दे तो असुरक्षित वस्तु भी सुरक्षित रहती है। समय अनुकूल हो तो वन में छोड़ा हुआ अनाथ भी सुरक्षित रहता है, किन्तु यदि भाग्य विपरीत हो तो घर में रखी हुई सुरक्षित समझी जाने वाली चीज भी उसके पास नहीं रहती, चाहे इसके लिए आप अनेक उपाय ही क्यों न कर लें। नल-दमयन्ती का उदाहरण सामने है, भाग्य विपरीत हो जाने पर उनके कीमती हार को निर्जीव खूटी ही निगल गई थी।

उस जंगल में, जिसमें संजीवक रह रहा था, पिंगलक नाम का एक सिंह भी रहता था। उस जंगल में उसी का आधिपत्य था। वह उस जंगल का राजा था। अपने संगी-साथियों के साथ वह निर्द्वंद्व भाव से उस जंगल में विचरण करता था। एक दिन वह सिंह अपने साथियों सहित यमुना का जल पीने के लिए उस ओर आया। सहसा उसने देखा कि एक विशालकाय पशु यमुना तट पर विचरण करता हुआ दहाड़ रहा है। उसकी गर्जना सुनकर सिंह भयभीत हो गया। तट की ओर बढ़ने की बजाय वह समीप के एक वृक्ष के नीचे आकर बैठ गया। अपने चारों ओर उसने अपने संगी-साथियों को बैठा लिया। इस प्रकार उसने अपनी सुरक्षा के लिए व्यूह रचना कर ली।

कई वर्ष पहले पिंगलक का प्रमुख सलाहकार एक गीदड़ था। उसके मरने के बाद उसने करटक और दमनक नामक उसके दो पुत्रों को अपना मंत्री बना लिया। किन्तु जब उसने दोनों के रंग-ढंग अच्छे न देखे तो

उन्हें इस पद से हटा दिया। तब से ये दोनों अपने पद को पुनः प्राप्त करने के लिए पिंगलक के इर्द-गिर्द मंडराते रहते थे। आज भी जब दूर से उन्होंने अपने राजा को सहसा रुककर एक वृक्ष की जड़ में व्यूह बनाते देखा तो स्वयं भी वहीं रुक गए और दूर से ही उसकी ओर देखने लगे। दोनों में से जिस गीदड़ का नाम दमनक था, वह अपने भाई करटक नामक गीदड़ से बोला—"भाई करटक। हमारा राजा पानी पीने के लिए यमुना तट पर आया था, किन्तु पानी न पीकर यहां व्यूह बनाकर बैठ गया है। इसकी क्या वजह हो सकती है?"

"अरे भाई दमनक। हमें इससे क्या?" करटक बोला—"वह इस जंगल का राजा है। अपनी मर्जी का मालिक है, वह क्या और किस तरह का आचरण करता है इससे हमें कोई सरोकार नहीं होना चाहिए। क्योंकि जो व्यक्ति बिना उद्देश्य के कार्य करने की इच्छा करता है, उसका परिणाम अच्छा नहीं निकलता, बिना उद्देश्य के सिर्फ दिलचस्पी के कारण कार्य करने वाले एक बंदर को सिर्फ इसी कारण मौत का ग्रास बनना पड़ा था।

"अच्छा? वह भला कैसे?" दमनक ने पूछा।

करटक बोला—सुनाता हूं, सुनो!

करटक ने तब उसे यह कहानी सुनाई।

कील उखाड़ने वाला बंदर

किसी वैश्य (बनिए) ने अपने नगर के समीप के एक वन में देव-मंदिर बनवाना आरंभ किया। उसमें कार्य करने वाले मज़दूर तथा कारीगर दोपहर के समय भोजन करने के लिए अपने-अपने घर चले जाया करते थे।

एक दिन अकस्मात वानरों (बंदरों) का एक झुंड घूमता-घामता उस वन में आ निकला। वहां काम करने वाले कारीगरों में से किसी कारीगर ने लकड़ी का एक खाचा चीरकर उसमें एक खूंटा गाड़कर छोड़ दिया था। बंदर वहां पहुंचे तो उन्होंने उत्सुकतावश वहां रखी प्रत्येक वस्तु को टटोलना आरम्भ कर दिया। उनमें से एक नटखट बंदर उस अधचिरे खम्बे पर जाकर इस प्रकार बैठ गया कि उसके दोनों अंडकोष खम्बे के चिरे हुए भाग में लटक गए। उस बंदर ने उत्सुकतावश दोनों हाथों से खम्बे में फंसा खूंटा पकड़ लिया और लगा उसे उखाड़ने। उसके ऐसा करने से वह खूंटा तो उखड़ कर उसके हाथ में आ गया लेकिन खूंटा उखड़ने से खम्बे के दोनों चिरे हुए हिस्से खट की आवाज़ के साथ आपस में जुड़ गए और बंदर के दोनों अंडकोष उस चिरे हुए खांचे के बीच फंस गये। बंदर बहुत उछला-कूदा, लेकिन अंडकोषों को बाहर न निकाल सका। पीड़ा से चीखते-चिल्लाते हुए उसने अपनी जान दे दी।

यह कहानी सुनाकर करटक ने आगे कहा—"इसीलिए मैं कहता हूं कि हमें दूसरों के काम में टांग नहीं अड़ानी चाहिए। राजा के भोजन के बाद उसका बचा-खुचा हिस्सा हमें मिल ही जाता है, फिर बेकार के लफड़ों में पड़ने से क्या फायदा?"

करटक की बात दमनक को नहीं जमी। वह बोला—"भाई मेरे!

लगता है तुम तो केवल भोजन के लिए ही जीते हो। यह बात ठीक नहीं है। जो लोग बुद्धिमान होते हैं वे मित्रों के उपकार और शत्रुओं का विनाश करवाने के लिए राजा का आश्रय लेते हैं। अपना पेट तो हर कोई भर लेता है, पर जीने का अर्थ सिर्फ पेट भर लेना ही तो नहीं है। जीवन उसी का सफल माना जाता है जो दूसरों के लिए जीता है। जिसने कभी कोई महत्त्वपूर्ण कार्य नहीं किया उसने तो केवल अपनी माता की कोख को ही लजाया

है। नदी के तट पर उगे उस एक छोटे से तिनके का भी जीना सफल है जिसका आश्रय लेकर नदी में डूबता हुआ कोई व्यक्ति तट पर आ पहुंचता है। जरा सोचो मेरे भाई, काठ के भीतर छिपी आग का तो लोग उल्लंघन कर जाते हैं किन्तु जब वह अग्नि प्रज्ज्वलित हो जाती है तो कौन उसका उल्लंघन कर सकता है?"

दमनक का उपदेश सुनकर करटक पुनः बोला—वह सब तो ठीक है भाई, पर जब राजा ने हम दोनों को अपनी सेना से हटा दिया है तो

हमें राजा के विषय में जानने से क्या लाभ? ऐसा करने से तो हम अपमानित होंगे और दूसरे जीव हमारा मजाक उड़ायेंगे। मनुष्य को अनावश्यक बात नहीं करनी चाहिए, वहीं पर अपनी जबान खोलनी

चाहिए जहां कुछ लाभ होता हो। जैसे सफेद कपड़े पर ही रंग उभरता है, उसी प्रकार उचित समय और उचित स्थान पर बोला जाना ही

सार्थक होता है।" "नहीं भाई! मैं तुम्हारी इस बात से सहमत नहीं हूं।" दमनक बोला—राजा की सेवा में तत्पर रहने वाला

तो सामान्य व्यक्ति भी प्रधान बन जाया करता है। राजा

के बारे में तो ऐसा कहा जाता है कि जो

व्यक्ति उसके ज्यादा निकट रहता है, राजा

उसी से स्नेह करता है, भले ही वह व्यक्ति मूर्ख क्यों न हो। स्त्रियों और बैलों की तरह राजा भी अपने समीप रहने वाले व्यक्ति से ही प्रेम करता है। जो सेवक राजा के नज़दीक रहता है वह यह भी जान लेता है कि राजा कब प्रसन्न होगा और कब क्रोधित होगा। और तब वह

उसी के अनुरूप आचरण करता है तथा ऐसा करके वह राजा का कृपापात्र बन जाता है। जिनके अंदर कुछ करने की लगन होती है और जो उत्साही होते हैं वे क्या नहीं कर सकते? ऐसे लोग तो भंयकर विषधरों, हिंसक व्याघ्रों और सिंह जैसे मदमस्त जन्तु को भी अपने वश में कर लेते हैं। ऐसे लोग राजा का विश्वास प्राप्त कर लेने पर बहुत कुछ प्राप्त कर लेते हैं। "तो अब आपका क्या इरादा है?" करटक ने पूछा।

"मेरा इरादा स्पष्ट है।" दमनक ने बताया– हमारा स्वामी सिंह इस समय भयभीत है। उसके साथ रहकर व्याघ्र, चीता, भेड़िया आदि भी डरे हुए हैं। मैं राजा के पास जाकर यह जानना चाहता हूं कि उनके डरने का कारण क्या है? कारण जान जाऊंगा तभी संधि, विग्रह, यान, आसन, संश्रय और द्वैधी भावों में से किसी एक भाव को अपना कर अपना काम बनाने की कोशिश करूंगा।

"मगर हमारा स्वामी सचमुच में भयभीत है, ऐसा आप किस तरह कह सकते हैं? "यह भी तो हो सकता अकस्मात उसके पेट में शूल उठने लगा हो, या किसी आकस्मिक बीमारी से उसका चेहरा मलिन पड़ गया हो।"

"अरे भाई, इसमें जानने को है ही क्या?" कथित अर्थ को तो पशु भी समझ जाते हैं। व्यक्ति के चेहरे के भाव देखकर, संकेत करने पर तो हाथी, घोड़े आदि सवार को उसके स्थान पर ले जाते हैं। बुद्धिमान तो वह है जो बिना बताए ही व्यक्ति के मनोभावों को ताड़ ले। मेरे विचार से पिंगलक आज निश्चित ही भयभीत है। मैं उसके पास जाकर पहले उसके मनोभावों को जांचूंगा, फिर उसके भय का कारण जानना चाहूंगा। तत्पश्चात अपनी बुद्धि के अनुसार उसे निर्भय करने का प्रयत्न करूंगा। इस प्रकार मैं अपना खोया हुआ मंत्रित्व प्राप्त करने का प्रयत्न करूंगा।"

"लेकिन भाई! यह तो आप जानते ही नहीं कि सेवा क्या होती है।" करटक ने संशय व्यक्त किया–"फिर आप उसको अपने अनुकूल कर पायेंगे?"

"यहां तुम भूल कर रहे हो करटक। सेवा कैसे होती है यह मैं

भली-भांति जानता हूं। अपने पिता के साथ रहता हुआ, विद्वानों के मुख से सब प्रकार के नीति-शास्त्र सुन और समझ चुका हूं। सबका सार यही है कि बस तुम किसी प्रकार अपने राजा को खुश कर लो, फिर तो सब कुछ तुम्हारा ही है।''

इस तरह दमनक ने करटक को सेवा के अनेक 'प्रकार' बताये। उसने बताया कि राजा की सेवा में रहते हुए दूत को यमदूत और हाला (मद्य) को हलाहल (ज़हर) समझना चाहिए। युद्ध के समय सेवक को राजा के निकट रहना चाहिए एवं जब राजा नगर-यात्रा पर जाए तो सदैव उसके पीछे रहना चाहिए। राजभवन में जब सेवक अपनी नौकरी पर उपस्थित हो, तब उसे राजा के द्वार पर उपस्थित रहना चाहिए। ऐसा करने वाला सेवक ही राजा को प्रिय होता है।

''इस बारे में पहले वाक्यों का निर्धारण जरा मुश्किल है। वहां मैं जैसी परिस्थिति देखूंगा, उसी के अनुसार अपनी बुद्धि का प्रयोग करूंगा।

इस पर करटक ने पुनः संशय व्यक्त किया। बोला—'सोच लीजिए तात! जिस प्रकार कठोर पाषाण, हिंसक सिंह, व्याघ्र और विषधर सांपों आदि से घिरे रहने के कारण पर्वत दुरारोह होते हैं, उसी तरह शठों, धूर्तों और दुष्ट व्यक्तियों से घिरे रहने के कारण राजा भी आसानी से प्रसन्न नहीं किये जा सकते। राजा भी तो कुटिल सर्पों की भांति ही होते हैं, जो केवल मंत्रों द्वारा ही साधे जा सकते हैं। सर्पों के समान वे भी दुमुंहे ही होते हैं।''

''ठीक है मेरे भाई।'' दमनक बोला—''किन्तु जिस व्यक्ति का जैसा स्वभाव होता है, उसको उसी प्रकार के आचरण से वशीभूत भी किया जा सकता है। बस मुझे तो स्वामी को उसके मनोनुकूल आचरण से प्रभावित करना होगा। अनुकूल आचरण करने से राजा तो क्या राक्षस भी वश में हो जाते हैं।''

दमनक की बात सुनकर करटक कुछ हार-सी मानता हुआ बोला—''अच्छा भाई। यदि आप जाना ही चाहते हैं तो जाइए। ईश्वर आपकी सहायता करेगा। पर वहां जाकर बहुत सावधान रहना, क्योंकि

तुम्हारे भाग्य पर ही मेरा भाग्य भी निर्भर है।''

तब करटक की स्वीकृति पाकर दमनक ने उससे विदा ली, और पिंगलक की ओर चल पड़ा।

पिंगलक भयभीत भाव से अभी भी व्यूह बनाकर बैठा हुआ था। उसने दमनक को आते देखा तो चीते से कहा—''इसे रोकना मत, मेरे पास आने देना। यह मेरे पूर्व मंत्री का पुत्र है, शायद कोई काम की बात बताने आया हो।

किसी ने दमनक को नहीं रोका। दमनक निकट पहुंचा और सिंह को सादर प्रणाम कर एक ओर खड़ा हो गया।

''कैसे हो दमनक? बहुत दिन के बाद दिखाई दिए।'' सिंह ने पूछा। दमनक ने नम्रतापूर्वक कहा—'स्वामी मैं यहां किसी विशेष प्रयोजन से आया हूं। व्यक्ति जैसा भी हो, चाहे वह उत्तम प्रकार हो अथवा मध्यम या निम्न प्रकार का, राजा का तो सभी से वास्ता पड़ता है। राजन, कभी-कभी छोटा-सा जीव भी अपने स्वामी का बहुत बड़ा कार्य सिद्ध कर देता है, जैसे दांतों में अटकी हुई किसी चीज को निकालने के लिए तिनके की आवश्यकता होती है, वहां तलवार काम नहीं कर सकती, उसी प्रकार कभी-कभी छोटा-सा जीव भी बहुत बड़ा कार्य कर जाता है। फिर मैं तो सदैव से ही आपका सेवक रहा हूं। आपको याद होगा, मेरे पिता ने भी जी-जान से आपकी सेवा की थी।

''हमें मालूम है दमनक! पर तुम कहना क्या चाहते हो? और इस उदाहरण को हमें बताने का क्या प्रयोजन है?''

''वही तो बता रहा हूं स्वामी।'' दमनक बोला—''जिस प्रकार सोने में जड़ने योग्य किसी मणि को यदि किसी रांगे (एक प्रकार की धातु) में जड़ दिया जाए तो बेचारी मणि तो कुछ कहेगी नहीं, हां, उसकी शोभा जरूर समाप्त हो जाएगी। ठीक उसी प्रकार जिस राजा को योग्य और अयोग्य व्यक्ति की पहचान न हो, उस राजा के आश्रय में रहना हानिकारक सिद्ध होता है। जो राजा कांच को मणि और मणि को कांच समझता हो, उसके राज्य में कोई योग्य सेवक स्थिर नहीं रह सकता। राजा अपने

सेवक पर अत्यधिक प्रसन्न होने पर भी केवल उसे धन ही प्रदान करता है किन्तु सेवक तो राजा के लिए अपने प्राणों तक की बाजी लगा देने को तैयार रहता है। गुणी व्यक्ति अपने गुणों के विकास से ही प्रसिद्धि को प्राप्त करता है। राजन! मैं आपका भक्त हूं और बुद्धिमान भी हूं। अतः मेरी प्रार्थना है कि आप एक बार अपनी सेवा का अवसर अवश्य दें।''

''सिर्फ़ इतनी-सी बात के लिए इतनी बड़ी भूमिका बांध रहे थे दमनक?'' सिंह ने किंचित मुस्कराकर कहा–'जो कुछ तुमने बताया वह सब ठीक है। वैसे भी तुम मेरे एक वफादार मंत्री के पुत्र हो, अतः जिस कार्य के लिए तुम मेरे पास आए हो, उसे निर्भय होकर कहो।'

सिंह की बात सुनकर दमनक प्रसन्न हो गया। उसने सोचा, बन गया काम। पर प्रकटतः वह बोला–''स्वामी! मुझे एक आवश्यक निवेदन करना है।''

''ठीक है, बोलो।''

''यहां सबके सामने पूछना उचित नहीं होगा स्वामी। आचार्य वृहस्पति ने भी अपने आख्यानों में कहा है कि राजा का कैसा भी छोटे से छोटा कार्य हो उसे जन समुदाय के बीच नहीं कहना चाहिए।''

पिंगलक ने अपने मंत्रियों की ओर देखा तो वे सब समझ गए और राजा के कहे बिना ही वहां से दूर खिसक गए। उनके जाने के बाद दमनक राजा के और करीब आया और धीरे से पूछा–'राजन! आप यमुना में जल-पीने के लिए गए थे किन्तु आपने जल नहीं पिया और अचानक वहां से आकर यहां बैठ गए। इसका क्या कारण है?''

''कोई विशेष कारण नहीं है।'' पिंगलक अपने भय को छिपाते हुए बोला–''बस वैसे ही एकाएक जल पीने की इच्छा जाती रही और यहां आकर विश्राम करने के लिए बैठ गया।''

''ठीक है। यदि कोई गोपनीय बात है तो रहने दीजिए, देव! क्योंकि शास्त्रों में भी कहा गया है कि कुछ बातें ऐसी होती हैं जिन्हें अपनी पत्नी से भी गुप्त रखना पड़ता है।''

पिंगलक ने सोचा, यह गीदड़ बहुत बुद्धिमान लगता है, इसे अपने मन की बात बता देनी चाहिए। अतः उसने दमनक से कहा–'दमनक! दूर से यह जो गर्जना सुनाई पड़ रही है तुम उसे सुन रहे हो?"

"सुन रहा हूं, स्वामी। पर इससे क्या?"

"बस, इसी आवाज़ के कारण मैं इस वन को छोड़कर अब किसी अन्य वन में जाने की सोच रहा हूं।"

"सिर्फ़ एक आवाज़ से डरकर? नहीं स्वामी यह उचित नहीं होगा।"

"सच कहूं दमनक, मुझे तो इस आवाज़ से बहुत ही डर लग रहा है। लगता है कोई अत्यन्त भयानक जन्तु इस जंगल में आ पहुंचा है जिसका यह गर्जन है। जिसका गर्जन ही इतना भयंकर है वह स्वयं तो न जाने कितना भयंकर होगा।"

दमनक को मौका मिल गया। वह बोला–"स्वामी! सिर्फ़ शब्द-मात्र को सुनकर ही भयभीत नहीं होना चाहिए। अपने पूर्वजों द्वारा सुरक्षित इस वन को छोड़कर सहसा किसी अन्य जगह चले जाना उचित नहीं है। शत्रु के प्रताप को देखकर जो व्यक्ति धैर्यपूर्वक स्थिर नहीं रह सकता उसका तो जीवन ही व्यर्थ है। देव! कभी-कभी भयानक ध्वनि मात्र ढोल की पोल सिद्ध होती है। किसी गीदड़ ने एक भयानक वस्तु को देखकर पहले यह सोचा था कि वह रक्त और मांस से परिपूर्ण होगी, किन्तु जब उसने उसके अंदर घुसकर देखा तो वहां केवल सूखे चमड़े और कुछ लकड़ी के अलावा उसे कुछ भी नहीं मिला।"

पिंगलक ने पूछा–"यह क्यों कर हुआ?"

दमनक ने तब पिंगलक को एक लालची गीदड़ की यह कहानी सुनाई।

ढोल की पोल

किसी जंगल में गोमायु नाम का एक गीदड़ रहता था। एक दिन वह भूख से व्याकुल होकर जंगल के उस भाग में जा पहुंचा जहां कभी दो राजाओं की सेनाओं में युद्ध हुआ था। गीदड़ अपना शिकार तलाश कर रहा था कि तभी उसने एक भंयकर आवाज़ सुनी। उस आवाज़ को सुनकर गीदड़ भयभीत हो गया और एक झाड़ी में छिप गया। उसने मन ही मन सोचा कि आज तो मारा गया, न जाने किस हिंसक जीव की आवाज़ है यह! आज जीवन नहीं बचेगा।

लेकिन फिर उसका विवेक जागा। उसने अपने मन में कहा कि कम से कम मुझे यह तो देख ही लेना चाहिए कि वह जीव कैसा है? ऐसा सोचकर वह उस दिशा में चल पड़ा, जिधर से ढम-ढम की आवाज़ आ रही थी। दरअसल वह एक नगाड़ा था जो कुछ वर्ष पहले हुई लड़ाई के दौरान किसी सैनिक के हाथ से गिर पड़ा था। हवा से हिलती वृक्ष की टहनिया जब उससे टकरातीं तो उससे ढम-ढम की आवाज निकलने लगती थी।

खैर, डरता झिझकता हुआ वह गीदड़ किसी प्रकार उस ढोल के नजदीक पहुंचा। एक पेड़ की आड़ में छिपकर पहले उसने यह निश्चित किया कि इस चीज से कोई खतरा नहीं है, तब वह ढोल के पास पहुंच गया। ढोल को देखकर वह खुश हो गया। उसने सोचा कि आज तो कई दिन का भोजन एक ही स्थान पर मिल गया। गीदड़ ने इधर-उधर देखकर तत्काल ढाल में अपने दांत गड़ा दिए। ढोल का चमड़ा पुराना हो चुका था, अतः वह बड़ी मुश्किल से गीदड़ से कट सका। ढोल फाड़ने

की कोशिश में गीदड़ के एक-दो दांत भी टूट गए। ढोल के चिर जाने पर गीदड़ अपनी पीड़ा भूलकर ढोल के अन्दर घुसा। उसे उम्मीद थी कि अन्दर नरम-नरम मांस खाने को मिलेगा, लेकिन यह देखकर उसे बहुत निराशा हुई कि ढोल तो अंदर से बिल्कुल खोखला था। अपने दुर्भाग्य को कोसता हुआ गीदड़ ढोल से बाहर निकल आया और दूसरे किसी शिकार की तलाश में आगे बढ़ गया।

यह कथा सुनाकर दमनक ने पिंगलक से कहा—"स्वामी, इसीलिए मैं कहता हूं कि आपको केवल आवाज़ सुनकर ही भयभीत नहीं हो जाना चाहिए।"

"परन्तु मैं करूं भी तो क्या? मेरे सारी अनुयायी तो भयभीत होकर यहां से भागना चाह रहे हैं। मैं अकेला यहां कैसे रह सकता हूं?"

"इसमें दोष आपके अनुयायियों का नहीं है स्वामी। जब आप स्वयं ही डरे हुए हैं तो उनका डरना तो स्वाभाविक ही है, फिर भी कोई बात नहीं, मैं इस आवाज़ का पता लगाने के लिए जाता हूं, मेरा निवेदन है कि मेरे लौटने तक न तो आप और न ही आपके अनुयायी कहीं जाएं।"

पिंगलक को यह सुनकर बहुत अचम्भा हुआ। उसने पूछा—"क्या तुम सचमुच वहां जाओगे दमनक?"

"एक सच्चे सेवक के लिए स्वामी की आज्ञा का पालन करना ही परम धर्म होता है, महाराज। चाहे वह कार्य करणीय हो अथवा अकरणनीय।"

"ठीक है, जाओ। ईश्वर तुम्हारी रक्षा करें।"

दमनक जब चला गया तो पिंगलक सोचने लगा—मैंने यह अच्छा नहीं किया जो इस गीदड़ पर विश्वास करके अपने मन की बात बता दी। यदि इसने अपने मंत्रिपद से हटाने का बदला चुकाना चाहा तो फिर क्या होगा। कहा भी गया है कि जो सेवक सम्मनित किए जाने के बाद अपमानित किया जाता है वह अपने स्वामी के विनाश का ही प्रयत्न करता है। अतः मेरे लिए यही अच्छा रहेगा कि किसी सुरक्षित जगह पर छिपकर बैठ जाऊं और गीदड़ की गतिविधियों पर ध्यानपूर्वक निगाह रखता रहूं।

यही सब सोचकर वह वहां से उठकर दूसरे स्थान पर चला गया और दमनक के लौटने का इंतजार करने लगा।

उधर दमनक वहां से चलकर उस जगह पर पहुंचा जहां संजीवक आनन्द से हरी-हरी घास चर रहा था। समीप जाकर दमनक ने जब यह विश्वास कर लिया कि यह तो एक बैल है तो वह आश्वस्त हो गया। तब उसने मन में सोचा कि अब मैं पहले तो सिंह से इसकी दोस्ती कराऊंगा फिर शत्रुता कराकर पिंगलक को संधि-विग्रह की नीति से अपने वश कर लूंगा। यहीं सोचकर वह संजीवक से मिले बिना ही वापस लौट गया।

सिंह ने दमनक को अकेले आते देखा तो उसकी जान में जान आई। उसने अपने अनुयायियों को बुला लिया और पहले की तरह व्यूह बनाकर बैठ गया। दमनक उसके समीप पहुंचा और उसको प्रणाम कर एक ओर बैठ गया। सिंह ने उत्सुकता से उससे पूछा—"दमनक। क्या देख आए उस जन्तु को?"

"देख आया महाराज!"

"कैसा है वह?"

"महाराज। वह बहुत ही बलवान जीव है। आप तो उसके आगे कुछ भी नहीं हैं। फिर भी उसने मुझसे कुछ नहीं कहा।"

"सामर्थ्यवान लोग दीनजनों से कुछ नहीं कहते हैं, दमनक। उसकी दिलचस्पी तो बराबर के लोगों से टक्कर लेने में होती है। खैर, अब यह बताओ कि क्या वह हमसे मिलने को यहां आ सकता है?"

"क्यों नहीं आएगा स्वामी? वह जरूर आयेगा। मैं उसे यहां ला सकता हूं।"

"क्या सचमुच तुम उसे ला सकते हो?" सिंह ने आश्चर्यचकित होकर पूछा।

"हां स्वामी, हां। आपको शायद अभी भी मेरी बुद्धिमत्ता पर संदेह है, लेकिन मैं दावे के साथ कहता हूं कि मैं उसे यहां ले आऊंगा और वह भी आपके एक सेवक के रूप में। बुद्धि के बल पर क्या कुछ सिद्ध नहीं किया जा सकता?"

''दमनक। यदि तुम यह कार्य कर सकते हो तो समझ लो आज से ही तुम्हारा मंत्रिपद सुरक्षित है। आज से तुम ही इस प्रकार के मेरे सारे कार्य किया करोगे।''

यह सुनकर दमनक का सीना गर्व से फूल गया। वह तुरन्त वहां से उठकर संजीवक के पास चल दिया।

वह सीधा संजीवक के पास पहुंचा और बड़े गर्व से बोला—अरे दुष्ट बैल! हमारे स्वामी पिंगलक कहते हैं कि तुम इस प्रकार इस वन में निर्द्वंद्व विचरण करते हुए शोर क्यों मचा रहे हो? उन्होंने तुम्हें तुरन्त अपने सामने पेश होने को कहा है।''

''किन्तु यह पिंगलक कौन है, और तुम कौन हो?'' संजीवक ने आश्चर्य से पूछा।

दमनक अकड़कर बोला—आश्चर्य की बात है, तुम हमारे स्वामी सिंहराज पिंगलक को नहीं जानते। वह इस जंगल के राजा हैं, और मैं हूं उनका मंत्री। अब चुपचाप मेरे साथ चले चलो। मेरे स्वामी यहां से कुछ दूर एक बरगद के वृक्ष के नीचे अपने सहायकों के साथ बैठे हुए हैं।''

सिंह का नाम सुनते ही संजीवक समझ गया कि अब उसका जीवन समाप्त ही है। वह अनुनय भरे स्वर में दमनक से बोला—''भद्र, आप तो बड़े ही सज्जन और उदार दिखाई देते हैं। यदि आप मुझे वहां लिवाकर ले ही चलना चाहते हैं तो बस मुझ पर इतनी कृपा कर दीजिए कि अपने महाराज से पहले मुझे क्षमादान दिलवा दीजिए।''

दमनक कहने लगा—''बात तो तुमने नीति की कही है। अच्छा तुम यहीं बैठो, मैं राजा का विचार जानकर आता हूं।''

दमनक वहां से उठकर पिंगलक के पास पहुंचा और उससे कहने लगा—''महाराज। वह कोई साधारण बैल नहीं है। वह तो भगवान शंकर का वाहन नन्दी है। उसने कहा भी है कि वह तो भगवान शंकर की आज्ञा से ही इस वन में विचरण करता हुआ हरी-हरी घास चरा करता है। भगवान शंकर ने उसको यह वन प्रदान कर दिया है।''

पिंगलक समझ गया कि तभी वह इस बीहड़ वन में बिना किसी भय के निर्द्वंद्व भाव से विचरण कर रहा है। उसने पूछ लिया—"तब तुमने क्या कहा, दमनक?"

"मैंने उसको कहा कि यह बन तो भगवती चंडिका के वाहन मेरे स्वामी सिंहराज पिंगलक को मां भगवती ने स्वयं प्रदान किया है मां उनकी आज्ञा के बिना इस वन से कोई तिनका भी नहीं तोड़ सकता। मैंने उसको आपके सम्मुख चलने को कहा तो उसने कहा कि पहले उसे अभयदान मिलना चाहिए।"

पिंगलक को यह जानकर बहुत खुशी हुई कि दमनक ने बात को बड़ी चतुराई से समाप्त किया था। वह बोला—"दमनक। तुम तो बहुत नीति निपुण हो। जाओ उससे जाकर कहा दो कि मैंने उसे अभयदान दिया। अब तुम उसको यहां लिवा लाओ ताकि उसकी ओर से मुझे भी अभयदान मिल सके।"

अपनी चतुराई पर मन ही मन प्रसन्न होता हुआ दमनक संजीवक के पास पहुंचा और उससे कहा—"मित्र, मैंने अपने स्वामी से तुम्हारे लिए अभयदान प्राप्त कर लिया है। अब तुम निर्भय होकर उसके पास जा सकते हो। लेकिन मेरा ध्यान रखना। राजा की निकटता पाकर मुझे मत भूल जाना। यह बात कभी भी मत भूलना कि मैंने ही अपने राजा से तुम्हारी मित्रता कराई है। मैं भी अपनी प्रतिज्ञा के अनुसार तुम्हारे परामर्श से सारे काम करूंगा। इस प्रकार हम दोनों मित्र बनकर दुनिया के सुख-वैभव का उपभोग करेंगे। क्योंकि शास्त्रों में भी कहा गया है कि जो व्यक्ति अधिकार के मद में पड़ जाता है, उत्तम, मध्यम अधवा अधर्म तीनों वर्गों के कर्मचारियों का यथोचित सम्मान नहीं करता, वह राजा का प्रिय होते हुए भी उसी प्रकार पतन के गर्त में गिर जाता है जिस प्रकार दंतिल सेठ पतन के गर्त में जा गिरा था।

संजीवक ने पूछा—"यह दंतिल सेठ कौन था मित्र?"

दमनक ने कहा—"बताता हूं, सुनो।"

दमनक ने तब यह कथा सुनाई।

दंतिल और गोरंभ

वर्धमान नगर में दंतिल नाम का एक आभूषणों का व्यापारी रहता था। वह बहुत होशियार व्यक्ति था। अपनी व्यवहार कुशलता से उसने न सिर्फ़ राजा को बल्कि नगर के नागरिकों को भी प्रसन्न कर रखा था। वैसे तो ऐसा कहा जाता है कि जो व्यक्ति राजा का हित करता है वह समाज की दृष्टि में हीन होता है और जो समाज का हितैषी होता है उससे राजा द्वेष करने लगता है, किंतु दंतिल इसका अपवाद था। उसको राजा भी प्यार करता था और समाज में भी उसका सम्मान था।

दंतिल की एक कन्या थी। जब उसकी कन्या का विवाह हुआ तो उसने इस अवसर पर समस्त नागरिकों और राजकर्मचारियों को सादर निमंत्रित करके उन्हें भोजन कराया और वस्त्रादि देकर उन्हें सम्मानित किया। यहां तक कि राज परिवार को भी बुलाकर उनका आदर-सत्कार किया।

राजा के अनुचरों में एक गोरंभ नाम का अनुचर था जो राजमहल में झाड़ू लगाने का काम करता था। राजा के साथ वह भी सेठ के यहां दावत में गया था। मौजमस्ती के आलम में गोरंभ एक ऐसे ऊंचे आसन पर जाकर बैठ गया जो उसके लिए नहीं था। सेठ ने जब उसे ऐसा करते देखा तो उसे गुस्सा चढ़ आया और उसने गोरंभ को अपमानित कर वहां से निकाल दिया। गोरंभ इस अपमान से जल-भुन गया। उसने मन ही मन दंतिल से बदला लेने का निश्चय कर लिया।

एक दिन प्रभात के समय जब राजा अर्धनिद्रा में लेटा हुआ था, गोरंभ राजा के पलंग के आसपास झाड़ू लगाते हुए बड़बड़ाया—"दंतिल

की धृष्टता तो देखो, अब वह रानी का आलिंगन भी करने लगा हैं''

राजा उसकी बड़बड़ाहट सुनकर हड़बड़ाकर उठ बैठा और बोला–''गोरंभ। अभी-अभी जो तुम बड़बड़ा रहे थे क्या वह सच है?''

गोरंभ बोला–''स्वामी। मैं जुआ खेलने की धुन में रात-भर जागता रहा हूं, इसलिए मुझे नींद की एक झपकी लग गई थी। मैं नहीं जानता कि मैंने अभी क्या कहा है?''

गोरंभ तो बात टाल गया। लेकिन राजा के मन में ईर्ष्या की आग भड़क चुकी थी। वह सोचने लगा–गोरंभ और दंतिल महल में बे-रोक टोक आते-जाते हैं। हो सकता है गोरंभ ने दंतिल को रानी का आलिंगन करते हुए देख लिया हो इसीलिए उसने इस तरह की बात कही है। वैसे भी स्त्रियां किस पुरुष के प्रति मन में अनुराग रखती हैं यह जानना बहुत कठिन है। स्त्रियों के विषय में तरह-तरह की कल्पनाएं करता हुआ राजा दंतिल से मन ही मन अप्रसन्न हो गया। उसने आज्ञा प्रसारित कर राजभवन में दंतिल के प्रवेश पर पाबंदी लगा दी।

राजा के इस प्रकार नाराज होने पर दंतिल को बड़ी चिंता हुई। वह विचार करने लगा तो उसने पाया कि कौए में पवित्रता, जुआरी में सत्यता, सर्प में क्षमा, स्त्रियों में काम-शांति, कातर में धैर्य , शराबी में विवेक और राजा में मैत्री-भाव किसने देखा या सुना है। मैंने तो राजा के किसी प्रियजन अथवा राजा का कभी अनिष्ट नहीं किया है, फिर राजा मुझसे इस तरह नाराज क्यों हो गया?

दंतिल राजा को प्रसन्न करने के विचार से जब एक बार राजभवन की ओर गया तो द्वारपाल ने उसे रोक लिया। गोरंभ ने जब यह दृश्य देखा तो उसने द्वारपाल से कहा–'अरे भाई, इसको क्यों रोकते हो। जानते नहीं कि यह राजा का विशेष कृपापात्र है। इसको नाराज मत करो। इसको नाराज करके कहीं ऐसा न हो कि तुम भी मेरी तरह राजभवन से धक्के मार कर निकाल दिये जाओ।

दंतिल ने सुना तो उसका माथा ठनक गया। उसको विश्वास हो गया कि गोरंभ ने ही राजा को उसके खिलाफ भड़काया है। वह सोचने

लगा कि राजा की सेवा में व्यक्ति चाहे कितना ही कुलहीन मूर्ख और राजा द्वारा अपमानित क्यों न हो, समाज में उसका आदर होता है। उसको अपने द्वारा गोरंभ का अपमान किया जाना याद हो आया।

दंतिल राजभवन से वापस लौट आया। उसने उसी रात गोरंभ को अपने घर बुलाकर उसका उचित आतिथ्य-सत्कार किया और उसे सम्मान सहित विदा करते हुए पिछले कृत्य के लिए क्षमा-याचना मांग ली। गोरंभ बोला—"आप चिंता न कीजिए सेठ। अब मैं आपके और राजा के बीच उत्पन्न हुए मतभेदों को दूर करा दूंगा। राजा फिर से आप पर कैसे प्रसन्न होता है, यह आप शीघ्र ही देख लेंगे।"

किसी ने ठीक ही कहा है कि तराजू की डंडी की तरह ही क्रूर व्यक्तियों का स्वभाव होता है। वे थोड़े से भार पर ही कभी ऊपर हो जाते हैं तो कभी नीचे। दूसरे दिन जब पहले की तरह प्रातः राजा के शयनकक्ष की सफाई करने के लिए गया तो पहले दिन की तरह ही बड़बड़ाने लगा—"हमारे महाराज भी विचित्र जीव हैं जो मल-त्याग के समय भी ककड़ी खाया करते हैं।"

राजा ने सुना तो वह बोला—"गोरंभ। यह क्या बकवास कर रहे हो। क्या तुमने मुझको कभी ऐसा करते देखा है?" गोरंभ ने फिर उसी प्रकार कह दिया कि रात भर जुआ खेलता और जागता रहा है, इस कारण तन्द्रा में वह पता नहीं क्या कह जाता है।

गोरंभ की बात सुनकर राजा ने सोचा—"मैंने आज तक कभी भी मल-त्याग करते समय ककड़ी नहीं खाई, लेकिन फिर भी इस मूर्ख ने मेरे विषय में यह सब कह दिया। जब यह मेरे विषय में ऐसा कह सकता है तो दंतिल के बारे में भी इसने झूठ ही कहा होगा। उस बेचारे को अपनी कृपा और राज सम्मान से वंचित करके मैंने ठीक नहीं किया। उसकी अनुपस्थिति में अनेक कार्य शिथिल भी हो गए हैं।" यह सोचकर राजा ने दंतिल को आदरपूर्वक अपने महल में बुलवाया और उसे सम्मानित कर पुनः उसके पूर्व पद पर प्रतिष्ठित कर दिया।

यह कथा सुनकर दमनक ने संजीवक से कहा—"इसीलिए मैं कहता

हूं कि घमंड के कारण जो व्यक्ति छोटे-बड़े सभी राज सेवकों का सत्कार नहीं करता उसे दंतिल की भांति ही पदच्युत होकर अपमान सहन करना पड़ता है।

संजीवक बोला—"मित्र। आप ठीक कहते हैं। मैं वहीं करूंगा जो आप आदेश देंगे।"

तत्पश्चात संजीवक से ऐसा आश्वासन पाकर दमनक उसे पिंगलक के पास ले गया। उसने पिंगल को सादर प्रणाम किया और बोला—"स्वामी। अपने वचन के अनुसार मैंने संजीवक को आपके समक्ष प्रस्तुत कर दिया है। अब आप जैसा उचित समझें, करें।"

संजीवक भी पिंगलक को सादर प्रणाम करके खड़ा हो गया। पिंगलक ने उसके ऊपर अपना दायां हाथ रखते हुए अभयदान दिया और कहा—"आप सकुशल तो हैं। कहिए, इस जंगल में कैसे आ गए आप?"

तब संजीवक ने उसे अपनी सारी कथा सुना दी।

सारी बात सुनकर पिंगलक ने संजीवक से कहा—"मित्र। डरने की कोई बात नहीं। आज से तुम बेफिक्र होकर इस वन में विचरण करो।"

संजीवक को आश्वस्त करके पिंगलक ने अन्य वन्य प्राणियों के साथ यमुना के तट पर जाकर जल पिया। फिर समस्त राजकाज करटक और दमनक को सौंपकर आनंद के साथ रहने लगा।

संजीवक ने कुछ ही दिनों में उस मूर्ख पिंगलक को इतना बुद्धिमान बना दिया कि वह अपनी हिंसा वृत्ति को भी भूल गया। संजीवक से वह इतना प्रभावित हो गया कि अब जब कोई भी मंत्रणा करनी होती थी तो दोनों एकांत में करते। यहां तक कि मंत्रणा करते समय दमनक और करटक का प्रवेश भी नहीं होता था। शेष अन्य प्राणी मौन बैठे रहते।

स्थिति यहां तक पहुंच गई कि सिंह के शिकार से बचे हुए भोजन को खाने वाले छोटे-छोटे जानवर भूखे रहने लगे। करटक, दमनक और अन्य जानवर इस स्थिति पर चिंता करने लगे।

दमनक ने कहा—"भाई करटक। राजा की नजरों में अब हमारी कोई महत्ता नहीं रही है। जीविका का प्रबंध न होने से सभी सेवकगण

भाग गए हैं। राजा जब कर्त्तव्य विमुख हो जाए तो मंत्री का धर्म है कि वह उचित समय पर राजा को समझाए।''

करटक झुंझलाकर बोला—''तुम्हीं ने यह सब किया है। एक घास चरने वाले जानवर को राजा का मित्र बना दिया।''

दमनक ने कहा—तुम ठीक कहते हो? दोष राजा का नहीं, मेरा ही है। हमारी स्थिति तो बिल्कुल वैसी हो गई है जैसे मर्दों के युद्ध में गीदड़ की, दूसरों का काम करने में दूती की, और आसाढ़भूति की स्थिति खराब हुई थी। तीनों ने अपने विनाश का कारण स्वयं बनाया था।

''अच्छा! वह भला कैसे?' करटक ने पूछा।

दमनक बोला—सुनाता हूं, सुनो!

धन का लोभ

किसी निर्जन वन में संन्यासियों का एक मठ था। उस मठ में देवशर्मा नाम का एक संन्यासी रहता था। मठ में आने-जाने वाले लोग उसे बहुमूल्य वस्त्र एवं धन आदि उपहार में देते रहते थे, जिसके कारण उसके पास काफी धन इकट्ठा हो गया था।

देवशर्मा किसी पर विश्वास नहीं करता था। उसे हर समय अपने धन की रक्षा की चिन्ता रहती थी। अपने पास एकत्रित धन को वह अपने ही कक्ष में रखता था।

किसी ने ठीक ही कहा है। पहले तो धन कमाने में ही बहुत कष्ट होता है और फिर उसकी रक्षा की चिन्ता सताती रहती है कि कहीं कोई उस धन को चुरा न ले जाए। तत्पश्चात खर्च करने में भी दुख होता है। इस प्रकार धन मनुष्य के लिए सर्वदा कष्टकारी ही है।

देवशर्मा के पास एकत्रित धन की खबर आसाढ़भूति नाम के एक चोर को भी लग गई। चोर सोचने लगा—''इस संन्यासी के धन को कैसे चुराऊं? मठ की दीवारें पत्थरों की हैं इसलिए सेंध नहीं लगाई जा सकती। इतनी ऊंची दीवारों को लांघा भी नहीं जा सकता। अब एक ही उपाय है कि इसे छल-कपट से ठग लूं।''

एक दिन आसाढ़भूति 'ओउम् नमः शिवायः' का मंत्र बोलता हुआ संन्यासी देवशर्मा के पास गया और उसको साष्टांग प्रणाम करके बोला—'भगवन। यह संसार निस्सार है। युवावस्था भी पहाड़ी नदी के वेग की भांति अस्थिर है। यह जीवन अग्नि में पड़े तिनके की तरह क्षणभंगुर है। मित्र, पुत्र, नौकर के संबंध भी स्वप्न की तरह असत्य हैं। यह सब

तो भली-भांति समझ गया हूं। अब आप कृपा करके मुझे वह कर्म बताएं जिसको करने से मैं भवसागर से पार हो जाऊं।''

चोर की बात सुनकर देवशर्मा आदर सहित बोला—''वत्स। तुम धन्य हो, जो इस उम्र में ही तुम्हारे मन में वैराग्य उत्पन्न हो गया है।''

आसाढ़भूति ने देवशर्मा के पैरों को पकड़कर विनीत भाव से कहा—''भगवन्। आप मुझे दीक्षा देने की कृपा करें।''

यह सुनकर देवशर्मा बोला—''मैं तुम्हें दीक्षा तो दे दूंगा किंतु रात में इस मठ में रहने के लिए स्थान नहीं मिलेगा। संन्यासी को निस्संग रहना चाहिए। यह तुम्हारे और मेरे लिए ठीक रहेगा। तुम दीक्षित होकर मठ के द्वार पर बनी कुटिया में शयन करना।

यह सुनकर आसाढ़भूति ने कहा—''भगवन्। मेरे लिए आपका आदेश ही सब कुछ है।''

इस प्रकार आसाढ़भूति देवशर्मा का शिष्य बन गया। अब वह नित्य प्रति देवशर्मा की सेवा-सुश्रूषा में ही लगा रहता। इससे देवशर्मा प्रसन्न तो हो गया किंतु धन की पोटली कभी उसके शरीर सो अलग नहीं हुई। यह देखकर आसाढ़भूति चिंता में पड़ गया। वह सोचने लगा कि इस प्रकार तो यह धन कभी उसके हाथ नहीं लगेगा, तब क्यों न किसी दिन इस संन्यासी की हत्या कर दूं और धन लेकर चम्पत हो जाऊं। आसाढ़भूति ऐसा विचार कर ही रहा था कि तभी देवशर्मा के किसी शिष्य का पुत्र उसको निमंत्रित करने के लिए वहां आ पहुंचा। निमंत्रण पाकर देवशर्मा आसाढ़भूति को साथ लेकर अपने शिष्य के घर चल दिया। आगे चलकर एक नदी मिली। देवशर्मा ने अपनी पोटली को गुदड़ी में छिपा दिया और आसाढ़भूति से बोला—''मैं जब तक शौच से निवृत्त होकर आता हूं तब तक तुम भगवान शिव की प्रतिभा से युक्त इस गुदड़ी को सावधानीपूर्वक देखते रहना।'' इस प्रकार उसको गुदड़ी पकड़ाकर वह जंगल में चला गया।

ज्यों ही देवशर्मा आंखों से ओझल हुआ, आसाढ़भूति उस गुदड़ी को लेकर चम्पत हो गया।

उधर शौच से निवृत्त होकर जब देवशर्मा लौटने लगा तो उसने दो मेढ़ों को लड़ते देखा। दोनों एक-दूसरे को सिर से टक्कर मार रहे थे। वहां एक गीदड़ भी था जो बीच-बीच में उन दोनों के पास आकर उनका रक्त चाट रहा था।

गीदड़ को इस तरह करते देख देवशर्मा ने सोचा–''यह गीदड़ भी कितना मूर्ख है। यदि वह दोनों के बीच फंस गया तो तत्काल मर जाएगा।''

ऐसा ही हुआ। रक्त चाटने के लालच में गीदड़ दोनों मेढ़ों के बीच फंस गया और दोनों की टक्कर से कुचलकर मर गया।

देवशर्मा जब शौच से निवृत्त होकर लौटा तो देखा कि वहां न तो आसाढ़भूति था और न उसके धन की पोटली। वह चिल्लाया–''हाय-हाय मैं लुट गया। आसाढ़भूति, मुझे लूटकर तुम किधर चले गए?'' बहुत देर विलाप करने के बाद आसाढ़भूति के पैरों के निशानों को ढूंढता हुआ देवशर्मा धीरे-धीरे चलने लगा। चलते-चलते सूर्यास्त के समय उसे एक गांव मिला। उस गांव का पहला ही घर एक जुलाहे का था। वह जुलाहा मद्यपान के लिए अपनी पत्नी को साथ लेकर नगर को जा रहा था। देवशर्मा ने जब उससे रात को ठहरने के लिए आश्रय मांगा तो जुलाहा अपनी पत्नी को उसके पास छोड़ कर स्वयं मद्यपान करने के लिए नगर को चला गया।

जुलाहे की पत्नी व्यभिचारिणी थी। अतिथि सेवा में घर रह जाने की बात सुनकर वह प्रसन्न हो गई। तभी उसे अपने प्रेमी देवदत्त का स्मरण हो आया। उसने देवशर्मा को एक टूटी चारपाई देकर कहा–''भगवान। आप घर का ध्यान रखियेगा। मैं अपनी सहेली से मिलकर अभी आती हूं।''

वह खूब श्रृंगार करके अपने प्रेमी देवदत्त से मिलने जा ही रही थी कि इतने में उसका पति नशे में झूमता हुआ वहां आ पहुंचा। पति को वापस आते देख जुलाहे की पत्नी जल्दी से घर में चली गई और आभूषण उतारकर पहले की तरह बैठ गई।

जुलाहे ने संजी-धजी अपनी पत्नी को जल्दी-जल्दी लौटते देख लिया था। घर में घुसते ही वह गुस्से से बोला–''पापिन। तू इस समय कहां

जा रही थी?"

पत्नी के मुख से विपरीत बातें सुनकर जुलाहे को गुस्सा आ गया। वह लाल-लाल आंखें करके बोला—"मैं तेरे बारे में बहुत दिनों से सुन रहा था। आज आंखों से देखकर विश्वास हो गया है। अब मैं तुम्हें बताऊंगा।" इतना कहकर जुलाहा अपनी पत्नी पर पिल पड़ा और उसे मार-मार कर अधमरा कर दिया। इतने पर भी उसे संतोष नहीं हुआ, उसने अपनी बेहोश पत्नी को एक खम्भे से बांध दिया और स्वयं नशे में धुत होने के कारण सो गया।

कुछ ही देर बाद जुलाहे की सहेली एक नाइन वहां आई और उससे बोली—"तेरा प्रेमी देवदत्त तेरी प्रतीक्षा कर रहा है। जरा-जल्दी से उसके पास चली जा।"

"पर मैं कैसे जा सकती हूं?" जुलाही बोली—"मैं तो इस खम्भे में बंधी पंड़ी हूं। तुम उससे जाकर कह दो कि आज रात मिलना नहीं हो सकेगा।"

"अरी तेरा पति तो इस समय नशे में धुत सोया पड़ा है।' नाइन बोली—अब वह सुबह से पहले नहीं उठेगा। तू ऐसा कर, अपने स्थान पर मुझे बांध दे। अंधेरे में तेरा पति देखेगा तो भी यही समझेगा कि तू अभी भी बंधी पड़ी है। फिर तू अपने प्रेमी से मिलकर चली आना और मेरे स्थान पर स्वयं बंध जाना।"

"ठीक है, जैसा तुम कहती हो, वैसा ही करूंगी।" जुलाही ने कहा।

तब नाइन ने जुलाही के बंधन खोल दिए। जुलाही अपनी सहेली नाइन को अपने स्थान पर बांधकर देवदत्त से मिलने चली गई।

जुलाही के जाने के थोड़ी देर बाद जुलाहे की नींद खुल गई। उसका नशा कम हो गया था। वह उस स्थान पर आया जहां उसने अपनी पत्नी को खम्भे के साथ बांध दिया था। निकट आकर वह बोला—"यदि तुम आज से फिर कभी बाहर जाने का नाम न लो और पर-पुरुषों से मिलना छोड़ दो तो मैं तुम्हें खोल सकता हूं।"

किंतु नाइन ने आवाज पहचान लिए जाने के डर से कोई उत्तर न

दिया, जुलाहा बार-बार अपनी बात दुहराता रहा। जब उसने कोई जवाब न दिया तो वह क्रोधित हो उठा। उसने छुरी ली और उसकी नाक काट डाली। फिर वह बोला–"अब तू इसी तरह बंधी रह। अब मैं तुमसे कभी बात नहीं करूंगा।" यह कहकर वह फिर से सो गया।

भोर होने से कुछ प्रहर पूर्व जुलाही अपने प्रेमी देवदत्त से मिलकर घर वापस लौट आई और अपनी सहेली नाइन से बोली, "तुम कुशल तो हो? मेरे जाने के बाद मेरा पति उठा तो नहीं था?"

नाइन बोली–"नाक को छोड़कर शेष शरीर कुशल है। अब तू मुझे जल्दी से खोल दे ताकि मैं इस दुष्ट के उठने से पहले अपने घर चली जाऊं।"

जुलाही ने जल्दी से नाइन के बंधन खोल दिये। नाइन उसे खम्भे से बांधकर शीघ्रता से अपने घर चली गई।

थोड़ी देर बाद जब जुलाहे की नींद खुली तो वह उठकर अपनी पत्नी के पास पहुंचा। वह जुलाही से बोला–'कुलटा।
यदि इस बार भी तू नहीं बोली तो मैं तेरे कान भी काटूंगा।"

यह सुनकर जुलाही ने कहा–"अरे मूर्ख। मुझ जैसी सती को अपमानित करने का साहस किसमें है। यदि मुझमें सतीत्व है तो देवता गण मेरी नाक को पुनः उसी स्थान में लगा दें और यदि मुझमें तनिक भी किसी पर-पुरुष की आकांक्षा हो तो वे मुझे भस्म कर दें।" इस प्रकार कहने के बाद कुछ क्षण उपरान्त उसने कहा–"मूर्ख। इधर देख। मेरे सतीत्व के प्रभाव से मेरी
नाक पुनः अपने स्थान पर लग गई है।"

जुलाहे ने जब उसकी नाक देखी तो वह आश्चर्यचकित रह गया। उसने उसे तुरन्त खोल दिया और उसकी मिन्नत-खुशामद करने लगा। देवशर्मा सारी रात जागता रहा था। अपना धन लुट जाने से उसे रात भर नींद नहीं आई थी। उसने सारी घटनाएं अपनी आंखों से देख ली थीं। यह सब देखकर उसने
सोचा–"स्त्रियां असुरों की सारी माया जानती हैं। यह तो हंसकर हंसते

हुए व्यक्तियों को, रोकर नाराज हुए व्यक्ति को अपने प्रियवाक्यों से अपने वश में कर लेती हैं।"

उधर, नाईन जब अपने घर पहुंची तो विचार करने लगी कि अपनी कटी हुई नाक को कैसे अपने पति से छिपाऊं। अभी वह सोच ही रही थी कि इतने में उसका पति आ गया। वह हजामत बनाने का काम करता था और रात को आवश्यक कार्यवश राजा के यहां ही रुक गया था। उसने अपनी पत्नी से हजामत बनाने की पेटी मांगी।

नकटी नाइन ने अन्दर से पेटी में से निकालकर उस्तरा निकाल कर पति की ओर फेंक दिया। नाई उसका ऐसा व्यवहार देखकर चकित रह गया और गुस्से में उस्तरा उठा कर वापस उसकी ओर फेंक दिया।

उस्तरा गिरते ही उसकी दुष्ट पत्नी जोर-जोर से चिल्लाते हुए निकल आई और चीख-पुकार मचाने लगी–"इस पापी ने बिना किसी अपराध के मेरी नाक काट ली। बचाओ। मुझे बचाओ।"

उधर से गुजर रहे राजा के सिपाहियों ने नाई को पकड़ लिया और उसे डंडों से पीटते हुए न्यायालय ले गए। उन्होंने न्यायाधीश को जाकर बताया–"श्रीमान। इस पापी ने बिना अपराध के अपनी पत्नी की नाक काट ली। इसे इसके अपराध का जो दंड उचित समझें, उसे दें।"

इस पर न्यायाधीश ने नाई से पूछा–"तुमने ऐसा क्यों किया? क्या इसने किसी के प्राण लिये, चोरी की, पर-पुरुष गमन किया? क्या किया था इसने?

नाई चुप रहा। उसने कोई उत्तर नहीं दिया। देता भी कैसे? सब कुछ तो इतनी जल्दी घट गया था कि बेचारे को सोचने का मौका ही नहीं मिल सका था। जब नाई कोई उत्तर न दे सका तो न्यायाधीश ने उसे मृत्युदंड की सजा सुना दी।

जब बधिक नाई को वध-स्थल की ओर ले जाने लगे तो देवशर्मा से न रहा गया। उसने न्यायाधीश के समक्ष पेश होकर कहा–"श्रीमान। यह नाई निर्दोष है। पहले मेरी बात सुनें। दो की लड़ाई के बीच आने से उस गीदड़ की जान गई। मैंने आसाढ़भूति पर विश्वास किया इसलिए

अपनी जमा पूंजी लुटवा बैठा, और अब यह नाइन अपनी सहेली पर उपकार करने से अपनी नाक कटवा बैठी। तीनों ने ही अपने विनाश का कारण स्वयं ही निर्मित किया।''

संन्यासी की बात सुनकर न्यायाधीश ने पूछा—''यह कैसे हुआ?'' इस पर देवशर्मा ने तीनों का वृतांत्त विस्तारपूर्वक सुना दिया। उसकी बात सुनकर न्यायाधीश ने नाई को मुक्त कर दिया और दंडस्वरूप नाइन के दोनों कान कटवा दिये।

देवशर्मा अब तक अपने धन लुट जाने का शोक भूल चुका था। अतः वह आगे जाने की अपेक्षा वापस अपने मठ की ओर लौट चला।

यह कथा समाप्त करने के बाद दमनक ने करटक से कहा—इसीलिए मैं कहता हूं मित्र, कि कभी-कभी अपने दोष के कारण भी मनुष्य को हानि उठानी पड़ती है।

करटक ने पूछा—''तो अब ऐसी स्थिति में हमें क्या करना चाहिए?'' दमनक बोला—''बस एक ही उपाय है। मुझे किसी प्रकार अपनी बुद्धि का प्रयोग करके संजीवक को राजा सो पृथक कर देना चाहिए।''

''और यदि आपके षड्यंत्र को पिंगलक जान गया अथवा संजीवक को ही इसका ज्ञान हो गया तब क्या होगा?''

''कुछ भी हो, बुद्धिमान व्यक्ति को प्रयत्न नहीं छोड़ना चाहिए।

कायर लोग ही भाग्य पर भरोसा करते हैं। भाग्य विपरीत होने पर भी धैर्य नहीं छोड़ना चाहिए। पुरुषार्थ करने पर भी सफलता न मिले तो यह मलाल तो नहीं रहता कि कुछ किया ही नहीं। मैं सावधानी से अपना षड्यंत्र रचूंगा। वैसे भी साहसी और उद्यमी व्यक्ति की सहायता सभी देवता करते हैं। अच्छी तरह से छिपाकर किया हुआ कपट कार्य भी सफल हो जाता है। उत्तम ढोंग के कारण ही एक जुलाहा एक राजकुमारी का उपयोग करने में सफल हो गया था।'' दमनक ने करटक को समझाया।

''वह कैसे?'' करटक ने पूछा।

करटक को तब दमनक ने भगवान विष्णु के छद्मवेशी जुलाहे की यह कहानी सुनाई।

नकली विष्णु

किसी नगर में एक जुलाहा और एक बढ़ई रहते थे। वे दोनों पक्के मित्र थे। उनकी मित्रता बाल्यकाल से ही चल रही थी।

एक बार उस नगर के एक मंदिर में देव-दर्शन के लिए मेला लगा। उस मेले में देश-देशान्तर से दर्शनार्थी आए और उनके साथ-साथ नट, नर्तक भी आए। जुलाहा और बढ़ई भी मेला देखने निकले। वहां उन्होंने मेले में हथिनी पर सवार एक सुंदर राजकुमारी को देखा जो अपने अंगरक्षकों ओर चोबदारों के साथ देव-दर्शन के लिए आई हुई थी। जुलाहा उस राजकन्या का रूप और लावण्य देखकर मंत्रमुग्ध-सा हो गया। वह काफी देर तक उसे निहारता रहा और फिर कामाग्नि से मूर्छित होकर पृथ्वी पर गिर पड़ा। उसका मित्र उसकी यह हालत देखकर बहुत दुखी हुआ और किसी प्रकार उसे उठाकर घर लाया।

घर आकर उसने अपने मित्र का उपचार कराया जिससे वह स्वस्थ हो गया। तब बढ़ई ने उससे उसके मूर्च्छित होने का कारण पूछा। जुलाहे ने अपनी मनोकथा अपने मित्र को बता दी, किंतु साथ ही यह भी बता दिया कि क्योंकि वह उस राजकन्या को किसी तरह प्राप्त नहीं कर सकता, और अब राजकन्या के बिना वह जीवित नहीं रह सकता। अतः वह उसके क्रिया-कर्म का इंतजाम भी कर ले। यह सुनकर बढ़ई ने उसे आश्वस्त किया। वह बोला—"मित्र। तुम्हें इतना परेशान होने की आवश्यकता नहीं है। मैं आज रात को ही तुम्हारा राजकुमारी के साथ संगम करा सकता हूं।"

यह सुनकर जुलाहे को बहुत आश्चर्य हुआ। उसने अपने मित्र बढ़ई

से पूछा—"तुम मेरे साथ राजकन्या का मिलन कैसे करा सकते हो मित्र? वह एक राजा की बेटी है। उसका बहुत बड़ा महल होगा। वहां तो राजाज्ञा के के बिना कोई पंछी तक पर नहीं मार सकता।"

"कह दिया न, करा दूंगा।" बढ़ई बोला—"अब तुम मेरी बुद्धि का चमत्कार देखना।" तब बढ़ई ने उसके लिए एक ऐसे काठ के गरुड़ का निर्माण किया जिसमें यंत्र लगे थे। उन यंत्रों की मदद से वह लकड़ी का गरुड़ काफी ऊंचाई तक उड़ सकता था। उसने पहले गरुड़ को स्वयं चलाकर देखा, फिर उसे अच्छी तरह से सजाकर जुलाहे से बोला—"मित्र। अब आगे का कार्य तुम्हारा है। रात्रि में तुम भगवान विष्णु का वेश धारण कर इस गरुड़ पर सवार होकर राजकुमारी के महल में पहुंचकर उसके सोने के कमरे में प्रवेश कर जाना, और अपने वाक्‌चातुर्य से राजकुमारी को प्रभावित कर अपना अभीष्ट सिद्ध कर लेना।"

जुलाहे ने वैसा ही किया। वह विष्णु का वेश धारण कर, गरुड़ पर चढ़कर राजकुमारी के अन्तःपुर में पहुंच गया। उसने राजकुमारी से कहा—"राजकन्या तुम सो रही हो या जाग रही हो। देखो मैं तुम्हारे प्रेम में वशीभूत होकर लक्ष्मी को छोड़कर, क्षीरसागर से चला आ रहा हूं। आओ, मेरे साथ रमण करो।"

विष्णु रूपधारी जुलाहे को देखकर राजकुमारी चौंक कर पलंग से उठ गई और विनम्रतापूर्वक बोली—"भगवन्। मैं तो मानव जाति की एक साधारण-सी कन्या हूं, और आप साक्षात् भगवान हैं, इसलिए मेरे लिए वन्दनीय हैं। मेरा और आपका समागम कैसे हो सकता है?"

"तुम ठीक कहती हो राजकन्या।" विष्णुरूपा जुलाहे ने कहा—"किंतु तुम गोकुल में उत्पन्न राधा नाम की मेरी पहली पत्नी हो। तुमने यहां मनुष्य योनि में जन्म लिया है। इसलिए मैं यहां चला आया हूं।"

"भगवान। यदि यह सच है तो आप मेरे पिताश्री से निवेदन करें। वे निःसंदेह मुझे आपको प्रदान कर देंगे।" राजकुमारी बोली। यह सुनकर उस नकली विष्णु ने कहा—"मैं मनुष्यों की दृष्टि में नहीं आ सकता, अतः तुम मुझसे गंधर्व विवाह करके स्वयं को समर्पित करो। यदि तुम

ऐसा नहीं करोगी तो मैं तुम्हारे पिता को शाप देकर उसे भस्म कर दूंगा।''

कहीं ये सचमुच ही मेरे पिता को शाप देकर भस्म न कर दें, इस बात से डरकर राजकुमारी ने आत्मसमर्पण कर दिया। तब उस विष्णु बने जुलाहे ने राजकुमारी के साथ अपनी मनमानी कर ली।

इस प्रकार जुलाहा हर रात विष्णु का रूप धारण कर राजकुमारी के अंन्तःपुर में आता और प्रातः काल चला जाता था।

राजकुमारी के व्यवहार में इससे परिवर्तन आने लगा। यह देखकर अन्तःपुर में काम करने वाले पहरेदारों को संदेह हो गया। उन्होंने चौकसी और कड़ी कर दी और एक रात विष्णुरूपी उस जुलाहे की छाया-मात्र को राजकुमारी के कक्ष में प्रवेश करते देख लिया। उन्होंने महाराज को यह बात बताई और कहा—''महाराज यद्यपि हम लोगों को कुछ पता नहीं लग पाता, किंतु यह निश्चित है कि राजकुमारी के कक्ष में रात को कोई आता अवश्य है।''

यह सुनकर राजा को चिंता होने लगी। वह सोचने लगा—''नदियां और स्त्रियां दोनों समान स्वभाव की होती हैं। नदियों का जल प्रवाह किनारों को नष्ट कर देता है। और स्त्रियों का चरित्र दोष निज कुल को नष्ट कर देता है।''

राजा ने इस विषय में रानी को बताया तो उसे भी चिंता होने लगी। वह तुरंत राजकुमारी के पास पहुंची, और जब देखा कि उसकी पुत्री की मुखाकृति महाराज के कथन की पुष्टि करती है तो क्रोधित होकर अपनी पुत्री से कहने लगी—''अरी कुलकलंकिनी तुमने यह क्या करना आरंभ कर दिया है। कौन है वह, जिसकी मौत आइ है, जो रात को तुम्हारे शयनकक्ष में प्रविष्ट होता है?''

राजकुमारी ने भय और लज्जा के कारण मुख नीचा करके कहा—''मां। साक्षात् विष्णु ही प्रतिदिन रात्रि को गरुड़ पर चढ़कर मेरे शयन कक्ष में आते हैं। यदि मेरी बात झूठ हो तो तुम छिपकर अपनी आंखों से विष्णुजी को देख सकती हो।''

यह सुनकर रानी आश्चर्यचकित रह गई। उसने राजा से जाकर

कहा—"स्वामी। आप सौभाग्यशाली हैं। आपकी कन्या साक्षात् विष्णु से गंधर्व विवाह कर चुकी है। वे ही प्रतिदिन रात को उसके पास आते हैं। आज रात हम दोनों छिपकर उनकी बातें सुनेंगे क्योंकि वे मुनष्यों से बातें नहीं करते हैं।"

राजा भाव विभोर होकर बोला—"प्रिये। तब तो हमारी सारी मनोकामनाएं पूरी हो जाएंगी। अब हमें किस बात की चिंता, हमारी पुत्री को तो साक्षात् विष्णु ने अपना लिया है। उनके प्रभाव से अब मैं समस्त पृथ्वी को अपने अधीन कर लूंगा।"

यह निश्चय करके राजा ने सीमावर्ती देशों का अतिक्रमण करना शुरू कर दिया। सीमावर्ती देशों ने मिलकर राजा से युद्ध छेड़ दिया।

शत्रुओं द्वारा आक्रमण की बात जब राजा को मालूम हुई तो उसे विशेष चिंता न हुई। उसने अपनी रानी से कहा—"अपनी पुत्री से कहो कि भगवान विष्णु इस युद्ध में हमारी सहायता करें।"

तदनुसार रानी ने जाकर अपनी पुत्री से कहा—"बेटी। तुम जैसी कन्या और भगवान नारायण जैसे जामाता के होते हुए हम पर पड़ोसी देशों के राजा आक्रमण कर रहे हैं। तुम आज रात को भगवान से इस विषय में निवेदन करना और कहना कि वे तुरन्त अपनी दैवी शक्ति से हमारे शत्रुओं का विनाश करें।"

रात्रि के समय जब विष्णुरूपी वह जुलाहा राजकुमारी के कक्ष में आया तो राजकुमारी ने उसी प्रकार कह दिया, जैसे उसकी माता ने बताया था। तब वह जुलाहा कहने लगा—"सुनो। तुम निश्चित रहो। तुम्हारे पिता के शत्रुओं की संख्या कितनी भी क्यों न हो, मैं जिस दिन चाहूंगा, अपने सुदर्शन चक्र से उन सबका विनाश कर दूंगा।"

इसका परिणाम यह हुआ कि कुछ ही दिनों में शत्रु राजाओं ने न केवल सारे राज्य पर अधिकार कर लिया, अपितु वे उसके दुर्ग तक चले आए। तब भी राजा आश्वस्त रहा कि भगवान स्वयं उसकी रक्षा करेंगे और शत्रुओं का नाश कर उनका भी राज्य जितवा देंगे। जब राजा ने देखा कि अब तो दुर्ग टूटने ही वाला है तो उसने पुनः रानी के माध्यम

से राजकुमारी को कहलवाया। जुलाहे ने जब सुना कि दुर्ग अब ढहने वाला है तो उसे भी चिंता होने लगी कि यदि दुर्ग न रहा तो राजकुमारी कहां मिलेगी। अतः उसने निश्चय किया कि वह युद्ध के समय आकाश में अपने गरुड़ पर बैठकर शत्रु सेना के सम्मुख उपस्थित होगा। संभव है उसको विष्णु समझ कर शत्रु सेना वहां से पलायान करे और फिर पीछे से राजा की सेना उत्साहित होकर उसे खदेड़कर सीमा पार धकेल दे। कहा भी गया है कि विष रहित सर्प को भी अपने फन को फैलाते रहना चाहिए। विष हो या न हो किन्तु फन की भीषणता तो भयावह होती ही है।

यह सोच विचार कर उसने राजकन्या से कहा–"सुनो। अब तुम चिन्ता छोड़ो। अब तो मैं शत्रु दल का विनाश करके ही अन्न जल ग्रहण करूंगा। तुम अपने पिता से कह दो कि वे अपनी विशाल सेना लेकर प्रातःकाल युद्ध क्षेत्र में उतर जाएं। मैं आकाश में रहकर शत्रुओं के बल और तेज को क्षीण कर दूंगा। किंतु मैं उनको मारूंगा नहीं, क्योंकि इससे उन सबको स्वर्ग की प्राप्ति हो जाएगी। किंतु, जब मेरे प्रभाव से वे भागने लगें तो तुम्हारे पिता की सेना उनका पीछा कर उनका संहार कर दे।"

यह कहकर जुलाहा वहां से चला गया और राजकुमारी ने अपने माता-पिता के पास जाकर सारी बात बता दी।

प्रातःकाल होने पर राजा अपनी सेना को लेकर शत्रु के विनाश के लिए निकल पड़ा। उधर वह जुलाहा भी अपना अन्त जानकर अपने लकड़ी के गरुड़ पर सवार होकर युद्धस्थान की ओर चल दिया। त्रिकाल भगवान से यह सत्य किस प्रकार छिपा रहता। उन्होंने अपने वाहन गरुड़ से कहा–"पक्षीराज। क्या तुम्हें मालूम है कि जुलाहा हमारा छद्म रूप धरण कर किसा प्रकार राजकन्या को ठग रहा है?"

"जानता हूं भगवान। किंतु किया क्या जा सकता है?"

"आज वह जुलाहा मरने का निश्चय करके युद्धक्षेत्र में गया है।"

श्रीहरि बोले–"यदि वह मारा गया तो लोगों में हमारी प्रतिष्ठा भंग हो जाएगी। हमारी कोई उपासना नहीं करेगा। अतः अब तुम तुरन्त वहां

जाकर जुलाहे के लकड़ी के गरुड़ में प्रवेश करो। चक्र भी उसके चक्र में प्रविष्ट हो जाएगा और मैं जुलाहे के शरीर में प्रविष्ट हो जाऊंगा जिससे शत्रुओं का विनाश हो सकेगा। उसके शत्रुओं के वध से हमारी महिमा बढ़ जाएगी।"

भगवान विष्णु और गरुड़ की सहायता से जुलाहा वह युद्ध जीत गया। लोक में सर्वत्र यह चर्चा फैल गई कि राजा ने अपने विष्णुरूपी जामाता की मदद से सभी शत्रुओं को नष्ट कर दिया।

शत्रुओं को नष्ट कर जब जुलाहा नीचे उतरा तो राजा, मंत्री तथा नागरिकों ने उसे पहचान लिया। राजा ने उससे पूछा—"यार यह सब क्या है?"

जुलाहे ने सारी आप बीती राजा को सुना दी। राजा जुलाहे के साहस से बहुत प्रसन्न हुआ। उसने राजकुमारी का विवाह उससे कर दिया। तब वह जुलाहा राजकुमारी के साथ आराम से अपना जीवन व्यतीत करने लगा।

नकली विष्णु की इस कथा को सुन कर दमनक ने कहा—'इसीलिए कहता हूं कि षड्यंत्र यदि सोच-समझकर किया जाए तो उसका भेद ब्रह्मा को भी ज्ञात नहीं हो पाता।"

यह सुनकर करटक ने कहा—"आप कहते तो ठीक हैं, फिर भी मुझे विश्वास नही हो रहा। एक ओर बुद्धिमान संजीवक है और दूसरी ओर अत्यंत क्रोधी पिंगलक। यद्यपि आपकी बुद्धि भी कम नहीं है, फिर भी आप उन दोनों को पृथक कर देंगे इसमें मुझे संदेह है।"

दमनक बोला—"भाई। मुझे असमर्थ होते हुए समर्थ समझो।"

यह सर्वविदित है कि उपाय से जिस कार्य को किया जा सकता है उसे पराक्रम से नहीं किया जा सकता। एक कौए की पत्नी ने सोने का कंठहार के सूत्र से एक विषधर सर्प को नष्ट कर दिया था।"

करटक ने अचंभित होते हुए पूछा—"वह कैसे?"

दमनक बोला—"सुनाता हूं, सुनो।"

पराक्रम बड़ा या उपाय?

किसी वन प्रदेश में एक विशाल बरगद का वृक्ष था। उस पेड़ पर एक कौआ और उसकी पत्नी रहते थे। उस वृक्ष के कोटर में एक काला सर्प भी रहता था। कौआ और उसकी पत्नी से दुर्भाग्य से जब भी उनके बच्चे होते, वह काला सर्प अपने कोटर से निकलता और उनके बच्चों को खा जाता। इस बात से कौआ और उसकी पत्नी दोनों बहुत दुखी थे।

एक दिन वे दोनों एक दूसरे वृक्ष के नीचे रहने वाले अपने प्रिय मित्र गीदड़ के पास गए और उससे अपना दुख प्रकट किया। कौआ बोला—"मित्र। हम तो अपने वृक्ष के कोटर में रहने वाले सर्प से बहुत परेशान हैं। वह काला सर्प इतना दुष्ट है कि हमारे बच्चों को छोड़ता ही नहीं है। बच्चे जैसे ही अंडों से निकलते हैं, वह उन्हें खा जाता है। हम क्या करें। उस सर्प से बच्चों को बचाने का कोई उपाय बताओ।"

गीदड़ ने उनको आश्वस्त किया और बोला—मित्र। अब तुम इसकी चिंता मत करो। अब वह किसी उपाय से मारा ही जाएगा। उपाय और बुद्धि से जो काम किया जा सकता है, वह शास्त्रों से नहीं किया जा सकता। ठीक उसी प्रकार जैसे उत्तम, मध्यम और अधम प्रकार की मछलियों को खाकर भी अत्यधिक के वशीभूत होकर एक बगुला केकड़े के उपायरूपी जाल में फंस कर अपनी जान गंवा बैठा था।

कौआ बोला—"वह कैसे?"

गीदड़ ने कहा—"सुनाता हूं, सुनो।"

बगुला भगत

किसी वन प्रदेश में एक विशाल सरोवर था। उस सरोवर में तरह-तरह के जलचर जीव रहते थे। वहीं एक बूढ़ा बगुला भी रहता था। मछलियां मारने में असमर्थ हो चुका था। एक दिन जब वह भूख से व्याकुल होकर सरोवर के किनारे बैठा रो रहा था कि एक केकड़ा उसके पास आया, और उससे सहानुभूति जताते हुए कहा—"मामा। क्या बात है, आज आप अपने भोजन की व्यवस्था न करके किनारे पर खड़े इस तरह से रो क्यों रहे हैं?"

बगुला बोला—"बेटा। मैंने जीवन में अनेक पाप किए हैं। अब जब इसका ज्ञान हुआ है तो मैंने निश्चय किया है कि मैं अपने प्राणों की आहुति दे दूं। इसीलिए मैं अपने समीप आई मछलियों को भी नहीं पकड़ रहा हूं। मैं इसी तालाब के समीप जन्मा, यहीं बड़ा हुआ और यहीं वृद्ध हो गया हूं। मैं प्रायश्चित करने के लिए ही रो रहा हूं।

"किंतु आपके इस प्रकार भोजन छोड़ देने का क्या कारण है मामा? प्रायश्चित कोई भोजन छोड़कर थोड़े ही किया जाता है?"

"बेटा। मैंने सुना है कि बहुत शीघ्र आने वाले बारह वर्षों तक यहां पानी नहीं बरसेगा।"

"यह आपने किसके मुख से सुना है, मामा?" केकड़े ने पूछा।

"मुझे एक ज्योतिषी ने बताया है, बेटा। उसने कहा है कि शीघ्र ही शनि रोहिणी मंडल को भेदकर मंगल और शुक्र से युति करेगा। ज्योतिर्विद वाराहमिहिर का कहना है कि जब ऐसी स्थिति उत्पन्न होती है तो बारह वर्ष तक जल वृष्टि नहीं होती। इस सरोवर में तो वैसे भी बहुत कम पानी

है। थोड़े दिनों में यह भी सूख जाएगा। तब क्या होगा? फिर तो ये सारे जलचर, जिनके साथ मैं खेला-खाया, बड़ा हुआ, सभी काल के ग्रास बन जाएंगे। दूसरे जलाशयों के सभी जलचर अपने छोटे-छोटे तालाब छोड़कर बड़ी झीलों में चले जा रहे हैं। बड़े-बड़े जलचर तो स्वयं ही चले जाते हैं, छोटों के लिए ही कठिनाई है। दुर्भाग्य से इस जलाशय के जलचर बिल्कुल निश्चित बैठे हैं मानो कुछ होने वाला ही नहीं है। मैं उन्हीं के लिए रो रहा हूं कि उनका वंश नाश हो जाएगा।

केकड़े ने बगुले के मुख से यह बात सुनकर अब सब मछलियों को भी भावी दुर्घटना की सूचना दे दी। सूचना मिलते ही जलाशय के सभी जलचरों, मछलियों, कछुओं आदि ने बगुले को घेर कर पूछना शुरू कर दिया "मामा। क्या किसी उपाय से हमारी रक्षा हो सकती है?"

बगुला चालाकी के स्वर में बोला–यहां से थोड़ी दूर पर एक बहुत गहरा सरोवर है। उसमें कमल के फूल खिले रहते हैं। वह इतना विशाल है कि यदि अगले चौबीस वर्ष तक पानी न बरसे तब भी उस सरोवर का पानी सूखेगा नही। यदि आप लोग चाहें तो मैं अपनी पीठ पर एक-एक को बैठाकर वहां पहुंचा सकता हूं।

जलचरों ने बगुले की बात पर विश्वास कर लिया और सभी कहने लगे–"मुझे पहले ले चलो....मुझे पहले ले चलो।"

वह दुष्ट प्रतिदिन एक जलचर को अपनी पीठ पर बैठाकर ले जाता और थोड़ी दूर एक शिला पर पटककर उस जलचर को मारकर खा जाता। वहां से लौटकर वह अन्य जलचरों को गहरे जलाशय के कपोल-कल्पित समाचार सुनाता। इस तरह उस बूढ़े बगुले ने अपने भोजन की समस्या हल कर ली।

एक दिन केकड़े ने कहा–"मामा। सबसे पहले मेरी आपसे बातचीत हुई थी। आप मुझे अभी तक उस सरोवर में नहीं ले गए। मेरी जान भी तो बचाइए।"

दुष्ट बगुले ने सोचा–"मछलियां खाते-खाते तो ऊब गया हूं। क्यों न आज केकड़े के मांस का स्वाद चखा जाए।"

यह सोचकर उसने केकड़े को अपनी गर्दन पर बैठा लिया और फिर उस शिला की ओर उड़ चला जहां वह प्रतिदिन मछलियों को मारकर खाता था।

केकड़े ने दूर से ही जब एक शिला पर मछलियों की हड्डियों का पहाड़-सा देखा तो वह सावधान हो गया कि यह बगुला किस अभिप्रायः से मछलियों को यहां लाता था। फिर भी वह असली बात को छिपाकर प्रकट में बोला—''मामा। वह सरोवर अब कितनी दूर रह गया है? मेरे भार से तुम काफी थग गए होगे, इसलिए पूछ रहा हूं।''

बगुले ने सोचा, अब इसे सच्ची बात बता देने में भी कोई हानि नहीं है, इसलिए बोला—दूसरे सरोवर की बात अब भूल ही जाओ केकड़े। वह तो मेरी प्राणयात्रा चल रही थी। अब तेरा भी काल अ गया है। अन्तिम समय में अपने देवता का स्मरण कर ले। इसी शिला पर पटककर तुम्हें भी मारूंगा और खा जाऊंगा।''

बगुला अभी यह बात कह ही रहा था कि केकड़े ने अपने तीखे दांत बगुले की नरम व मुलायम गर्दन में गड़ा दिए। बगुला तड़प-तड़प कर मर गया। उसकी गर्दन कट गई।

केकड़ा मृत बगुले की गर्दन लेकर धीरे-धीरे अपने जलाशय पर लौट आया। उसे देखकर बाकी के जलचरों ने उसे घेर लिया और पूछने लगे—''क्या बात है। आज मामा नहीं आए? हम सब उसके साथ सरोवर में जाने के लिए तैयार बैठे हैं।''

केकड़े ने हंसकर उत्तर दिया—''मूर्खों! वह कपटी बगुला तो सभी मछलियों को यहां से ले जाकर एक शिला पर पटककर मार डालता था और फिर उन्हें खा जाता था।'' यह कहकर उसने बगुले की कटी हुई गर्दन उन्हें दिखाई और कहा—''अब चिंता की कोई बात नहीं है। मैंने उसे मार डाला है। अब तुम सब आनंद से यहां रहोगे।''

गीदड़ ने जब यह कथा सुनाई तो कौए ने पूछा—''मित्र। उस बगुले की तरह क्या यह सर्प भी किसी तरह मर सकता है?''

गीदड़ ने उत्तर दिया—''जरूर मर सकता है। तुम एक काम करो,

तुम नगर के राजमहल में चले जाओ। वहां से किसी प्रकार रानी का कंठहार उठा लाओ और उसे सर्प के बिल के समीप डाल दो। राजा के सैनिक जब कंठहार की खोज में आएंगे तो उस सर्प को भी मार देंगे।''

दूसरे दिन जब रानी अपने आभूषण उतार कर अंतःपुर के एक सरोवर में स्नान कर रही थी, कौए की पत्नी उड़कर वहां पहुंची और झपट्टा मार कर रानी का कंठहार उठा लाई। राजा ने कौवी का पीछा करने का आदेश दिया। कौवी ने यह कंठहार सर्प के बिल के पास रख दिया। सर्प ने उस कंठहार को देखकर उस पर अपना फन फैला दिया। खोज करते हुए राजा के सैनिक जब सर्प के बिल के पास आए तो उन्होंने डंडों से पीट-पीट कर सर्प को मार डाला और कंठहार लेकर चले गए। तब से कौआ और उसकी पत्नी अपने बच्चों को साथ आनंदपूर्वक रहने लगे।

कौआ और कौवी की यह कहानी सुनाकर दमनक ने कहा—इसीलिए मैं कहता हूं कि उपाय से जो हो सकता है वह पराक्रम से नहीं हो सकता। बुद्धिमानों के लिए कोई भी कार्य असाध्य नहीं होता। बुद्धिहीनों का तो बल भी व्यर्थ साबित होता है। एक छोटे से खरगोश ने बुद्धि के बल पर ही तो एक भयानक सिंह को मार डाला था।

''वह कैसे?'' करटक ने पूछा।

तब दमनक ने उसे यह कहानी सुनाई।

सबसे बड़ा बुद्धि बल

किसी वन में भासुरक नाम का एक सिंह रहता था। वह बहुत बलशाली था। प्रतिदिन जो भी वन्य प्राणी उसके सामने पड़ जाता, वह उसे मारकर खा जाता था। इस पर भी उसे संतोष नहीं होता था। वन्य प्राणी उससे भयभीत रहने लगे। एक बार जंगल के सब प्राणी मिलकर उसके पास गये और निवेदन किया–'सिंहराज। प्रतिदिन अनेक प्राणियों की हत्या करने से क्या लाभ। आपका भोजन तो एक जीव से ही पूरा हो जाता है, इसलिए हम परस्पर कोई ऐसी प्रतिज्ञा कर लें कि प्रतिदिन आपको यहां बैठे-बैठे ही आपका भोजन मिल जाए। प्रतिदिन हम वन्य प्राणियों में से कोई एक पशु आपके पास आ जाया करेगा। इस प्रकार बिना किसी परिश्रम के आपका जीवन निर्वाह होता रहेगा और पशुओं का सामूहिक विनाश भी नहीं होगा।" वन्य प्राणियों की बात सुनकर सिंह ने कहा–"तुम सब ठीक कहते हो। लेकिन इतना याद रखना, जिस दिन मेरे भोजन के लिए पशु नहीं आया, उस दिन मैं सबको मार डालूंगा।"

इस निर्णय के बाद सभी पशु निर्भय होकर वन में विचरण करने लगे। प्रतिदिन एक पशु शेर के भोजन के लिए पहुंच जाता था।

इसी क्रम में एक दिन एक खरगोश की बारी आ गई। खरगोश सिंह की मांद की ओर चल पड़ा। किंतु मृत्यु के डर से उसके पैर नहीं उठते थे। मौत की घड़ियों को कुछ देर और टालने के लिए वह जंगल में इधर-उधर भटकता रहा। एक स्थान पर उसे एक कुआ दिखाई दिया। उसने कुंऐ में झांककर देखा तो उसे अपनी परछाईं दिखाई दी। उसे देखकर उसके मन में विचार उठा कि क्यों न भासुरक को उसके वन में दूसरे

सिंह के नाम से उसकी परछाईं दिखाकर कुएं में गिरा दिया जाए?

यही उपाय सोचता-सोचता वह भासुरक सिंह के पास बहुत समय बाद पहुंचा। सिंह उस समय तक भूखा-प्यासा अपने होंठ चाटता हुआ बैठा था। उसके भोजन की घड़िया बीत रही थीं। वह सोच ही रहा था कि कुछ देर और कोई पशु न आया तो वह अपने शिकार पर चल पड़ेगा और पशुओं के खून से सारे जंगल को लाल कर देगा। इसी बीच वह खरगोश उसके पास पहुंच गया और प्रणाम करके बैठ गया।

खरगोश को देखकर शेर ने क्रोध के साथ लाल-लाल आंखें करते हुए गरजकर पूछा—"नीच खरगोश। एक तो इतना छोटा है कि तुझे खाने से मेरा पेट भरेगा ही नहीं ऊपर से इतनी देर लगाकर आया है। आज तुझे मारकर कल मैं जंगल के सारे पशुओं की जान ले लूंगा। मैं उनका वंश-नाश कर डालूंगा।"

सिंह को गुस्से में देखकर खरगोश ने विनयपूर्वक कहा—"स्वामी। इसमें मेरा कोई दोष नहीं है, और न अन्य पशुओं का।" "तो फिर किसका दोष है? जल्दी से बता।" सिंह गरजा।

"स्वामी। मैं अन्य पांच खरगोशों के साथ आपकी सेवा में आ रहा था। रास्ते में हमें एक दूसरे सिंह ने रोक लिया। उसने कहा—"तुम लोग कहां जा रहे हो?" हमने कहा— "हम अपने स्वामी इस जंगल के राजा भासुरक के पास भोजन के लिए जा रहे हैं।'

यह सुनकर वह बोला—"यह जंगल मेरा है। इसका राजा मैं हूं। वह भासुरक नाम का सिंह तो चोर है। यदि वह स्वयं को यहां राजा कहता है तो उसे यहां बुला लाओ और पांचों खरगोशों को जमानत के रूप में यहां छोड़ जाओ। हम दोनों में जो अधिक बलवान होगा, वही इस वन का राजा होगा ओर इन खरगोशों को खायेगा। उसकी आज्ञा से स्वामी मैं आपके पास आया हूं। इसीलिए मुझे देर हो गई। अब आपकी जो इच्छा हो, वह करें।"

खरगोश की बात सुनकर भासुरक बोला—"यदि तुम्हारा कहना सत्य है तो मुझे वहां ले चलो। पहले मैं उसे ही मारकर अपना गुस्सा शांत

करूंगा।''

''स्वामी आप ठीक कहते हैं। लेकिन सोच लीजिए, वह बहुत बलवान है।''

''बस तुम मुझे ले चलो। अब मैं पहले उसी का अन्त करूंगा, बाद में अपना भोजन करूंगा।'' सिंह और भी ज्यादा भड़कता हुआ बोला।

''ठीक है स्वामी। जैसी आपकी इच्छा है। आइए...मेरे पीछे-पीछे चले आइए।'' कहते हुए वह खरगोश एक ओर को चल पड़ा सिंह उसके पीछे-पीछे चल दिया।

खरगोश भासुरक को उसी कुएं पर ले गया और कुएं की मुंडेर पर चढ़कर बोला—''स्वामी। वह यहां है। आपसे डरकर अपनी मांद में जा छिपा है।

मूर्ख भासुरक ने कुएं में झांका तो उसे पानी में अपनी ही छाया दिखाई दी। तब वह भयंकर वेग के साथ गर्जना करने लगा। उसकी गर्जना से कुएं में प्रतिध्वनि उत्पन्न हुई। तब उस छाया को अपना शत्रु समझकर वह कुएं में कूद पड़ा और डूब कर मर गया।

खरगोश अपनी चालाकी पर खुश होता हुआ सकुशल लौट आया। उसने जब भासुरक के मरने की बात अपने साथी जान्वरों को बताई तो सब पशु बहुत खुश हुए। सबने खरगोश की भूरि-भूरि प्रशंसा की और उसकी चतुराई का लोहा मान गये।

करटक को यह कथा सुनाकर दमनक ने कहा—''मित्र। जिस प्रकार उस खरगोश ने अपने बुद्धि-बल से सिंह का सर्वनाश कर दिया था, उसी प्रकार यदि तुम कहो तो मैं पिंगलक और संजीवक के बीच वैर-भाव पैदा कर दूं?''

करटक बोला—''यदि आपको स्वयं पर इतना ही विश्वास है तो जाएं। आपका मार्ग मंगलमय हो।''

तदनुसार दमनक पिंगलक के पास पहुंचा। उसने देखा कि पिंगलक उस समय अकेला ही है, इसलिए उसे प्रसन्नता हुई। उसने जाकर प्रणाम किया तो पिंगलक ने पूछा—''आज बहुत दिनों बाद दिखाई दिए, दमनक

कहो क्या समाचार है?"

दमनक बोला–"स्वामी। बेमतलब आपके पास क्या आता?

राजकाज में कुछ गड़बड़ देखकर मैं आपको बताने के लिए आया हूं। क्योंकि कहा भी गया है कि जो किसी का हित चाहता है, वह बिना पूछे ही सब कुछ बता दिया करता है।"

"जो भी कहना है, स्पष्ट कहो।" पिंगलक ने कहा।

दमनक ने कहा–"स्वामी। संजीवक आपका मित्र नहीं, वैरी है। एक दिन उसने मुझसे एकांत में कहा था कि, पिंगलक का बल मैंने देख लिया है, उसमें कोई विशेष दम नहीं है। अब मैं मौका देखकर किसी दिन उसे मार डालूंगा और तुझे मंत्री बनाकर सारे पशुओं पर राज करूंगा।"

दमनक के मुंह से उन वज्र की तरह कठोर शब्दों को सुनकर पिंगलक स्तब्ध रह गया। उसका मुंह खुला का खुला रह गया। ऐसा लगने लगा जैसे उसका सारा शरीर लकवा-ग्रस्त हो गया हो। दमनक उसकी स्थिति को समझ गया। वह समझ गया कि पिंगलक का संजीवक से प्रगाढ़ स्नेह है। संजीवन ने इसे अपने वश में कर रखा है। जो राजा इस तरह से अपने मंत्री के वश में हो जाता है, वह नष्ट हो जाता है। यह सोचकर उसने पिंगलक के मन में संजीवन का जादू मिटाने का और भी पक्का संकल्प कर लिया।

पिंगलक कुछ स्वाभाविक स्थिति में आया तो उसने कहा–'दमनक। संजीवक तो मेरा सबसे प्रिय मित्र है। क्या वह सचमुच मेरा अहित कर सकता है?"

दमनक बोला–"स्वामी। नौकर तो नौकर ही होता है। कौन ऐसा नौकर है जो राजसेवा में रहते हुए राज के सुख-साधनों का उपयोग नहीं करना चाहता हो?"

"यह सुनकर भी मेरे मन में उसके प्रति किसी प्रकार विकार उत्पन्न नहीं होता। ठीक वैसे ही जैसे अनेक दोषों से युक्त होने पर भी अपना शरीर सभी को प्रिय लगता है।" दमनक कहने लगा–"स्वामी। यदि आप ऐसा सोचते हैं कि वह बहुत लम्बे-चौड़े डील-डौल वाला पशु है और उसकी

सहायता से आप अपने शत्रुओं का विनाश कर सकते हैं तो यह आपकी भूल है। वह तो मात्र घास खाने वाला एक पशु मात्र है, और आपके जो शत्रु होंगे वे सब मांस भोगी होंगे। मेरा तो यही मानना है कि आप उस पर राजद्रोह का आरोप लगाकर तत्काल उसे मार डालें।"

"किंतु दमनक।" पिंगलक असमंजस भरे स्वर में बोला–जिसको मैं एक बार भरी सभा में सबके सामने अभयदान दे चुका हूं, जिसको गुणवान मान चुका हूं, उस पर किस प्रकार इस प्रकार का दोषरोपण करूं। तुम्हारे कहने पर ही तो मैंने उसको अभयदान दिया था। मेरे मन में उसके प्रति कोई द्वेष भाव भी नहीं हैं। विष का पेड़ लगाने पर भी व्यक्ति का मन उस पेड़ को काटने का नहीं करता। अतः यदि वह दोषयुक्त है भी तो, मुझे उसके विरुद्ध ऐसा आचरण नहीं करना चाहिए।

यह सुनकर दमनक बोला–"स्वामी। द्रोही व्यक्ति को क्षमा कर देना राजधर्म नहीं है। दूसरी बात यह है कि उसके साथ रहने पर आपने भी अन्य सभी राजधर्मों का त्याग कर दिया है। इसका परिणाम यह हो रहा है कि आपके और सेवक आपसे विरक्त होते जला रहे हैं। जब आपकी प्रजा भूख से व्याकुल होकर आपको छोड़कर चली जाएगी तो आप किस पर राज करेंगे। संजीवक के साथ रहकर तो आपकी शिकार करने की इच्छा नहीं होती। इसीलिए तो कहा गया है कि सज्जन व्यक्ति को किसी नीच प्राणी का संग कभी नहीं करना चाहिए। जिस व्यक्ति के स्वभाव और गुण की जानकारी न हो, उसको कभी आश्रय देना नहीं चाहिए। एक खटमल को शरण देने के कारण उसके दोष से ही एक यूका (जूं) इसी कारण से मारी गई थी।

पिंगलक ने पूछा–"वह किस प्रकार?"

दमनक ने तब उसे यह कहानी सुनाकर उसकी जिज्ञासा शांत की।

कुसंगति का परिणाम

किसी राजा के शयनकक्ष में शय्या पर बिछी सफेद चादरों के बीच एक मंद विसर्पिणी सफेद जूं रहती थी। रात्रि के समय राजा का रक्तपान करके वह आनंद से अपना जीवन व्यतीत कर रही थी। एक बार अग्निमुख नाम का एक खटमल कहीं से घूमता-घामता वहां आ पहुंचा। उसे देखकर जूं को चिंता होने लगी। उसने कहा—"अरे अग्निमुख। तू यहां अनुचित स्थान पर आ गया है। इससे पहले कि कोई तुझे देख ले, तू तुरन्त यहां से भाग जा।"

खटमल बोला—"भगवती। घर आए मेहमान का तो कोई भी व्यक्ति निरादर नहीं करता, चाहे वह मेहमान कितना ही दुष्ट क्यों न हो और तुम मेरा इस तरह निरादर कर रही हो। अरे, धर्मग्रंथों में तो अतिथि को देवता कहा गया है। अतिथि के सेवा-सत्कार करने वाले को तो स्वर्ग में स्थान में मिलता है।"

यह सुनकर जूं बोली—"धर्मग्रंथों की बात तो ठीक हो सकती है। किंतु मैं तो राजा का खून धीरे से तब चूसती हूं जब वह सो जाता है। तुम तो अग्निमुख हो और स्वभाव से ही चपल हो। यदि स्वयं पर काबू रख सको तो ठीक है, अन्यथा तुरन्त यहां से नौ दो ग्यारह हो जाओ।"

खटमल बोला—तुम जैसा कहोगी मैं वैसा ही करूंगा। मैं देवता और गुरु की सौंगध लेकर कहता हूं कि जब तक तुम राजा का खून पीकर अपनी भूख नहीं मिटा लोगी और मुझे आज्ञा नहीं दोगी, मैं राजा के शरीर के पास फटकूंगा भी नहीं, एक और शांत भाव से बैठा रहूंगा।

"ठीक है। तू मेरा मेहमान है, इसलिए एक रात के लिए मैं तुझे

यहां ठहरने की आज्ञा देती हूं। लेकिन सिर्फ रात के लिए। कल तुझे यहां से अवश्य ही जाना होगा।

इस तरह वह खटमल राजा के शयनकक्ष में उसके बिस्तर के नीचे छिपकर बैठ गया।

अब खटमल तो खटमल ही होता है। उसमें संयम कहा? जब राजा अपने बिस्तर पर लेटा तो कुछ क्षण तो वह उसके सोने की प्रतीक्षा करता रहा, लेकिन अधिक प्रतीक्षा करना जब उसके लिए असहनीय हो गया तो उसने राजा का खून चूसना आरंभ कर दिया। सच ही कहा गया है, किसी के स्वभाव को उपदेश द्वारा बदला नहीं जा सकता। जल को चाहे जितना खौला दिया जाए, आग से उतारने के बाद वह पुनः ठंडा हो ही जाता है।

बस ज्यों ही खटमल ने राजा के शरीर में अपने दांत गड़ाए कि राजा तड़पकर जाग उठा। वह पलंग से कूद पड़ा और चिल्लाकर संतरी को आवाज लगा दी—''संतरी। देखो, इस शैया में कहीं कोई जूं अथवा खटमल अवश्य मौजूद है। इन्हीं में से किसी ने मुझे काटा है।''

संतरियों ने दीपक जलाकर चादर की तहें देखनी शुरू कर दीं। इस बीच खटमल जल्दी से भागकर पलंग के पांवों के जोड़ में जा छिपा। मंदसिर्पिणी जूं चादर की तह में ही छिपी थी। संतरियों ने उसे देखकर पकड़ लिया और मसलकर मार डाला।

इतना कुछ बताकर दमनक ने सिंह से कहा—''स्वामी। इसीलिए मैं कहता हूं कि जिसके स्वभाव का पता न हो, उसे कभी आश्रय नहीं देना चाहिए। जो व्यक्ति अपने घनिष्ट संबंधियों और अंतरंग मित्रों को छोड़कर बाहरी लोगों को अपना अंतरंग बनाता है, और उन्हें अधिकार सम्पन्न कर देता है, उसकी वैसी ही दुर्दशा हो जाती है जैसे एक मूर्ख गीदड़ चंडरव की हुई थी।

पिंगलक ने पूछा—''यह चंडरव गीदड़ का क्या किस्सा है?''

दमनक बोला—''सुनाता हूं स्वामी। सुनो।''

तब दमनक ने शेर की यह कहानी सुनाई।

रंगा सियार

किसी जंगल में चंडरव नाम का एक सियार (गीदड़) रहता था। एक दिन वह भूख-प्यास से व्याकुल होकर लोभवश नगर में पहुंच गया।

नगर में प्रवेश करते ही नगर के कुत्ते उसके पीछे पड़ गए और उसे जगह-जगह से नोंचने-खसोटने लगे। कुत्तों से जान बचाकर चंडरव भागा। भागते-भागते जो भी उसे पहला दरवाजा खुला मिला, वह उसी में घुस गया। वह एक धोबी के मकान का दरवाजा था। मकान के अंदर एक बड़ी-सी नांद (कड़ाही नुमा मिट्टी का एक बड़ा बर्तन) में धोबी ने नील घोलकर नीला पानी बनाया हुआ था। नांद नीले पानी से भरी थी। गीदड़ जब डरा हुआ अंदर घुसा तो उस नांद में जा गिरा। उसको नांद में कूदते देख कुत्ते वहां से भाग गए।

गीदड़ जब उस नांद से बाहर निकला तो उसका सारा शरीर नीला हो गया था। नीले जीव को देखकर कुत्तों ने समझा कि यह गीदड़ नहीं, कोई और ही जीव है, ऐसा समझ कर उन्होंने उसका पीछा नहीं किया। फिर भी चंडरव वहां से सिर पर पैर रखकर वन की ओर भागा। जब वह वन में पहुंच गया और उसे यह विश्वास हो गया कि अब वह कुत्तों की पहुंच से बाहर है तो उसने चैन की सांस ली। कुछ स्वस्थ होकर वह वन के भीतर चला गया।

चंडरव को जब जंगल के जीवों ने देखा तो वे उसे कोई विचित्र प्राणी समझने लगे ओर शेर, बाघ, चीते भी उससे डरकर दूर-दूर भागने लगे। सबने यही सोचा कि न जाने इस विचित्र पशु में कितनी सामर्थ्य हो, इससे डरना ही अच्छा है।

चंडरव ने जब पशुओं को डरकर भागते देखा, तो उन्हें बुलाकर बोला—"पशुओ। मुझसे डरो मत। मैं तो तुम्हारी रक्षा के लिए ही यहां आया हूं। त्रिलोक के राजा ब्रह्मा ने मुझे आज ही कहा था कि आजकल चौपायों का कोई राजा नहीं है। सिंह-मृगादि सब राजा हीन है। आज मैं तुझे उन सबका राजा बनाकर भेजता हूं। तू वहां जाकर सबकी रक्षा कर। इसीलिए मैं यहां आ गया हूं। अब से सब पशु मेरी छत्रछाया में रहेंगे। मेरे रहते उन पर किसी प्रकार की विपत्ति नहीं आएगी। सब पशु आनंद से रहेंगे। मेरा नाम ककुद्द्रुम राजा है।"

यह सुनकर सब पशुओं ने उसे अपना राजा मान लिया और बोले—"स्वामी। हम आपके दास हैं, आज्ञापालक हैं, आगे से हम आपकी आज्ञा का ही पालन करेंगे।"

चंडरव ने राजा बनाने के बाद शेर को अपना प्रधान मंत्री बनाया, बाघ को नगर-रक्षक और भेड़िये को सन्तरी का कार्य सौंपा। अपने आत्मीय जन गीदड़ों को उसने जंगल से बाहर निकाल दिया, उसने उनसे कोई बात भी नहीं की।

उसके राज्य में शेर आदि छोटे-छोटे जानवरों को मार कर लाते थे और चंडरव को भेंट कर देते थे। चंडरव उनमें से कुछ भाग खाकर शेष अपने नौकर-चाकरों में बांट देता था।

कुछ दिन तक तो उसका राज्य शांतिपूर्वक चलता रहा, किंतु एक दिन बहुत बड़ा अनर्थ हो गया। एक शाम उसने दूर से आती हुई सियारों की किलकारियां सुनी। उन्हें सुनकर चंडरव का रोम-रोम प्रफुल्लित हो गया। संस्कारवश खुशी में झूमता हुआ वह भी हुआं....हुआं करने लगा।

शेर, बाघ, आदि पशुओं ने जब उसकी किलकारियां सुनीं तो वे समझ गए कि यह चंडरव ब्रह्मा का दूत नहीं, बल्कि एक साधारण सियार है। अपनी मूर्खता पर लज्जित होकर वे आपस में सलाह करने लगे—"इस गीदड़ ने तो हमें खूब मूर्ख बनाया। इसे इसका दंड दो, इसे मार डालो।"

चंडरव ने शेर, बाघ आदि की बात सुन ली। वह भी समझ गया कि अब उसकी पोल खुल गई है। अब जान बचानी कठिन है। इसलिए

वह भागा। किंतु शेर के पंजे से बचकर कहां भागता? एक ही छलांग में शेर ने उसे दबोच लिया और उसके शरीर को चीर-फाड़कर रख दिया।

यह कथा समाप्त करके दमनक ने कहा—"इसीलिए कहते हैं कि जो व्यक्ति अपने आत्मीय जनों की अवहेलना करता है। उसकी ऐसी ही दशा होती है।

पिंगलक का संदेह दूर नहीं हुआ। उसने फिर पूछा—"दमनक। आखिर इस बात का क्या प्रमाण है कि संजीवक मेरे प्रति द्रोह कर रहा है?"

"मेरे सामने उसने आज ही कहा है कि प्रातः काल होने तक मैं पिंगलक को अवश्य मार डालूंगा। आप यदि इसका प्रमाण ही चाहते हैं तो सुबह होने की प्रतीक्षा कर देखिए। कल वह अपनी आंखें लाल-लाल करता हुआ, आपकी ओर क्रोधित भाव से देखता हुआ आपके निकट पहुंचेगा और आपकी उपेक्षा कर अनुचित स्थान पर बैठने की चेष्टा करेगा। तब आप जैसा उचित समझें, वैसा ही करें।"

इतना कहकर वह वहां से उठ गया, और कुछ देर बाद संजीवक के पास जाकर बैठ गया। उसको इस प्रकार शांत भाव से बैठा देखकर संजीवक बोला—"मित्र दमनक। आज बहुत दिनों बाद दिखाई दिए। कहो, मैं तुम्हारी क्या सेवा करूं?" यह सुनकर दमनक बोला—मित्र। सेवक जन की कुशल कहां? राजसेवकों की सम्पत्ति तो दूसरों के अधीन होती है। उनका चित्त तो सदा अशांत ही बना रहता है। यहां तक कि उन्हें अपने जीवन के प्रति भी संदेह बना रहता है।"

संजीवक बोला—"आखिर बात क्या है? आप इतने व्यग्र क्यों हैं? तुम्हारे मन में कोई विशेष बात है तो उसे निःसंकोच कहो। साधारणतया राजसंबंधियों को सब कुछ गुप्त रखना चाहिए, किंतु मेरे तुम्हारे बीच कोई पर्दा नहीं है। तुम बेखटके अपने दिल की बात मुझको कह सकते हो?"

तब दमनक ने कहा—"आपने मुझे अभय-वचन दिया है, इसलिए कहे देता हूं। बात यह है कि पिंगलक के मन में आपके प्रति पाप-भावना

आ गई है। आज उसने मुझे एकान्त में बुलाकर कहा है कि कल प्रातःकाल वह आपको मारकर अपनी तथा अन्य मांसाहारी जीवों की भूख मिटाएगा।''

दमनक की बात सुनकर संजीवक देर तक हतप्रभ-सा रहा, उसे मूर्च्छा-सी आ गई। कुछ चेतना आने पर उसने तीव्र वैराग्य भरे शब्दों में कहा—''राजसेवा सचमुच बहुत धोखे भरा काम है। राजाओं के तो दिल होता ही नहीं। मैंने पिंगलक के साथ मित्रता कर के मूर्खता की। किसी ने सच ही कहा है कि मित्रता सदैव समान कुल, धर्म और धनवाले व्यक्ति के साथ ही करनी चाहिए क्योंकि बली और निर्बल की मित्रता या शत्रुता अच्छी नहीं होती है। अब यदि मैं उसे प्रसन्न करने की चेष्टा करूं भी तो वह व्यर्थ है, क्योंकि जो व्यक्ति किसी कारणवश क्रोध करे, उसका क्रोध उस कारण के दूर होने पर दूर किया जा सकता है, लेकिन जो अकारण ही कुपित हो, उसका कोई उपाय नहीं है। निश्चय ही पिंगलक के पास रहने वाले जीवों ने उसे मेरे विरुद्ध उकसाया है। सेवकों में स्वामी को प्रसन्न करने की होड़ लगी ही रहती है। वे एक-दूसरे की वृद्धि सहन नहीं करते।''

यह सुनकर दमनक ने कहा—''यह उपाय सच्चा उपाय नहीं है। माना कि इस प्रकार एक बार में पिंगलक को खुश कर लूंगा किंतु उसके पास रहने वाले कपटी सलाहकार फिर किन्हीं झूठे बहानों से उसके मन में मेरे प्रति जहर भर देंगे। ऐसे कपटी लोगों के बीच रहना ही मूर्खता है। किसी न किसी प्रकार से ऐसे दुष्ट लोग, भले ही वे छोटे हों, सज्जन व्यक्ति को मार ही डालते हैं। कहा भी है कि जब बहुत से धूर्त, क्षुद्र, तथा मायावी जीव एकत्रित हो जाते हैं तो वे कुछ न कुछ करते ही हैं, चाहे वह उचित हो अथवा अनुचित। इसी प्रकार कौए आदि क्षुद्र जीवों ने मिलकर एक बहुत बड़े ऊंट को मार डाला था।

दमनक ने पूछा—''वह किस प्रकार?''

संजीवक ने तब उसे शेर और ऊंट से संबंधित यह कहानी सुनाई।

फूंक-फूंक पग धरो

किसी जंगल में मदोत्कट नाम का एक शेर रहता था। बाघ, कौआ और गीदड़, ये तीन उसके सेवक थे, एक दिन उन्होंने जंगल में एक ऊंट को विचरण करते देखा जो अपने दल के ऊंटों से भटककर उस जंगल में आ गया था।

ऊंट को देखकर शेर ने कहा—"अरे, देखो तो, कैसा विचित्र प्राणी है ये। तुम लोग पता तो लगाओ कि यह कौन-सा प्राणी है। जंगली है ग्राम्य वासी है?"

सुनकर कौआ बोला—"स्वामी। यह तो एक ग्रामीण पशु है, आपका भोज्य है। इसे खाकर आप अपनी भूख मिटा सकते हैं।"

शेर बोला—"नहीं। मैं घर आए मेहमान को नहीं मारता। यह विश्वास करके मेरे वन क्षेत्र में आया है। विश्वास करके बिना डरे घर आए शत्रु को भी कभी नहीं मारना चाहिए। यदि कोई ऐसा करता है तो वह पाप की भागी होता है। तुम इसे अभयदान देकर मेरे पास ले आओ। मैं इससे जंगल में आने का प्रयोजन पूछूंगा।"

सेवक क्रथनक नाम के उस ऊंट को शेर के दरबार में ले आए। ऊंट ने शेर को प्रणाम किया और एक ओर बैठ गया। शेर द्वारा पूछने पर उसने अपनी दुख भरी कहानी उसे सुना दी और कहा कि वह अपने साथियों से बिछुड़ कर जंगल में अकेला रह गया है।

उसकी कहानी सुनकर मदोत्कट शेर ने कहा—"क्रथनक। अब तुम्हें गांव जाकर बोझा ढोने का कार्य करने की कोई आवश्यकता नहीं है। अब तुम यहीं हमारे साथ रहो। यहां तुम्हारे लिए भोजन की कोई कमी नहीं है,

अतः निर्द्वंद्व होकर विचरण करो और आनंद से जीवन व्यतीत करो।

शेर का आश्वासन पाकर ऊंट सुखपूर्वक वन में विचरण करने लगा।

संयोग की बात कि कुछ दिन बाद उस जंगल में एक मतवाला हाथी आ गया। उस हाथी से अपने अनुचरों की रक्षा करने के लिए शेर को उसके साथ युद्ध करना पड़ा। युद्ध में शेर जीत तो गया किंतु हाथी ने भी जब एक बार शेर को अपनी सूंड में लपेट कर घुमा कर दूर फेंका तो शेर की हड्डियां चटक गईं। हाथी का एक दांत भी शेर की पीठ में घुस गया था। इस युद्ध के बाद शेर बहुत घायल हो गया और वह शिकार पर जाने के योग्य नहीं रहा। शेर के अशक्त हो जाने से भोजन के अभाव में उसके अनुचर भूखे मरने लगे। क्योंकि शेर जब शिकार करता था तो उसके अनुचरों को भी उसमें से हिस्सा मिला करता था। अब तो वह स्वयं भी शिकार करने में असमर्थ था और भूख से परेशान रह रहा था। अपनी और अपने अनुचरों की ऐसी दशा देख सिंह ने कहा—"किसी ऐसे जीव की खोज करो जिसको मैं इस अवस्था में भी मारकर अपने और तुम्हारे भोजन की व्यवस्था कर सकूं।"

शेर की बात सुनकर उसके अनुचर शिकार की तलाश में निकले, किंतु बहुत प्रयास के बाद भी उन्हें कोई शिकार दिखाई न दिया। तब कौए और गीदड़ ने आपस में मंत्रणा की। गीदड़ बोला—"भैया कौए। अब इधर-उधर भटकने से कोई फायदा नहीं है। क्यों न इस ऊंट क्रथनक को मारकर ही अपनी भूख मिटाई जाए?"

कौआ बोला—"तुम्हारी बात तो ठीक है मित्र। किंतु स्वामी ने तो उसे अभय-वचन दे रखा है।"

गीदड़ बोला—"मैं ऐसा उपाय करूंगा कि स्वामी उसे मारने को तैयार हो जाएं। तुम यहीं ठहरो, मैं स्वयं स्वामी के पास जाकर उनसे निवेदन करता हूं।"

गीदड़ ने तब शेर के पास जाकर कहा—"स्वामी। हमने सारा जंगल छान मारा है, किंतु कोई पशु हाथ नहीं लगा। अब तो हम सभी पशु इतने दुर्बल हो गए हैं कि एक कदम भी नहीं चला जाता। आपकी दशा भी ऐसी ही है। आज्ञा दें तो इस क्रथनक को मारकर उससे भूख शांत की जाए।"

गीदड़ की बात सुनकर शेर ने क्रोध से कहा—"पापी। कभी ऐसी बात मुख से निकाली तो उसी क्षण तेरे प्राण ले लूंगा। जानता नहीं मैंने उसे अभय-वचन दिया है?"

गीदड़ बोला—"स्वामी। मैं आपसे वचन-भंग के लिए नहीं कह रहा। आप स्वयं उसका वध न कीजिए, किंतु यदि वह स्वयं ही आप की सेवा में प्राणों की भेंट लेकर आए तब तो उसके वध में कोई दोष नहीं है। यदि वह ऐसा नहीं करेगा तो हममें से सभी आपकी सेवा में अपने शरीर की भेंट लेकर आपकी भूख शांत करने के लिए आयेंगे। जो प्राणी स्वामी के काम न आए, उसका उपयोग ही क्या है? स्वामी के नष्ट होने पर उसके अनुचर स्वयं ही नष्ट हो जाया करते हैं। स्वामी की रक्षा करना उनका धर्म बनता है।"

"यदि तुम्हारा ऐसा ही विश्वास है तो मुझे इसमें कोई आपत्ति नहीं है।" शेर ने अपनी सहमति व्यक्त कर दी।

शेर का आश्वासन पाकर गीदड़ अपने अन्य अनुचर साथियों के पास आया और उन्हें लेकर फिर शेर के सामने उपस्थित हो गया। सिंह ने उनसे पूछा—"कहो। तुम लोगों को शिकार मिला?"

कौआ बोला—"नहीं स्वामी। आज भी असफलता ही हाथ लगी। अब तो यही उचित है कि आज आप मुझे खाकर अपनी भूख शांत कर लें। इससे आपके प्राणों की रक्षा भी हो जाएगी और मेरी भी सद्गति हो जाएगी।"

तभी गीदड़ ने कौए की बात काट दी और बोला—"मित्र। तुम तो बहुत छोटे हो। तुम्हारे मांस से स्वामी का पेट तो भरेगा नहीं, उलटे उन्हें जीव-हत्या का पाप लग जाएगा। तुमने अपनी स्वामिभक्ति का परिचय दे दिया है। तुमने अपना ऋण उतार दिया है इसलिए तुम तीनों लोकों में प्रशंसा के पात्र बन गए हो। अब तुम यहां से हट जाओ, जिससे मैं स्वयं को स्वामी की सेवा में प्रस्तुत कर सकूं।"

यह सुनकर कौआ शेर के पास से हट गया। तब गीदड़ शेर के सम्मुख पहुंचा और कहा—"स्वामी। आज आप मुझे ही खाकर अपनी भूख शांत कर लीजिए। आप के ऐसा करने से मैं स्वर्ग जाने का अधिकारी हो जाऊंगा। क्योंकि ऐसा कहा गया है कि सेवक का शरीर उसके स्वामी के अधीन होता

है। यदि आवश्यकता पड़ने पर स्वामी उसे ले भी ले तो वह पाप का भागी नहीं बनता।"

गीदड़ ने जब अपना शरीर भेंट किया तो बाघ ने उसे हटाते हुए कहा–"मित्र। तुम भी तो बहुत छोटे हो। फिर तुम्हारे नाखून इतने विषैले हैं कि जो भी तुम्हें खाएगा, उसे जहर चढ़ जाएगा। इसलिए तुम खाने योग्य नहीं हो। अपने स्वामी को तो मैं अपना शरीर अर्पण करूंगा। मुझे खाकर उनकी भूख भी शांत हो जाएगी और मुझे पुण्य-लाभ मिल जाएगा।" उन तीनों को ऐसा करते देखकर क्रथनक ने सोचा–"इन तीनों ने अपना-अपना शरीर स्वामी को प्रस्तुत किया, किंतु स्वामी ने किसी को भी मारने से इंकार कर दिया। अब मैं भी स्वामिभक्ति स्वरूप अपना शरीर स्वामी को अर्पण कर दूं तो मुझे भी नहीं मारेंगे। इस तरह मैं भी अपनी स्वामिभक्ति दर्शाने में सफल होकर दूसरों की निगाहों में ऊंचा हो जाऊंगा।" यही सोचकर क्रथनक अपना शरीर शेर को अर्पण कर दिया।

तब शेर का इशारा पाकर बाघ, चीता, गीदड़, आदि पशु ऊंट पर टूट पड़े और उन्होंने बात की बात में अपने तीक्ष्ण नाखूनों से उसका पेट फाड़ डाला। फिर सबने उसके मांस से अपनी भूख शांत की।

यह कथा सुनाकर संजीवक ने दमनक से कहा–"तभी मैं कहता हूं कि छल-कपट भरे वचन सुनकर सहसा ही किसी को उस पर विश्वास नहीं कर लेना चाहिए और यह कि राजा के अनुचर जिसे मरवाना चाहें, उसे किसी न किसी उपाय से मरवा ही देते हैं। निःसंदेह ऐसे ही किसी नीच ने राजा पिंगलक को मेरे विरुद्ध भड़का दिया है। अब दमनक भाई, एक मित्र के नाते मैं तुमसे यह पूछता हूं कि ऐसी स्थिति में मुझे क्या करना चाहिंए?"

दमनक ने कहा–"मेरा तो इस विषय में यही विचार है कि ऐसे स्वामी की सेवा करने का कोई लाभ नहीं है। अच्छा है तुम यहां से चले जाओ और किसी दूसरे वन में जाकर अपना निवास बनाओ। ऐसी उलटी राह पर चलने वाले स्वामी का परित्याग कर देने में ही भलाई है।"

"दूर जाकर भी अब छुटकारा नहीं मिलने वाला।" संजवीक बोला–"बडे लोगों से शत्रुता करके कोई कहीं शांति से नहीं बैठ सकता।

अब तो युद्ध करना ही ठीक जंचता है। युद्ध में तो एक बार ही मृत्यु मिलती है, किंतु शत्रु से डरकर भागने वाला तो प्रतिक्षण मृत्यु के डर से भयभीत रहता है। उस चिंता से तो एक बार की मृत्यु ही कहीं अच्छी है।"

दमनक ने जब संजीवक को युद्ध के लिए तैयार देखा तो वह सोचने लगा, कहीं ऐसा न हो कि यह अपने पैने सींगों से स्वामी का पेट फाड़ दे। यदि ऐसा हो गया तो महान अनर्थ हो जाएगा। इसलिए वह फिर से संजीवक को देश छोड़ने का परामर्श देता हुआ बोला—"मित्र। तुम्हारा कहना भी सच है, किंतु स्वामी और सेवक के युद्ध से क्या लाभ? क्योंकि कहा गया है कि जो व्यक्ति शत्रु की शक्ति जाने बिना ही उससे बैर बढ़ाता है, उसे शत्रु के सम्मुख उसी प्रकार अपमानित और पराजित होना पड़ता है, जिस प्रकार टिटिहरी के सम्मुख समुद्र को होना पड़ा था।"

संजीवक ने पूछा—'वह कैसे?"

संजीवक की जिज्ञासा को शांत करने के लिए दमनक ने तब उसे टिटिहरी और समुद्र से संबंधित यह कहानी सुनाई।

टिटिहरी और समुद्र

समुद्र के किनारे एक स्थान पर टिटिहरी का एक जोड़ा रहता था। जब टिटिहरी के अंडे देने का समय आया तो उसने अपने पति से कहा—"प्रिय। किसी सुरक्षित स्थान की खोज करो जिससे मैं बिना बाधा के सुखपूर्वक अंडे दे सकूं।"

टिटिहरी की बात सुनकर टिटिहरा ने कहा—'यहां सभी स्थान सुरक्षित हैं, प्रिये। तुम चिंता मत करो।"

"नहीं प्रिय। यहां पूर्णिमा को समुद्र में ज्वार आता है तो लहरें मदमस्त हाथी तक को खींच ले जाती हैं। अतः हमें कोई सुरक्षित स्थान खोज लेना चाहिए।" टिटिहरी ने कहा। अपनी पत्नी की चिन्ता जानकर टिटिहरी ने कहा—"प्रिये। मैंने कहा है न। तुम समुद्र की चिंता मत करो। समुद्र में दुस्साहस नही कि वह मेरी संतान को लील ले। वह मुझसे डरता है। तुम निश्‍चिंत होकर यहां अपने अंडे दो।"

समुद्र दोनों का वार्तालाप सुन रहा था। टिटिहरा की गर्वोक्ति सुनकर उसने सोचा—"यह तुच्छ पक्षी" कितनी अभिमानी हो गया है। आकाश के गिरने के भय से यह अपने दोनों पैरों को ऊपर उठाकर सोता है, यह सोचता है कि इस तरह से यह आकाश को अपने पैरों पर रोक लेगा। कौतूहल के लिए इसकी शक्ति को भी देख लेना चाहिए। इसक़े अंडे अपहरण कर लेने के बाद यह क्या करता है, यह देख ही लूं।"

बस, यही सोचकर टिटिहरी ने जब अंडे दिए, और जब टिटिहरी और टिटिहरा भोजन की खोज में निकले हुए थे, तो समुद्र ने लहरों के बहाने से उनके अंडों का अपहरण कर लिया।

वापस लौटने पर टिटिहरी ने अपने अंडों को गायब पाया तो वह विलाप करती हुई अपने पति से कहने लगी–"स्वामी। मैंने पहले ही कहा था कि समुद्र की तरंगों से मेरे अंडे नष्ट हो जायेंगे, किंतु अपनी मूर्खता और अभिमान के कारण आपने मेरी बात नहीं सुनी। देख लो, मेरी आशंका बिल्कुल सही साबित हुई। किसी ने ठीक-ही कहा है कि जो व्यक्ति अपने हित चिंतकों और मित्रों की उपेक्षा करता है, वह अपनी मूर्खता के कारण उसी प्रकार विनष्ट हो जाता है, जिस प्रकार कि एक मूर्ख कछुआ लकड़ी से गिरकर अपने प्राणों से हाथ धो बैठा था।"

टिटिहरा ने पूछा–"वह कैसे?"

टिटिहरी बोली–"बताती हूं। सुनो।"

हितैषी की सीख मानो

किसी वन प्रदेश में एक बहुत बड़ा सरोवर था। उस सरोवर में कम्बुग्रीव नाम का एक कछुआ रहता था। उस कछुए की संकट और विकट नाम के दो हंसों से मित्रता हो गई। वे दोनों हंस सरोवर के तट पर ही रहते थे। दिनभर वे तीनों सरोवर के तट पर बैठे रहते और आपस में वार्तालाप करते थे। जब शाम हो जाती तो तीनों अपने-अपने निवास पर लौट जाते।

एक साल उस वन प्रदेश में वर्षा नहीं हुई। इस कारण सरोवर का पानी धीरे-धीरे सूखने लगा। यह स्थिति देखकर हंसों को कछुए के प्रति चिंता होने लगी। उन्होंने दुखी भाव से कछुए से कहा—"मित्र। यह सरोवर तो अब सूख चला है। अब तो इसमें थोड़ा-सा जल और कीचड़ ही बचा है। जल के अभाव में तुम्हारा जीवन कैसे बचेगा, यह सोचकर हमें बहुत चिंता हो रही है।"

कछुआ बोला—"जल के अभाव में मेरा जीवित बच पाना संभव नहीं है। आप दोनों को मेरे बचने का कोई उपाय ढूंढना चाहिए। आपत्ति में धैर्य धारण करने से आपत्ति से छुटकारा मिल सकता है। ऐसे में मित्रों को भी आपत्ति से बचने का कोई मार्ग सुझाना चाहिए।"

"तो फिर तुम्हीं कोई उपाय सुझाओ, जिससे हम तुम्हारे जीवन की रक्षा कर सकें।" दोनों हंसों ने एक स्वर से कहा।

कछुआ बोला—"एक उपाय तो मेरे दिमाग में है, पर पता नहीं आप ऐसा कर पाएंगे भी या नहीं?"

"तुम वह उपाय हमें बताओ तो मित्र। हम उसे पूरा करने की भरसक

चेष्टा करेंगे।'' हंस बोले।

तब कछुए ने उन्हें इस प्रकार समझाया–''आप लोग कहीं से एक मजबूत रस्सी या कोई लकड़ी का टुकड़ा ले आइए। इसके अलावा कोई दूसरा सरोवर भी ढूंढ निकालिए जहां भरपूर मात्रा में जल हो। मैं रस्सी या लकड़ी के टुकड़े को अपने दांतों से पकड़ लूंगा। तब तुम दोनों उसके दोनों छोरों को पकड़कर उड़ चलना और मुझे उस नए सरोवर में पहुंचा देना।''

हंसों ने कहा–''बात तो आपकी बिल्कुल ठीक है, किंतु इस अवधि में आपको मौन धारण करना होगा। अथवा मुंह खुलने पर आप गिर पड़ेंगे।

कछुए ने उन्हें आश्वस्त किया कि वह इस दौरान बिल्कुल भी नहीं बोलेगा। तब योजनानुसार व्यवस्था करके वे तीनों आकाशमार्ग से उड़ चले।

उड़कर जाते समय उन्होंने नीचे बसे नगर में लोगों को अपनी ओर देखकर आश्चर्य व्यक्त करते हुए पाया। कछुआ बड़ा चंचल था। यद्यपि चलने से पूर्व उसको भली-भांति समझा दिया गया था, फिर भी अपनी चंचल वृत्ति के कारण वह चुप न रह सका, और यह पूछने के लिए कि नीचे यह किस प्रकार कोलाहल हो रहा है, ज्यों ही उसने अपना मुख खोला, लकड़ी उसके मुख से छूट गई और वह ऊंचाई से नीचे आ गिरा। नीचे खड़े लोगों ने उसके खंड-खंड कर डाले।

यह कथा सुनकर टिटिहरी ने टिटिहरे से कहा–''इसीलिए मैं कहती हूं कि व्यक्ति को अपने हित चिंतकों और मित्र जनों की सलाह पर हमेशा ध्यान देंना चाहिए। ऐसा न करने वाला व्यक्ति नष्ट हो जाया करता है। इसके अतिरिक्त बुद्धिमानों में भी वही बुद्धिमान सफल होते हैं जो आने वाली विपत्ति को ताड़कर पहले ही उसका उपाय सोच लेते हैं। एक दूसरे प्रकार के व्यक्ति भी प्रायः विपत्तिकाल में सफल हो जाते हैं जिनकी बुद्धि तत्काल अपनी रक्षा का उपाय सोच लेती है। पर जो लोग ऐसा सोचते हैं कि ''भाग्य में जो लिखा है वह तो होगा ही, आगे जो होगा वह देखा जाएगा।'' ऐसा सोचने वाले व्यक्ति प्रायः विनष्ट ही हो जाते हैं। एक

मछली और उसके परिवार को ऐसी ही सोच रखने के कारण अपने जीवन से हाथ धोना पड़ा था।"

टिटिहरे ने पूछा–"वह किस तरह से?"

टिटिहरी बोली–"सुनाती हूं।"

इतना कहकर उसने टिटिहरे को यह कथा सुनाई।

जो होगा, देखा जाएगा।

एक तालाब में तीन मछलियां रहती थीं। उनके नाम थे—अनागत विधाता, प्रत्युत्पन्नमति और यद्भविष्य।

एक दिन तालाब के पास गुजर रहे मछुआरों ने मछलियों को देखकर आपस में कहा—"यह तालाब तो मछलियों से भरा पड़ा है। हमने तो इसको पहले कभी देखा ही नहीं था। आज तो मछलियां पकड़ लाए हैं और वैसे भी शाम हो चुकी है, अतः कल सवेरे सीधे यहीं आयेंगे और इन मछलियों को पकड़ेंगे।"

मछुआरों की बात सुनकर अनागत विधाता नाम की मछली ने सब मछलियों को बुलाया और उनसे कहा—"आप सबने उन मछुआरों की बातें सुन ही ली हैं। अब हमें तुरन्त आज रात तक यह तालाब छोड़कर किसी दूसरे तालाब में चले जाना चाहिए। अब एक क्षण की भी देरी करना ठीक नहीं है।"

प्रत्युत्पन्नमति नाम की मछली ने भी उसकी बात का समर्थन किया और बोली—'परदेश में जाने का डर प्रायः सबको नपुंसक बना देता है। "मैं तो अपने ही कुएं का जल पीऊंगा।" यह कह कर जो लोग जन्म भर खारा पानी पीते हैं, वे कायर होते हैं। स्वदेश का राग वही लोग गाते हैं जिनकी कोई और गति नहीं होती।"

उन दोनों की बातें सुनकर यद्भविष्य नाम की मछली हंस पड़ी। उसने कहा—"किसी राह चलते आदमी के कहने से डर कर हम अपने पूर्वजों के देश को नहीं छोड़ सकते। दैव अनुकूल होगा तो हम यहां भी सुरक्षित रहेंगे, प्रतिकूल होगा तो किसी दूसरी जगह जाकर भी हम

किसी के जाल में फंस जाएंगे। मैं तो नहीं जाऊंगी, यहीं रहूंगी। तुम लोगों को जाना हो तो जाओ।''

उसकी यह जिद देखकर अनागत विधाता और प्रत्युत्पन्नमति नामक दोनों मछलियां अपने-अपने परिवारों को लेकर उसी रात वहां से पड़ोस के एक दूसरे तालाब में प्रस्थान कर गई। अगले दिन सुबह मछुआरे वहां आए और शेष बची सभी मछलियों को अपने जाल में फांस कर वहां से चलते बने।

यह कथा सुनाकर टिटिहरी ने कहा—''इसीलिए मैंने कहा है कि जो लोग—जो होगा, देखा जाएगा' या 'समय आने पर देखेंगे' की नीति पर अमल करते हैं, अन्ततः उनका विनाश ही हो जाता है।

यह सुनकर टिटिहरा बोला—''तुम शायद मुझे यद्भविष्य नामक उस मछली की तरह समझ रही हो। मैं उसकी तरह निष्कर्म नहीं हूं। अब तुम मेरी बुद्धि का चमत्कार देखना मैं अपनी चोंच से इस विशाल समुद्र के जल को सोख लूंगा।''

''विशाल समुद्र से लड़ना उचित नहीं है स्वामी। असमर्थ पुरुष का क्रोध स्वयं उसका ही विनाश कर देता है। दुश्मन के बल को जाने बिना उससे युद्ध करना मूर्खता है। आग की ओर बढ़ने वाला पतंगा स्वयं विनाश की ओर बढ़ता है।'' टिटिहरी ने अपने पति को समझाया।

प्रत्युत्तर में टिटिहरा ने कहा—''ऐसी बात नहीं है प्रिये। जिसके पास उत्साह रूपी शक्ति होती है, वह शक्तिहीन होते हुए भी शत्रु का सामना करने में समर्थ होता है।''

''यह आपका व्यर्थ का दंभ है स्वामी।'' टिटिहरी ने अपने पति को पुनः समझाते हुए कहा—''जिस समुद्र को गंगा और यमुना जैसी सैकड़ों नदियां निरंतर जल से भरती रहती हैं उसे आप अपनी चोंच से, जिसमें बूंद भर पानी भरने की क्षमता है, कैसे सुखा सकते हैं?''

टिटिहरी के समझाने का टिटिहरे पर कोई असर नहीं हुआ, वह अपनी हठ पर अड़ा रहा तो हार मानकर टिटिहरी बोली—ठीक है। यदि आपने समुद्र को सुखाने का हठ कर ही लिया है तो अन्य पक्षियों से

भी सलाह कर लो। कई बार छोटे-छोटे प्राणी मिलकर अपने से बहुत बड़े जीव को भी हरा देते हैं। एक चिड़िया और एक कठफोड़वा तथा मेंढ़क ने मिलकर इसी प्रकार एक हाथी तक को मार गिराया था।''

टिटिहरे ने आश्चर्य से पूछा—''वह कैसे?''

टिटिहरी बोली—सुनो। मैं आपको वह कथा सुनाती हूं।''

संगठन में ही शक्ति है

किसी जंगल में तमाल के एक वृक्ष पर एक चिड़िया और एक चिड़ा घोंसला बनाकर रहते थे। समय पाकर चिड़िया ने अंडे दिये। परन्तु एक दिन जब चिड़िया अपने अंडों को से रही थी, और चिड़ा दूसरी डाल पर बैठा उसे देख रहा थ, तो उसी समय एक हाथी वहां आ निकला। धूप से बचने के लिए वह उसी वृक्ष के नीचे विश्राम करने के लिए पहुंच गया जिस पर चिड़ा और चिड़िया ने अपना घोंसला बना रखा था। उस हाथी ने अपनी सूंड से वह शाखा तोड़ दी जिस पर घोंसला था। किसी तरह चिड़िया और चिड़ा तो उड़कर दूसरी शाखा पर जा बैठे किंतु उनका घोंसला नीचे गिर जाने के कारण उसमें रखे अंडे नष्ट हो गए।

चिड़िया अपने अंडों के नष्ट हो जाने से बहुत दुखी हो गई। वह विलाप करने लगी। उसका विलाप सुनकर कठफोड़वा वहां आ गया। परिस्थितियों को समझकर उसने उन्हें समझाया–"अब व्यर्थ के विलाप से कोई लाभ नहीं है। जो होना था वह तो हो गया। अब तो धैर्य धारण करो।"

यह सुनकर चिड़ा कहने लगा–"तुम्हारा कहना ही ठीक है, मित्र। किंतु इस हाथी ने अपने घमंड में चूर होकर अकारण ही मेरे बच्चों का विनाश किया है। यदि तुम मेरे सच्चे दोस्त हो तो इस हाथी को मारने का कोई उपाय बताओ।"

"मैं तुम्हारा मित्र हूं।" कठफोड़वा बोला–"यदि कोई मित्र विपत्ति में दूसरे मित्र के काम न आया तो उस मित्र से क्या लाभ? अच्छा, अब तुम लोग मेरी बुद्धि का चमत्कार देखना एक मक्खी मेरी मित्र है। उसका

नाम वीणाख है। मैं उसको बुलाकर लाता हूं। उसके साथ मिलकर कोई उपाय सोचेंगे।''

मक्खी ने आकर जब सारा समाचार सुना तो वह बोली—ठीक है। हमें इस हाथी को मारने का उपाय करना ही चाहिए। मेघनाद नाम का एक मेंढक मेरा मित्र है, मैं उसको यहां बुलवा लेती हूं।

इस प्रकार जब चारों मित्र इकट्ठे हो गए तो मेंढक कहने लगा—''मैं उस दुष्ट हाथी को मारने का एक उपाय बताता हूं। हम सब लोग मिलकर कार्य करें तो वह हाथी क्या चीज़ है? सबसे पहले मक्खी उस हाथी के कान में वीणा जैसे मीठे स्वर का आलाप करें। हाथी जब वीणा जैसे मधुर स्वर को सुनकर आनंद से अपनी आंखें बंद कर लें, उसी समय कठफोड़वा तेजी से उसकी आंखों पर झपट्टा मारे और उसकी दोनों आंखें फोड़ दे। हाथी अंधा हो जाएगा जब उसे प्यास लगेगी, तब वह उस गहरे गड्ढ़े की ओर सरोवर समझकर पानी पीने आएगा, जहां मैं पहले से ही अपने परिवार के साथ बैठकर टर्र-टर्र कर रहा होऊंगा। वह हमारी टर्र-टर्र सुनकर उस गड्ढे के समीप आएगा और उसमें गिर कर मर जाएगा।

कठफोड़वा, चिड़िया, चिड़े, मक्खी और मेढ़क ने मिलकर ऐसा ही किया जैसा उपाय सोचा गया था। परिणाम वही निकला जैसा अपेक्षित था, अंधा होकर हाथी उस गड्ढे की ओर आया और गड्ढे में गिर कर मर गया।

यह कथा सुनाकर टिटिहरी ने अपने पति से कहा—''संगठन में बहुत शक्ति होती है। इसीलिए तो कह रही हूं कि तुम्हें समुद्र से बदला ही लेना है तो औरों से मिलकर कोई संघ बना लो।''

''तुम ठीक कहती हो। मैं भी अन्य पक्षियों की मदद लेकर समुद्र को सुखाने का प्रयास करूंगा।'' टिटिहरा बोला।

यह निश्चय करके वह बगुला, सारस, मोर आदि अन्य पक्षियों के पास गया और उन्हें अपनी दुखभरी कहानी सुनाई। चिड़े ने उनसे कहा—''भाइयो। समुद्र ने मेरे अंडों को बहाकर मुझे बहुत दुख दिया है। आप सब लोग विचार-विमर्श करके कोई ऐसा उपाय निकालें जिससे मैं

समुद्र से बदला ले सकूं।''

अन्य पक्षियों ने आपस में विचार-विमर्श किया और कहा–''हम लोग समुद्र से बदला लेने में असमर्थ हैं। व्यर्थ की कोशिश करने से कोई फायदा नहीं है। हां, हमारे स्वामी गरुड़ बहुत बलवान हैं। हम सबको मिलकर उनसे प्रार्थना करनी चाहिए कि वे इस अपमान का बदला समुद्र से लें।''

तदनुसार समस्त पक्षी मिलकर गरुड़ के पास पहुंचे और दुखी स्वर में उनसे अपनी रक्षा की प्रार्थना करने लगे–'महाराज। आपके होते हुए समुद्र हम सब पर बहुत अन्याय कर रहा है। उसने टिटिहरी के अंडे भी नष्ट कर दिए हैं। हम सब उसका बदला लेना चाहते हैं। आपने हमारी रक्षा नहीं की तो एक दिन सारा पक्षी-समुदाय समुद्र के अत्याचार से समाप्त हो जाएगा।''

गरुड़ पक्षियों की बात सुनकर दुखी भी हुआ और उसे क्रोध भी आया। उसने मन में निश्चय किया–''इन निर्दोष पक्षियों को समुद्र ने बहुत दुख दिया है। मैं आज ही भगवान विष्णु के पास जाकर उसके शोषण की प्रार्थना करूंगा।''

इतने में भगवान विष्णु के दूत ने आकर उसे सूचना दी–'देवकार्य के लिए भगवान विष्णु अमरावती जाना चाहते हैं। अतः आप शीघ्र उनकी सेवा के लिए उपस्थित हों।''

गरुड़ ने क्रोधित होकर कहा भगवान विष्णु से कहना कि वे अपनी सवारी के लिए किसी दूसरे वाहन का प्रबंध कर लें। मेरा उन्हें नमस्कार कहना। यह भी कहना कि ''जो स्वामी सेवक के गुणों की कद्र करना नहीं जानता उसकी सेवा में रहना व्यर्थ है।''

दूत ने जब गरुड़ से उसके क्रोध का कारण पूछा तो गरुड़ ने समुद्र की उसके प्रजा पर होने वाले अत्याचार की सारी कहानी सुना दी।

दूत ने जाकर भगवान विष्णु को सारी बातें बताईं तो वे स्वयं गरुड़ के यहां पहुंचे। तब गरुड़ ने उन्हें विनम्रता से प्रणाम करके कहा–''प्रभु। आपके आश्रय का अभिमान करके समुद्र ने मेरे साथी पक्षियों के अंडों

का अपहरण कर लिया है। इस प्रकार उसने मेरा भी अपमान किया है। मैं इस अपमान का समुद्र से बदला लेना चाहता हूं।"

तब भगवान विष्णु ने शांत भाव से मुस्कराते हुए कहा—"प्रिय गुरुड़। तुम्हारा क्रोध करना उचित ही है। समुद्र को ऐसा नहीं करना चाहिए था। मेरे साथ चलो। मैं समुद्र से टिटिहरी के अंडे दिलवा देता हूं। उसके बाद हमें अमरावती जाना है।" तब भगवान विष्णु गरुड़ के साथ समुद्र के पास गए और धनुष पर वाण चढ़ाकर बोले—'अरे दुष्ट समुद्र। तू टिटिहरी के अंडे तुरन्त लौटा दे नहीं तो मैं अपने बाण से तुरंत तेरा सारा जल सुखा दूंगा।"

भगवान विष्णु के भय से समुद्र ने उसी क्षण टिटिहरी के अंडे वापस कर दिये।

यह कथा सुनकर दमनक ने संजीवक से कहा—"मित्र संजीवक। इसीलिए मैं कहता हूं कि शत्रु की शक्ति को जाने बिना जो उससे वैर करता है, वह साधारण शत्रु से भी पराजित हो जाता है। इस पर तुम्हारा वैरी तो एक सिंह है जो महाबलवान है।"

दमनक की बात सुनकर संजीवक बोला—"मित्र। बात तो तुम्हारी ठीक है, पर मैं यह कैसे मान लूं कि पिंगलक मुझसे रूष्ट है और मुझे मारना चाहता है, क्योंकि अभी कल तक तो वह मेरे प्रति बहुत स्नेह भाव ही रखता आया है। उसकी दुष्टता का कोई तुम्हारे पास ठोस प्रमाण हो तो कहो, तभी मैं आत्मरक्षा के लिए उसे मारने का प्रबंध करूं।"

"इसमें प्रमाण की क्या आवश्यकता है।" दमनक बोला—तुम्हारे विश्वास के लिए इतना ही बहुत है यदि पिंगलक तुम्हें देखकर अपनी भृकुटी चढ़ाकर अपने होंठों को जीभ से चाटने लगे तो समझ लेना कि वह तुमसे नाराज़ है। यदि ऐसा न हो तो उसे प्रसन्न समझना। अब मुझे आज्ञा दो मैं चलता हूं। याद रखना मेरी यह बात किसी तरह खुलने न पाए। संध्या तक भाग सको तो भाग जाना। क्योंकि कहा भी गया है कि कुल की रक्षा के लिए एक सदस्य का त्याग, जनपद की रक्षा के लिए ग्राम का त्याग, और आत्मरक्षा के लिए देश का त्याग कर देना

ही नीति सम्मत है।''

यह कहकर दमनक लौट गया।

जब वह करटक के पास पहुंचा तो उसने पूछा—''क्या कर आए दमनक भाई?''

''मैंने दोनों के बीच भेद-भाव उत्पन्न करने के बीज रोप दिए हैं। आगे जो हो, वह भविष्य बताएगा।'' दमनक ने कहा। ''पर तुमने यह सब किया कैसे?'' करटक ने पुनः पूछा। ''अपने असत्य भाषण के द्वारा उन दोनों के मध्य एक प्रकार से भेद उत्पन्न कर दिया है। अब तुम उन दोनों को एक स्थान पर बात करते हुए कभी न देख पाओगे।''

''यह तो उचित नहीं हुआ। अब तक जो बेचारे परस्पर बड़े स्नेह से रहते थे, उन्हें आपने क्रोध के समुद्र में घोल दिया।''

''तुम नीतिशास्त्र की बात नहीं जानते करटक। इसीलिए इस प्रकार दुःख व्यक्त कर रहे हो। शत्रु और रोग को कभी बढ़ने नहीं देना चाहिए, जो व्यक्ति ऐसा नहीं करता वह शत्रु के बलवान हो जाने और रोग के बढ़ जाने पर अन्ततः उन्हीं के द्वारा मारा जाता है। संजीवक ने हमारा मंत्रीपद हथिया लिया था, पिंगलक उसकी सलाह से ही काम करने लगा था। वह हमारा शत्रु था। शत्रु को परास्त करने में धर्म-अधर्म नहीं देखा जाता। आत्मरक्षा सबसे बड़ा धर्म है। स्वार्थ-साधन ही सबसे महान कार्य है। स्वार्थ-साधन करते हुए कपट-नीति से ही काम लेना चाहिए, जैसे चतुरक नामक एक गीदड़ ने किया था।

करटक ने पूछा—''इस चतुरक गीदड़ की क्या कहानी है?''

दमनक बोला—'सुनाता हूं। सुनो।''

मूर्ख सिंह और चतुर सियार

किसी जंगल में वज्रदंष्ट्र नाम का एक शेर रहता था। उसके दो अनुचर थे—चतुरक नाम का एक सियार (गीदड़) और क्रकमुख नाम का एक भेड़िया। ये दोनों हर समय शेर के साथ ही रहते थे।

एक दिन शेर ने जंगल में बैठी एक गर्भिणी मादा ऊंट का शिकार किया। शेर ने ऊंटनी का पेट फाड़ा तो उसके अन्दर ऊंट का एक छोटा-सा बच्चा निकला। शेर को उस बच्चे पर दया आ गई और वह उसे अपने साथ अपनी मांद पर ले आया। उसने बच्चे से कहा—"अब तुझे मुझसे डरने की जरूरत नहीं। मैं तुझे नहीं मारूंगा। तू जंगल में आनंद के साथ विहार कर।" ऊंट के बच्चे के कान शंकु (लील) जैसे थे इसलिए शेर ने उसका नाम रख दिया—शंकुकर्ण।

शंकुकर्ण सिंह-परिवार के साथ रहकर बड़ा होने लगा। वह एक क्षण के लिए भी शेर के अनुचरों का साथ कहीं बाहर नहीं जाता था। जब वह बड़ा हो गया तब भी वह सिंह-पविार के साथ घुला-मिला रहता रहा।

एक दिन उस जंगल में विशाल हाथी आ पहुंचा। शेर की उस हाथी के साथ भिड़ंत हो गई। उस भिड़त में हाथी ने शेर को इतना घायल कर दिया कि उसके लिए चलना-फिरना भी कठिन हो गया। एक दिन जब शेर भूख से पीड़ित हुआ तो उसने अपने अनुचरों से कहा—'जल्दी ही किसी ऐसे जानवर को खोजकर यहां लाओ जिसे इस हालत में भी मारकर मैं अपने भोजन की व्यवस्था कर सकूं।"

शेर की बात सुनकर उसके तीनों अनुचर जंगल में निकल पड़े। वे दिन भर शिकार की तलाश करते रहे किंतु कोई भी शिकार हाथ न लगा।

इस असफलता से खीझकर चतुरक सियार ने सोचा—"यदि शंकुवर्ण को मरवा दिया जाए तो कुछ दिन के लिए भोजन की व्यवस्था हो सकती है। किंतु शेर ने उसे अभय-दान दे रखा है। अत5 कोई ऐसी युक्ति निकालनी चाहिए कि वचन-भंग किए बिना वह इसे मारने की तैयार हो जाए।"

अंत में चतुरक ने एक युक्ति सोच ली। उसने शंकुकर्ण से कहा—"शंकुकर्ण ।

स्वामी भूख से व्याकुल है। अगर वह जीवित न रहे तो हम लोगों का जीना व्यर्थ हैं।"

शंकुकर्ण बोला—"तुम मुझे कोई उपाय बताओ। स्वामी के काम आने में मुझे सौ गुना पुण्य प्राप्त होगा।"

चतुरक ने कहा—"तुम दूने व्याज पर स्वामी को अपना शरीर समर्पित कर दो। इससे तुम्हारा शरीर दूना हो जायेगा और स्वामी को अपना भोजन भी मिल जाएगा।"

"ठीक है।" ऊंट ने कहा—"किंतु तुम स्वामी को बता देना कि इस व्यवहार में उन्हें धर्म को साक्षी के रूप में स्वीकार करना पड़ेगा।"

शंकुकर्ण मान गया तो वे तीनों शेर के पास गए। चतुरक ने कहा—"स्वामी। कोई भी जीव हाथ नहीं लगा। अब तो सूर्यास्त भी हो गया है। अब तो एक ही उपाय है, यदि आप शंकुकर्ण को इस शरीर के बदले दोगुना शरीर देना स्वीकार करें तो वह अपना शरीर उधार देने के लिए तैयार है।"

शेर बोला—यदि ऐसी बात है तो मुझे कोई आपत्ति नहीं है। तुम धर्म को साक्षी मानकर इसके शरीर को ले सकते हो।"

शेर की स्वीकृति मिलते ही भेड़िया और सियार उस ऊंट को चीर डाला। ऊंट के मर जाने के बाद शेर ने चतुरक से कहा—"मैं नदी में स्नान करके आता हूं। तब तक तुम इस ऊंट के शरीर की रक्षा करना।"

शेर के जाने के बाद चतुरक ने सोचा—"कोई ऐसा उपाय करूं जिससे

कि इस ऊंच को अकेले ही खा सकूं।''

यह सोचकर उसने क्रमुख भेड़िए से कहा—''मित्र। लगता है तुम बहुत भूखे हो। जब तक स्वामी लौटकर नहीं आते, चाहो तो थोड़ा-सा मांस खालो।''

चतुरक के कहने पर भूखा भेड़िया शिकार पर टूट पड़ा। उसने अपने पैने दांतों से ऊंट का पेट फाड़ डाला और ऊंट का दिल निकालकर खा गया।

तभी चतुरक को सिंह वापस आता दिखाई दिया। वह ऊंट के शरीर के पास पहुंचा। चतुरक और क्रकमुख उसे देखकर दूर जा बैठे।

शेर ने शिकार पर निगाह डाली तो संदेह की दृष्टि से दोनों की ओर देखते हुए उसने पूछा—''ऊंट का दिल अपने स्थान पर नहीं है। बताओ किसने मेरे शिकार को जूठा किया है?''

यह सुनकर भेड़ियाा सियार की ओर देखने लगा। वह थर-थर कांप रहा था। चतुरक हंसकर कहने लगा। ''अब मेरे मुंह की ओर क्या देख रहा है। शिकार को जूठा करते समय तो मुझसे पूछा नहीं था। अब अपनी करनी का फल भोग।''

सियार की बात सुनकर अपनी मृत्यु को निकट देख भेड़िया वहां से भाग लिया। सियार अपनी चतुराई पर मन ही मन मुस्कुराने लगा।

उधर जैसे ही सिंह ने ऊंट को खाना आरंभ किया, तभी उसे दूर से ऊंटों का एक काफिला अपनी ओर आता दिखाई दिया। सबसे आगे वाले ऊंट के गले में घंटा बंधा हुआ था। उस घंटे की ध्वनि सुनकर शेर ने चतुरक से पूछा—''चतुरक। यह कैसी आवाज़ है। मैं तो इसे पहली बार ही सुन रहा हूं।

इस पर चालाक गीदड़ ने कहा—''स्वामी! लगता है यमराज आपसे नाराज़ हो गए हैं। आपने धर्म को साक्षी मानकर इस ऊंट की हत्या करवा दी और फिर इसे दोगुने शरीर के साथ जिंदा भी नहीं किया। इसीलिए वे आपसे बेहद कुपित हैं। उन्होंने एक हजार ऊंटों को आपको मारने के लिए भेज दिया है। इसमें क्रकमुख के कई पूर्वज भी हैं। आगे वाले

ऊंट के गले में घंटा बंधा हुआ है। यह उसी घंटे की आवाज़ सुनाई दे रही है। अब आपको अपनी जान बचानी है तो जल्दी से यहां से भग जाइए।''

सियार की बात सुनकर शेर इतना डरा कि वह तत्काल सिर पर पैर रखकर भाग खड़ा हुआ। इस तरह चतुरक को पूरे ऊंट का मांस खाने को मिल गया।

यह कथा सुनकर दमनक करटक से बोला—''इसीलिए मैं तुमसे कहता हूं कि स्वार्थ-साधन में छल अथवा बल, जैसी भी युक्ति कारगर हो, वैसी ही युक्ति से काम लेना चाहिए। स्वार्थ-सिद्धि के लिए दूसरों को कष्ट पहुंचाने वाला यदि चतुर है तो वह दूसरों की दृष्टि में नहीं आता है।''

उधर, दमनक के जाने के बाद संजीवक ने विचार किया—''मैंने यह अच्छा नहीं किया जो शाकाहारी जीव होने के बावजूद भी एक मांसाहारी जीव से मैत्री की। किंतु अब करूं भी तो क्या? क्यों न पिंगलक की शरण में जाकर मैं फिर उससे मित्रता बढ़ाऊं? दूसरी जगह अब मेरी गति भी कहां है।''

यही सोचता हुआ वह धीरे-धीरे शेर के पास चल पड़ा। वहां जाकर उसने देखाकि पिंगलक के चेहरे पर ठीक वैसे ही भाव मौजूद थे जैसे कि दमनक ने उसे बताए थे। पिंगलक को क्रोधित देखकर संजीवक आज उससे जरा दूर हटकर बिना प्रणाम किए ही बैठ गया। पिंगलक ने भी संजीवक के चेहरे पर वही भाव अंकित देखे जिनकी सूचना दमनक ने पहले ही उसे दे दी थी। अब उसने समय गंवाना उचित न समझा। बिना चेतावनी दिए ही वह संजीवक पर टूट पड़ा।

संजीवक इस अचानक आक्रमण के लिए तैयार न था, किंतु जब उसने देखा कि पिंगलक उसे फाड़ डालने के तैयार है तो वह भी सींगों को तानकर अपनी रक्षा के लिए तैयार हो गया।

दोनों को इस प्रकार एक दूसरे के विरुद्ध भयंकरता से आक्रमण करते देखकर करटक ने कहा—''दमनक। तूने दो मित्रों को आपस में

लड़वा कर अच्छा नहीं किया। तुझे साम-नीति काम लेना चाहिए था। सच तो यह है कि तेरे जैसे नीच स्वभाव का मंत्री कभी अपने स्वामी का कल्याण कर ही नहीं सकता। अब भी कोई उपाय है तो इन दोनों की लड़ाई बंद करवाने की कोशिश कर। तेरी सब प्रवृत्तियां केवल विनाशकारी ही हैं। जिस राज्य का तू मंत्री होगा, वहां भ्रद और सज्जन व्यक्ति कैसे निवास कर पायेंगे? उपदेश भी उसी को दिया जाता है जो उसका पात्र हो। तेरे जैसे स्वार्थी व्यक्ति को तो उपदेश देना भी भैंस के आगे बीन बजाने जैसा है। अब मैं तेरे साथ नहीं रहूंगा। क्योंकि यदि तेरे साथ रहा तो मुझे डर है कि कहीं मेरी भी हालत सूचीमुख चिड़िया की तरह न हो जाए।''

दमनक ने पूछा—'यह सूचीमुख चिड़िया कौन थी, जिसका तूने अभी-अभी उल्लेख किया हैं।''

करटक ने तब उसे यह कहानी सुनाई।

कुपात्र को उपदेश

किसी पर्वतीय प्रदेश में वानरों का एक समूह निवास करता था। एक वर्ष हेमन्त-ऋतु में भयंकर हवाएं चलने लगी। थोड़ी ही देर वर्षा भी आरंभ हो गई और साथ ही बर्फ भी पड़ने लगी। ठंड से बचने के लिए वह वानरों का समूह किसी उचित स्थान की खोज में इधर-उधर भटकता रहा किंतु कहीं भी कोई सुरक्षित स्थान न मिल सका।

कुछ वानर कहीं से लाल रंग के गुंजाफल ढूंढ लाए और उन्हें अग्नि कण समझकर फूंक मार-मारकर सुलगाने की कोशिश करने लगे।

वृक्ष के ऊपर अपने घोंसले में बैठा सूचीमुख नाम का एक पक्षी यह सब कुछ देख रहा था। उसने वानरों के इस वृथा प्रयास को देखकर कहा—"लगता है तुम लोग निपट मूर्ख हो। अरे ये अग्निकण नहीं हैं, यह तो एक प्रकार का फल है जिनका सिर्फ रंग ही लाल होता है। इनमें से अग्नि प्रज्ज्वलित नहीं होती। इनसे ठंड नहीं मिटेगी। ठंड दूर करनी है तो किसी ऐसे स्थान की खोज करो जहां हवा न पहुंच सके। मेरी मानो तो किसी पर्वत-कंदरा में जाकर छिप जाओ। यह वर्षा अब रुकने वाली नहीं है।"

उन वानरों में एक बूढ़ा वानर भी था। उसने कहा—अरे सूचीमुख। तू इनको उपदेश मत दो। ये मूर्ख हैं, तेरे उपदेश को नहीं मानेंगे, उलटा तुझे मार डालेंगे।"

वह बूढ़ा वानर अभी ऐसा कह ही रहा था कि एक वानर उछलकर वृक्ष पर चढ़ गया। उसने सूचीमुख का घोंसला तोड़ डाला और सूचीमुख को पकड़कर उसके पंख उखाड़ दिये। बेचारा सूचीमुख वानरों को अच्छी

सीख देने के कारण व्यर्थ ही अपने प्राण गंवा बैठा।

यह कथा सुनकर करटक ने दमनक से कहा---"इसीलिए मैं कहता हूं कि मूर्ख को उपदेश देना भी मूर्खता ही है। मूर्ख को उपदेश देकर हम उसे शांत नहीं करते, बल्कि और भी भड़काते हैं। कुपात्र को उपदेश देना विपत्ति को आमंत्रण देना होता है। एक मूर्ख बंदर को जब एक चिड़िया ने उसके हित में उपदेश दिया तो उसने उस को गृहविहीन ही कर दिया।"

दमनक ने पूछा–"वह कैसे?"

करटक ने तब उसे यह कथा सुनाई।

शिक्षा का पात्र

किसी वन में शमी का एक विशाल वृक्ष था। उसकी लम्बी-सी एक शाखा पर चहक चिड़िया का एक जोड़ा घोंसला बनाकर रहता था। उनका जीवन बड़े आनंद से बीत रहा था। एक बार हेमन्त ऋतु की बात है कि सहसा हल्की-सी वर्षा की फुहारें पड़ने लगीं। तभी कहीं से ठंड में ठिठुरता वर्षा में भीगता हुआ एक बन्दर वृक्ष की जड़ में आकर बैठ गया। ठंड के मारे उसके दांत बज रहे थे।

उसे देखकर चिड़िया अपने घोंसले में से बोली—''भद्र। देखने में तो तुम खूब हट्टे-कट्टे लग रहे हो। तुम्हारे तो हाथ-पैर भी हैं, फिर तुम अपने लिए कोई घर क्यों नहीं बना लेते?'

चिड़िया की बात सुनकर बन्दर गुस्से में बोला—''अरी ओ चूं-चूं की बच्ची। चुप रह। अपना काम कर। मेरा उपहास मत उड़ा।''

चिड़िया फिर भी अपने घोंसले में बैठी अपनी बात दोहराती रही। बंदर उसकी इस बात से चिढ़ गया। उसने सोचा—''यह छोटी-सी चिड़िया मेरा उपहास उड़ा रही है। बढ़-चढ़ कर बातें बना रही है। अपने को बहुत होशियार समझ रही है। इसको मेरा जरा भी डर नहीं है।''

वह बोला—''मैं दुखी हूं या सुखी! इससे तुमको क्या लेना-देना मेरी चिंता मत कर। चुपचाप अपने घोंसले में पड़ी रह।'' चिड़िया फिर भी नहीं मानी। वह अपनी बात बार-बार दोहराती रही। बस फिर क्या था, बंदर का गुस्सा सातवें आसमान पर जा पहुंचा। वह छलांग लगाकर वृक्ष पर चढ़ गया और चिड़िया का घोंसला तोड़-मोड़कर फेंक दिया।

यह कथा सुनाकर करटक ने दमनक से कहा—''इसीलिए मैं कहता

हूं कि हर किसी को उपदेश नहीं देना चाहिए। तुम भी ऐसे ही मूर्ख हो। तुम्हारा पतन हो गया है। किसी ने ठीक ही कहा है कि बुद्धिमान को दी गई शिक्षा ही सफल होती है। किसी मूर्ख को दी गई शिक्षा का फल तो उलटा ही निकलता है। स्वयं को बहुत होशियार समझने वाले पापबुद्धि नाम के व्यक्ति पर अपने पिता के समझाने का कोई असर नहीं हुआ था, और उसकी मूर्खता के कारण अन्ततः उसके पिता को अपने जीवन से भी हाथ धोना पड़ा था।''

दमनक ने पूछा—''वह कैसे?''

करटक बोला—''बताता हूं, सुनो।'

मित्र-द्रोह का परिणाम

किसी नगर में धर्मबुद्धि और पापबुद्धि नाम के दो मित्र रहते थे। एक बार पापबुद्धि ने अपने मन में विचार किया—मैं तो मूर्ख हूं और दरिद्र भी। किंतु मेरा मित्र धर्मबुद्धि बहुत बुद्धिमान है। वह हर काम को बहुत सोच-विचार कर ही करता है। क्यों न किसी दिन धर्मबुद्धि को साथ लेकर विदेश जाया जाए। उसकी बुद्धिमत्ता से मैं वहां खूब कमाई कर लूंगा। फिर जब धर्मबुद्धि को साथ लेकर घर वापस आऊंगा तो किसी तरह उसे ठगकर उसका सारा धन हड़प कर लूंगा।

यही सब विचार कर वह अगले दिन धर्मबुद्धि के पास पहुंचा और उससे कहने लगा—"मित्र। वृद्धावस्था में जब तुम अपने नाती-पोतों के साथ बैठ कर बातें करोगे उनसे अपने कौन से कार्य का गर्वपूर्वक उल्लेख करोगे। तुम न तो कभी विदेश ही गए और न वहां की कोई दर्शनीय चीज़ ही देखी। कोई उल्लेखनीय स्थान भी तुमने नहीं देखा। बस कुएं के मेंढ़क की भांति जीवनभर इसी नगर के चक्कर लगाते रहे हो। कहते हैं कि जिसने विदेश भ्रमण नहीं किया, वहां के नये-नये स्थान नहीं देखे, नये-नये लोगों से मुलाकातें नहीं कीं, उनका तो जीवन ही व्यर्थ है।

धर्मबुद्धि को पापबुद्धि का परामर्श भा गया। एक दिन उसने अपने गुरुजनों एवं परिजनों से आज्ञा ली, और पापबुद्धि के साथ विदेश-भ्रमण के लिए चल दिया।

विदेश में जाकर दोनों ने खूब धन कमाया। फिर एक निश्चित समय पर वे दोनों अपने नगर की ओर लौट पड़े।

जब वे दोनों अपने नगर के समीप पहुंचे तो पापबुद्धि ने धर्मबुद्धि से कहा—"मित्र। मैं समझता हूं, हमें सारा धन अपने साथ अपने घर

नहीं ले जाना चाहिए। रिश्तदारों और बंधु-बांधवों को जब यह पता लगा कि इनके पास इतना धन है, तो वे मांगने के लिए आ जाएंगे। अच्छा यही रहेगा कि इस धन का अधिकांश हिस्सा कहीं छिपाकर रख दिया जाएं, और इसमें से थोड़ा-सा धन लेकर ही अपने-अपने घर चला जाए। जब कभी आवश्यकता पड़ी, तो उसके अनुसार यहां से धन निकालकर ले जाएं।''

धर्मबुद्धि ने कहा—''ठीक है भाई। यदि तुम ऐसा करना उचित समझते हो तो ऐसा ही करो।''

तब एक स्थान पर धन का अधिकांश हिस्सा गाड़ दिया गया। शेष धन को लेकर वे दोनों अपने-अपने घर चले गए। अपने घर जाकर दोनों के दिन सुखपूर्वक व्यतीत होने लगे।

लेकिन पापबुद्धि के मन में पाप था। एक दिन अवसर पाकर वह अकेले वन में गया और सारा गड़ा हुआ धन निकाल लाया। गड्ढे को उसने पहले की तरह एक-सा कर दिया।

फिर एक दिन पापबुद्धि ने धर्मबुद्धि के पास जाकर कहा—''मित्र। मेरा तो सारा धन समाप्त हो गया है। अतः यदि तुम कहो तो उस स्थान पर जाकर कुछ धन निकाल लाएं?

धर्मबुद्धि चलने को तैयार हो गया।

वहां जाकर जब उस स्थान को खोदा गया तो जिस पात्र में धन रखा हुआ, वह खाली मिला। पापबुद्धि ने वहीं पर अपना सिर पीटना शुरू कर दिया। उसने धर्मबुद्धि पर आरोप लगाया कि उसी ने वह धन चुराया है। उसके अलावा उस धन के बारे में और किसी को पता नहीं था। उसने धर्मबुद्धि से कहा—''धर्मबुद्धि या तो उस धन का आधा हिस्सा मुझे दे दो नहीं तो मैं राजा से इस बात की शिकायत करूंगा।''

धर्मबुद्धि को यह सुनकर क्रोध आ गया। वह बोला—''अरे दुष्ट। तू मुझपर चोरी का आरोप लगा रहा है। मेरा नाम धर्मबुद्धि है। मेरे सामने इस प्रकार की बातें फिर कभी मत करना। मैं इस प्रकार की चोरी करना महापाप का काम समझता हूं।''

दोनों में इस बात को लेकर झगड़ा होने लगा। पापबुद्धि ने राजा के न्यायालय में जाकर धर्मबुद्धि की शिकायत कर दी। न्यायालय में भी न्यायाधीश के सामने एक-दूसरे पर आरोप लगाते रहे। न्यायाधीश ने जब सच्चाई जानने के लिए उनसे दिव्य परीक्षा देने को कहा तो धर्मबुद्धि बोल उठा—"यह उचित नहीं है श्रीमंत! नियमानुसार पहले लिखित प्रमाणों के आधार पर फैसला किया जाता है। लिखित प्रमाण उपलब्ध न हो तो फिर साक्षी (गवाही) ली जाती है। और यदि गवाह भी न मिले तभी दिव्य परीक्षा कराने का प्रावधान है। मेरे पास एक ऐसा गवाह है जो सिद्ध कर देगा कि पापबुद्धि ने ही यह धन चुराया है।"

"अच्छा। बताओ तो, कौन है तुम्हारा गवाह?" न्यायाधीश ने पूछा।

"वन देवता।" पापबुद्धि बोला—"वन देवता मेरे कथन की साक्षी देंगे कि यह नीच कर्म धर्मबुद्धि ने ही किया है।"

न्यायाधीश बोला—"ठीक है ऐसा भी कर लेते हैं।"

इस प्रकार अगले दिन प्रातःकाल उस वृक्ष के समीप जाकर सच्चाई जानने का निर्णय कर लिया गया। उन दोनों को भी साथ चलने को कहा गया।

न्यायालय से लौट कर पापबुद्धि घर पहुंचा और अपने पिता से बोला—"पिताजी। मैंने धर्मबुद्धि का सारा धन चुरा लिया है। यह मामला अब न्यायालय में पहुंच चुका है। यदि आप मेरी सहायता करें तो मैं बच सकता हूं, अन्यथा राजा मुझे शूली पर चढ़वा देगा।"

जैसा पुत्र वैसा ही पिता। उसने कहा—"अरे पुत्र। तुम बताओ तो सही कि मैं इसमें किस प्रकार तुम्हारी सहायता कर सकता हूं?"

पापबुद्धि ने तब अपनी योजना अपने पिता को समझा दी। उस योजना के अनुसार पापबुद्धि का पिता वृक्ष के एक कोटर में जाकर बैठ गया। दूसरे दिन प्रातःकाल यथा समय पर पापबुद्धि न्यायाधीश एवं अन्य राज्याधिकारियों के साथ धर्मबुद्धि को साथ लेकर उस स्थान पर पहुंच गया जहां धन गाड़ कर रखा गया था। वहां पहुंच कर पापबुद्धि ने जोर से आवाज़ लगाई—

"हे वनदेवता। आप इस वन में होने वाले समस्त कार्य कलापों को जानते हैं। यहां कौन आदमी क्या करता है यह आपकी दृष्टि से छिपा नहीं रहता। कृपया इन अधिकारियों को यह बता दीजिए कि यहां गाड़ा गया धन किसने चुराया है? मैंने या धर्मबुद्धि ने?"

कोटर में छिपे पापबुद्धि के पिता ने यह सुनकर कोटर के अन्दर से कहा—"सज्जनों। आप सब लोग ध्यानपूर्वक मेरी बात सुनो। उस धन को धर्मबुद्धि ने ही चुराया है।"

एक वृक्ष से आती उस आवाज को सुनकर वहां उपस्थित सभी आश्चर्यचकित रह गए। सबको विश्वास हो गया कि धर्मबुद्धि ने ही यह पाप कर्म किया है। तब धर्मबुद्धि को उस उसके इस अपराध के लिए दंड विधान देखा जाने लगा। लेकिन धर्मबुद्धि, पापबुद्धि की इस चालाकी को भांप गया। उसने तत्काल कुछ घास-फूंस इकट्ठा किया और कुछ सूखी लड़कियां बीनकर उस कोटर के पास जा पहुंचा जहां से आती वनदेवता की आवाज़ सबने सुनी थी। उसने आग लगाई और उस कोटर में फेंक दी। कोटर के मुख पर रखे घास-फूंस ने तुरन्त आग पकड़ ली।

जब अग्नि ज्यादा प्रज्ज्वलित होने लगी तो कोटर में बैठा पापबुद्धि का पिता जलने लगा। कुछ देर तो वह अग्नि का ताप सहन करता रहा किन्तु जब सहन करना मुश्किल हो गया तो वह अपना अधजल शरीर और फूटी आंखें लेकर चीखता-चिल्लाता कोटर से बाहर निकल आया। उसे इस हालत में देखकर सभी को अचंभा होने लगा। न्यायाधीश ने तब उससे पूछा—"महाशय। आप कौन हैं और आपकी यह दशा क्यों कर हुई?"

पापबुद्धि के पिता ने तब न्यायाधीश के सामने सारी घटना ज्यों की त्यों कह सुनाई। सच्चाई जानकर तब न्यायाधीश ने जो सजा धर्मबुद्धि के लिए नियुक्त की थी, वह पापबुद्धि पर लागू कर उसे उसी शमी के वृक्ष पर लटकवा दिया।

धर्मबुद्धि की प्रशंसा करते हुए न्यायाधीश एवं राज्याधिकारियों ने कहा—"मनुष्य का यह धर्म है कि वह उपाय की चिंता के साथ अपाय

की भी चिंता करे। अन्यथा उसकी दशा वैसी ही होती है जो उन बगुलों की हुई थी, जिन्हें नेवले ने मार दिया था।''

धर्मबुद्धि ने पूछा—''वह कैसे श्रीमंत?''

न्यायाधीश बोला—सुनाता हूं, सुनो।

करने से पहले सोचो

किसी वन में एक बड़ा बरगद का पेड़ था। उस पेड़ पर अनेक बगुले निवास करते थे। बरगद की जड़ में, एक कोटर में एक काला नाग भी रहता था। मौका मिलते ही वह वृक्ष पर चढ़ जाता और बगुलों के अंडे-बच्चों को चट कर जाता था। इस प्रकार उस नाग का जीवन आनंद से व्यतीत हो रहा था। अपने बच्चों के मारे जाने से बगुले बहुत दुखी थे, किंतु उनके पास कोई उपाय नहीं था।

एक दिन वह नाग एक बगुले के बच्चों को खा गया। इससे दुखी होकर वह बगुला नदी किनारे जाकर बैठ गया। उसकी आंखें रो-रोकर लाल हो गईं।

बगुले को इस प्रकार रोते देखकर एक केकड़े ने उससे पूछा—''मामा। बात क्या है? क्यों रो रहे हैं आप इस तरह?''

बगुला बोला—''प्रिय। क्या बताऊं? हमारे वृक्ष के नीचे कोटर में एक भयानक नाग रहता है। उसने मेरे सभी बच्चे खा लिए हैं। इसी दुख के कारण मेरी आंखों से आंसू नहीं थम रहे हैं। क्या तुम उसे मारने का कोई उपाय बता सकते हो?''

बगुले की बात सुनकर केकड़ा सोचा—''यह बगुला मेरा जन्मजात शत्रु है, अतः इसको कोई ऐसा उपाय बताऊं जिससे कि इसके सारे साथी भी नष्ट हो जाएं।'' फिर उसने प्रकटतः बगुला से कहा—''मामा। यदि यही बात है तो उपाय मैं तुम्हें बताए देता हूं, बशर्ते कि तुम उस उपाय को कर सको।''

''अरे प्रिय। तुम उपाय तो बताओ। उस नाग को मारनें के लिए तो मैं सब कुछ करने को तैयार हूं।'' बगुला बोला।

"तब तुम कुछ मछलियां, या उनकी हड्डियों के टुकड़े लेकर किसी नेवले के बिल से उस नाग के कोटर तक बिखेर दो। नेवला उन मछलियों का मांस खाता हुआ स्वयं ही नाग को कोटर तक पहुंच जाएगा और उस नाग का खात्मा कर देगा।"

यह बात बगुले की समझ में आ गई। उसने अपने सब साथियों को बुलाया और सबने मिलकर, वैसा ही किया जैसा केकड़े ने बताया था। इसका परिणाम वांछित निकला नेवले ने न सिर्फ़ मछलियों का मांस. खाया, अपितु वह उस नाग को भी मार कर खा गया। किंतु उसके बाद नेवला वहां से गया नहीं। उसने वृक्ष के ऊपर की ओर सिर उठाया तो वहां से बगुलों के बच्चों की चिंचियाने की आवाज़ें उसे सुनाई पड़ गईं। बस फिर क्या था, नेवला वृक्ष पर चढ़ गया और एक-एक करके बगुले के सभी अंडों और बच्चों का सफाया कर दिया।

यह कथा सुनकर न्यायाधीश ने धर्मबुद्धि से कहा—"इस मूर्ख पापबुद्धि ने अपनी चोरी छिपाने का उपाय तो सोचा लिया, किंतु उससे होंने वाली हानि के बारे में तनिक भी नहीं सोचा। अब उसको इसका फल मिल रहा है।"

इन दोनों कथाओं को समाप्त कर करटक ने दमनक से कहा—इसीलिए मैं कहता हूं कि तुम एक हद दर्जे के गिरे हुए जीव हो। तुम सिर्फ़ अपनी स्वार्थ-सिद्धि के प्रयास में लगे हुए हो। उस पापबुद्धि की तरह तुम ये नहीं सोच पा रहे हो कि तुम्हारी ऐसी हरकतों का परिणाम क्या होगा? जब तुम अपने राजा को ही इस स्थिति में पहुंचा सकते हो तो फिर मुझ जैसे तुच्छ प्राणी की क्या बिसात? अतः आज से मैं तुमसे अपने सम्पूर्ण संबंध विच्छेद कर रहा हूं। अब से तुम्हारे साथ मेरा कोई संबंध नहीं है। अरे मूर्ख जिस स्थान पर ऐसे अनर्थ हों, वहां से दूर रहना ही अच्छा है जहां मन-भर की तराजू को चूहे खा जाएं, वहां यह भी संभव है कि कोई बाल-बच्चे को उठाकर ले जाएं।"

दमनक ने पूछा—"यह उदाहरण तुमने किस संदर्भ में दिया?"

"तो सुन! करटक ने कहा—"मैं तुझे पूरी कहानी ही सुना देता हूं।" यह कहकर उसने लोहे की तराजू की यह कहानी सुनाई।

जैसे को तैसा

किसी नगर में जीर्णधन नाम का एक वैश्य-पुत्र रहता था। कभी उसका परिवार बहुत सम्पन्न परिवारों में गिना जाता था, किंतु फिर दुर्दैव से ऐसा हुआ कि उसका सारा धन नष्ट हो गया। वह सर्वथा कंगाल हो गया। तब उसने विदेश जाकर धन कमाने का निश्चय किया। उसके घर में सम्पत्ति तो कुछ भी नहीं, केवल एक मन-भर भारी लोहे की तराजू थी। उसने वह तराजू एक महाजन के पास गिरवी रख दी और कुछ पैसों का प्रबंध करके विदेश चला गया।

वैश्य-पुत्र वापस अपने नगर लौटा तो उसने महाजन से अपनी तराजू वापस करने को कहा। महाजन ने कहा—"वह लोहे की तराजू तो चूहों ने खा ली।"

बनिए का लड़का समझ गया कि महाजन के मन में पाप आ गया है। यह तराजू देना नहीं चाहता। तब उसने एक उपाय सोचा और महाजन से कहा—"कोई बात नहीं है सेठजी। मेरी तराजू चूहों ने खा डाली तो इसमें चूहों का दोष है, तुम्हारा कोई दोष नहीं है, तुम चिंता मत करो।" थोड़ी देर बार उसने महाजन से कहा—"सेठ जी। मैं नदी पर स्नान करने के लिए जा रहा हूं। तुम अपने पुत्र धनदेव को मेरे साथ भेज दो। मैं जब स्नान करूंगा तो वह नदी किनारे बैठकर मेरे सामान की देखभाल करता रहेगा। साथ ही वह भी मेरे साथ स्नान कर आएगा।"

महाजन बनिए के पुत्र की सज्जनता से बहुत प्रभावित था, इसलिए उसने तत्काल अपने पुत्र को उसके साथ नदी-स्नान के लिए भेज दिया।

उस वैश्य-पुत्र ने महाजन के बेटे को वहां से कुछ दूर ले जाकर एक

गुफा में बंद कर दिया। गुफा के द्वार पर एक बड़ी-सी शिला भी रख दी ताकि वह निकलकर न चला जाए। फिर जब वह लौटकर महाजन के यहां आया तो महाजन ने पूछा—"मेरा लड़का भी तो तुम्हारे साथ नदी में स्नान करने के लिए गया था, उसे कहां छोड़ आए?"

इस पर वैश्य-पुत्र ने कहा—"उसे तो एक बाज उठाकर ले गया।"

वैश्य-पुत्र का उत्तर सुनकर महाजन हतप्रभ रह गया। वह बोला—"यह कैसे हो सकता है? कभी बाज भी इतने बड़े लड़के को उठाकर ले जा सकता है? मेरे लड़के को लाकर दो नहीं तो मैं न्यायालय में जाऊंगा।"

"सेठ।" बनिए के लड़के ने कहा, "यदि एक मन भारी लोहे की तराजू को चूहे खा सकते हैं तो लड़के को भी बाज उठाकर ले जा सकता है। यदि अपने लड़के को वापस चाहते हो तो मेरी तराजू लौटा दो।"

महाजन को अपना पुत्र चाहिए था और बनिए के लड़के को अपना तराजू। दोनों न्यायालय में पहुंचे। पहले महाजन ने ही अभियोग लगाते हुए न्यायाधीश से कहा—"महोदय। इस वैश्य-पुत्र ने मेरा पुत्र चुरा लिया है।"

न्यायाधीशों ने जब प्रश्न भरी दृष्टि से वैश्य-पुत्र की ओर देखा तो उसने कहा—"महोदय। मैं क्या करूं। इसके पुत्र को तो मेरे देखते-ही-देखते एक बाज उठाकर ले गया है। अब मैं इसके पुत्र को कहां से लाकर दूं?"

न्यायाधीश बोले—"हम इस बात पर विश्वास नहीं कर सकते कि इसके बेटे को बाज उठाकर ले गया। यह एक असंभव बात है।" तो श्रीमान। मेरी प्रार्थना पर भी ध्यान दिया जाए।" वैश्य-पुत्र बोला—"जहां पर एक मन भारी लोहे की तराजू को चूहे खा सकते हैं वहां क्या महाजन के पुत्र को बाज उठाकर नहीं ले जा सकता?" "यह तुम क्या कह रहे हो?" न्यायाधीशों ने उलझन भरी दृष्टि से वैश्य-पुत्र को देखते ही पूछा तो उस बनिए के लड़के ने आदि से अंत तक का सारा किस्सा उन्हें सुना दिया।

सारी बातें सुनकर न्यायाधीशों ने महाजन को तुरन्त उसकी तराजू लौटाने का आदेश दिया। तराजू मिलने पर वैश्य-पुत्र ने भी महाजन का पुत्र लौटा दिया।

यह कथा सुनकर करटक ने दमनक से कहा—"मूर्ख दमनक। तूने भी असंभव को संभव बनाने का प्रयास किया है। तूने स्वामी का हितचिंतक बनने के चक्कर में उसका ही अहित कर दिया है। ऐसे हितचिंतक मूर्खों से तो अहितचिंतक बैरी अच्छे होते हैं। ऐसे ही एक हितचिंतक मूर्ख वन्दर ने अपने राजा का हित चाहने के चक्कर में उस राजा के प्राण ही ले लिए थे। दमनक ने पूछा—"वह कैसे?"

करटक ने तब उसे अपने स्वामी का हित चाहने वाले एक बंदर तथा राजा की यह कहानी सुनाई।

मूर्ख मित्र

किसी राजा के राजमहल में एक बंदर सेवक के रूप में रहता था। वह राजा का विश्वासपात्र और भक्त था। राजमहल में वह बेरोक-टोक जा सकता था।

एक दिन राजा के सो जाने पर वह पंखे से राजा को हवा कर रहा था। इसी बीच एक मक्खी राजा के सीने पर आकर बैठ गई। बंदर ने अपने पंखे से उसको उड़ाना चाहा। वह बार-बार मक्खी को उड़ाता, पर मक्म्खी उड़कर फिर राजा के सीने पर आकर बैठ जाती।

बंदर चंचल और मूर्ख था। उसे गुस्सा आ गया तो उसने तेज धारवाली एक तलवार उठा ली और मक्खी पर प्रहार कर दिया। इससे मक्खी तो उड़ गई लेकिन तलवार के प्रहार से राजा का सीना दो हिस्सों में कट गया और राजा की तत्काल ही मृत्यु हो गई। इस प्रकार अपनी मूर्खता से अपने राजा की दीर्घायु की कामना करने वाले बंदर ने राजा को मार डाला।

यह कथा सुनाकर करटक ने कहा—"इसीलिए मैं कहता हूं कि हित चाहने वाले मित्र को मूर्ख नहीं होना चाहिए। किसी मूर्ख मित्र से तो समझदार शत्रु श्रेष्ठ है।"

'वह कैसे?" दमनक ने पूछा।

"सुन....बताता हूं।"

यह कहकर करटक ने तब उसे यह कथा सुनाई।

समझदार शत्रु

किसी नगर में एक विद्वान ब्राह्मण रहता था। विद्वान होते हुए भी अपने पूर्व जन्म के कर्मों के कारण वह चोरी किया करता था। एक बार उसने नगर में चार अपरिचित ब्राह्मणों को अनेक प्रकार की चीजें बेचते हुए देखा। उनको ऐसा करते देख उस ब्राह्मण ने अपने मन में सोचा–''ये लोग तो खूब धन कमा रहे हैं। इनको ठगने का कोई उपाय करना चाहिए।'' यही सोचकर वह उन चारों ब्राह्मणों के पास पहुंचा और उनसे बड़ी मीठी-मीठी और नीतिपूर्ण बातें करने लगा। अपने मीठे व्यवहार से शीघ्र ही उस ब्राह्मण ने उन चारों का विश्वास प्राप्त कर लिया। चारों ब्राह्मणों ने उसे अपनी सेवा के लिए नियुक्त कर लिया।

किसी समझदार व्यक्ति ने ठीक ही कहा है कि कुलटा स्त्री ही अधिक लज्जा करने का ढोंग रचाती है। खारा जल स्वच्छ जल की अपेक्षा अधिक ठंडा रहता है। पाखंडी व्यक्ति अधिक विवेकी होता है और जो धूर्त व्यक्ति होता है, वही अधिक प्रिय बोलता है। एक दिन उन ब्राह्मणों ने अपना सारा सामान बेच लिया। उस धन से उन्होंने सोना और रत्न आदि खरीद लिये और वापस अपने देश जाने की तैयारी करने लगे। खरीदे हुए रत्न आदि को उन्होंने अपनी जंघाओं (जांघ) के मध्य छिपा लिया।

धूर्त ब्राह्मण ने उन सबको ऐसा करते देखा तो इतने दिन की गई उनकी सेवा पर अब उसे अफसोस होने लगा। उसने मन ही मन सोचा-लगता है मेरी सारी सेवा और परिश्रम व्यर्थ ही चला गया। अभी तक तो कुछ भी हाथ नहीं लगा। अब यदि ये लोग चले गए तो मैं हाथ मलते ही रह जाऊंगा।''

तब उसने निर्णय किया कि मैं भी इनके साथ जाऊंगा। रास्ते में

इन्हें विष देकर मार दूंगा और इसके सारे रत्न और स्वर्ण को हथिया कर चम्पत हो जाऊंगा।

तब उस धूर्त ने उन ब्राह्मणों से उसे भी साथ ले चलने की प्रार्थना की। ब्राह्मण उसकी सेवा और मृदु व्यवहार से प्रसन्न थे। अतः उन्होंने सहर्ष उसे अपने साथ चलने की आज्ञा दे दी।

चारों ब्राह्मण उस धूर्त ब्राह्मण को साथ लेकर अपने नगर के लिए चल पड़े। कुछ दूर जाने पर मार्ग पर किरातों (भीलों) का एक गांव आया। उस गांव का नाम था— पल्लीपुर। जब वे पांचों पल्लीपुर से होकर गुजरने लगे तो उनको देखकर कौओं ने जोर-जोर से चीखना-चिल्लाना शुरू कर दिया। कौए कह रहे थे—"अरे भीलो। दौड़ो-दौड़ो। इन व्यक्तियों के पास सवा लाख का धन है। इन्हें मार डालो और इनका धन छीन लो।";

अपने प्रशिक्षित कौओं को ऐसा कहते देख तत्काल सारे भील इकट्ठे हो गए, उन्होंने ब्राह्मणों को पकड़ लिया और ब्राह्मणों की तलाशी लेने लगे। ब्राह्मणों ने जब इसका विरोध किया तो वे उनकी बड़ी बेरहमी से पिटाई करने लगे।

भीलों ने जबर्दस्ती उन पांचों के वस्त्र उतरवाए किन्तु ब्राह्मणों द्वारा छिपाया गया धन उन्हें फिर भी नहीं मिला। यह देखकर भीलों ने ब्राह्मणों से कहा—"हमारे गांव के कौओं ने आज तक जो भी संकेत दिए हैं, वे कभी असत्य साबित नहीं हुए। धन आप लोगों के पास अवश्य ही मौजूद है। अब तुम उस धन को स्वेच्छा से हमें दे दोगे तो हम तुमसे कुछ नहीं कहेंगे और तुम्हें सही-सलामत चले जाने देंगे। और यदि तुमने धन देने में आनाकानी की तो तुम्हें मार डालेंगे। फिर हम तुम्हारा अंग-अंग चीरेंगे और उसमें छिपाये धन को निकाल लेंगे।"

उस धूर्त ब्राह्मण ने जब भीलों की यह बात सुनी तो पहले तो वह कुछ घबरा गया। लेकिन फिर सोचने लगा—भील पहले तो इन चारों को मारेंगे, फिर मेरी भी बारी आयेगी ही। अतः किसी प्रकार अपने प्राण देकर इनके प्राण बचाए जा सकें तो क्या हानि है? इससे पहले कि ये भील इन ब्राह्मणों को मारें क्यों न मैं ही सबसे पहले इन्हें अपना शरीर

प्रस्तुत कर दूं। जब ये मुझे मार-कर मेरे शरीर को चीरेंगे तो मेरे शरीर में इन्हें कुछ भी प्राप्त नहीं होगा। तब ये लोग समझ जाएंगे कि इस बार कौओं ने गलत संकेत दिया है। तब ये लोग इन ब्राह्मणों को छोड़ देंगे, इस प्रकार इन चारों ब्राह्मणों के प्राण बच जाएंगे।

यही सब सोचकर उसने भीलों से कहा—"अरे भीलो। यदि तुम्हारा ऐसा ही इरादा है तो पहले मुझे मारकर अपनी तसल्ली कर लो ताकि तुम्हें मालूम हो जाए कि तुम्हारे कौओं ने इस बार तुम्हें गलत संकेत दिया है।"

तब उन भीलों ने उस ब्राह्मण को मारकर उसका अंग-अंग चीर डाला किंतु कहीं कुछ न मिला। यह देखकर उन्हें विश्वास हो गया कि इन ब्राह्मणों के पास कुछ भी नहीं है। अतः उन्होंने उन चारों को मुक्त कर दिया।

यह कथा सुनकर करटक ने कहा—"इसीलिए मैं कहता था कि यदि कोई बुद्धिमान व्यक्ति अपना शत्रु है तो भी वह मूर्ख मित्र से अच्छा ही होता है। किसी मूर्ख व्यक्ति को अपना मित्र बनाना तो सरासर नासमझी का ही काम होता है।"

जब करटक और दमनक के बीच इस प्रकार का वार्तालाप चल रहा था तो इस बीच पिंगलक और संजीवक के मध्य जीवन और मौत का संघर्ष चल रहा था। अंत में पिंगलक ने अपने नाखूनों और दांतों की सहायता से संजीवक को धराशायी कर ही दिया।

संजीवक के मर जाने के बाद पिंगलक जब कुछ स्वस्थ-सा महसूस करने लगा तो उसे अपने किए पर बहुत पश्चाताप होने लगा। वह अपने मन में सोचने लगा कि उसने संजीवक के साथ बहुत बड़ा मित्र-घात किया है। आज तक मैंने अपनी सभा में हमेशा उसकी प्रशंसा ही थी, अब मैं सभासदों को क्या समझाऊंगा?

उसकी यह दशा भांपकर दमनक उसके पास पहुंचा और उसे अनेक प्रकार की नीति-युक्त बातों से समझाने लगा। उसने कहा—"स्वामी! एक शाकाहारी बैल का वध करके आप दुखी क्यों हो रहे हैं? यह बैल तो

आपसे द्रोह करता था। चाहे पिता हो या भाई, पुत्र हो या पत्नी, इनमें से यदि कोई भी द्रोह करे तो उसका वध करने में कोई पाप नहीं है। राजा को कभी भावुक नहीं होना चाहिए। राजनीति बहुत ही कठोर होती है। विद्वान लोग कभी किसी की मृत्यु पर शोक नहीं करते। अतः भावुकता छोड़ो और शोक त्यागकर अपने राजकाज पूरे करो।"

दमनक के इस प्रकार समझाने पर पिंगलक ने संजीवक की मृत्यु का शोक त्याग दिया और दमनक को अपना मुख्य मंत्री बनाकर फिर से अपने राज्य का संचालन करने लगा।

। इति प्रथम तंत्र समाप्त।

द्वितीय तंत्र

मित्र-सम्प्राप्ति

राजकुमारों को प्रथम तंत्र पढ़ाकर विष्णु शर्मा ने उनसे कहा—"राज-पुत्रो। अब मित्र-सम्प्राप्ति नाम का यह दूसरा तंत्र आरंभ होता है जिसके प्रथम श्लोक का भावार्थ है "बुद्धिमान व्यक्ति यदि व्यवहार कुशल है और उसे जीवन का अनुभव है तो साधनहीन होने पर भी वह कौए, मृग, चूहे और कछुए की तरह अपने कार्य को सिद्ध कर लेता है।" यह कथा कुछ इस प्रकार है।

दक्षिण के किसी जनपद में महिलारोप्य नाम का एक नगर था। उस नगर से थोड़ी दूर पर बरगद का एक विशाल वृक्ष था। उसके फल अनेक पक्षी खाते थे। वृक्ष के कोटरों में अनेक छोटे-छोटे जीव-जन्तु रहते थे। दूर से आने वाले थके-हारे यात्री उस वृक्ष की छाया में विश्राम करते थे।

उस वृक्ष की एक शाखा पर घोंसला बनाकर एक कौआ भी रहता था जिसका नाम था—लघुपतनक।

एक दिन की बात है जब वह कौआ अपने भोजन की तलाश में उड़ता हुआ नगर की ओर जा रहा था, तभी उसे दूर से एक क्रूर स्वभाव का व्यक्ति हाथ में जाल लिए सामने से आता दिखाई दिया। उसे देखकर कौआ अपने मन में सोचने लगा कि यदि यमदूत आज हमारे वटवृक्ष की ओर चला गया तो न जाने क्या अनर्थ हो। पक्षी बचेंगे भी या नहीं?"

कौआ ने अपने भोजन की चिन्ता तो छोड़ दी और तत्काल वह अपने वृक्ष की ओर लौट पड़ा। वहां जाकर उसने सभी पक्षियों को इकट्ठा किया और उनसे कहा—"मित्रो। एक दुष्ट बहेलिया इसी वृक्ष की ओर

चला आ रहा है। उसके हाथों में जाल है और चावलों की एक पोटली। यदि उसने यहां आकर, चावल नीचे बिखेर कर अपना जाल फैलाया तो समझ लेना कि वह तुम लोगों को फंसाना चाहता है। मेरा परामर्श है कि इस स्थिति में कोई भी पक्षी उस जाल के नज़दीक तक न फटके, अन्यथा मौत आते हुए देर न लगेगी।''

कौआ अभी अपने साथियों को यह सब समझा ही रहा था कि तब तक बहेलिया भी वहां पहुंच गया और उस वृक्ष के नीचे खड़ा होकर वृक्ष के ऊपर की ओर देखने लगा। कुछ क्षण बाद ही उसने अपना जाल फैलाया और उस पर चावल के दाने बिखेर दिए। ऐसा करके वह वहां से हट गया और एक वृक्ष के पीछे छिपकर बैठ गया। किन्तु उस वृक्ष पर रहने वाले पक्षियों को तो कौआ पहले ही सावधान कर चुका था। अतः एक भी पक्षी नीचे न उतरा। सब अपनी-अपनी जगह बैठकर शांत भाव से नीचे की ओर देखते रहे।

इसी बीच न जाने कहां से उड़ता हुआ कबूतरों का एक झुंड वहां आ पहुंचा। उस झुंड का नायक चित्रग्रीव नाम का एक कबूतर था। नीचे चावल के बिखरे दानों को देखकर उसने कबूतरों को बार-बार सावधान भी किया कि यह तुम्हें फंसाने की कोई चाल हो सकती है, अतः नीचे मत उतरो, किंतु कबूतर तो भूख से इतने व्याकुल हो रहे थे कि उन्होंने अपने नायक की बात नहीं मानी और पूरा झुंड नीचे उतरकर चावलों पर टूट पड़ा। परिणाम वही निकला जो अपेक्षित था। सारे कबूतर बहेलिए के बिछाए जाल में फंस गए।

''लोभ करने वालों का यही परिणाम होता है। कभी-कभी महान लोग भी दुर्भाग्यवश लालच में फंसकर संकटग्रस्त हो जाते हैं। विपत्ति आने पर व्यक्ति जड़वत् शून्य हो जाता है और उसकी बुद्धि भी अस्थिर हो जाती है।''

खैर, बहेलिए ने जब कबूतरों को अपने जाल में फंसा हुआ पाया तो उसे बड़ी खुशी हुई। वह डंडा उठाकर उन्हें मारने के लिए चल पड़ा। यह देखकर सारे कबूतर भयभीत हो गए। उस समय उस झुंड के नायक

चित्रग्रीव ने समझदारी से काम लिया। उसने कबूतरों को समझाया—मित्रो। बहेलिए को देखकर डरो मत। बुद्धि और साहस से काम लो। विपत्ति में जिस व्यक्ति की बुद्धि स्थिर रहती है तो वह अपने बुद्धिबल से विपत्ति से मुक्त हो जाता है। इसलिए विपति आने पर कभी बुद्धि और साहस को नहीं छोड़ना चाहिए। बुद्धिमान लोग सम्पत्ति और विपत्ति आने पर दोनों ही अवस्था में एक जैसे बने रहते हैं। तुम सब भी बुद्धि से काम लो। और चुपचाप ऐसे पड़ जाओ जेसे थककर निढाल हो चुके हो। उड़ने की कोशिश की तो बहेलिया डंडा माकर चार-छह को मार डालेगा। फिर जब मैं कहूं तब बहेलिए को यहां पहुंचने से पहले ही अपनी पूरी शक्ति लगाकर इस जाल को लेकर उड़ लेना। यहां से दूर निकल जाएंगे तो फिर इस जाल से मुक्ति पाने का भी कोई उपाय सोच लेंगे। अपने नायक की ऐसी साहसभरी बातें सुनकर कबूतरों को भी जोश आ गया। सबने अपनी शक्ति-भर पूरा जोर लगाया और जाल को लेकर उड़ गए।

बहेलिए ने कबूतरों को अपना जाल लेकर उड़ते देखा तो वह हत्प्रभ रह गया, फिर डंडा लेकर उनके पीछे दौड़ पड़ा। वह सोच रहा था कि अभी तो इन कबूतरों में शक्ति भी है और एकता भी। बाद में जब ये थक जाएंगे और जाल के साथ नीचे आ गिरेंगे तो इन्हें आसानी से पकड़ लूंगा।

बरगद के वृक्ष पर बैठा लघुपतनक नाम का वह कौआ यह सब देख रहा था। कौतूहलवश उसने कबूतरों का पीछा करना आरंभ कर दिया। देखते-ही-देखते कबूतर बहेलिए का जाल लेकर उसकी दृष्टि से ओझल हो गए। तब वह निराश होकर बैठ गया और सोचने लगा—"सब कुछ भाग्य से ही मिलता है। जो भाग्य में लिखा होता है वह बिना प्रयास के ही मिल जाता है, और यदि भाग्य अनुकूल न हो तो हाथ आई वस्तु भी नष्ट हो जाती है। आज मेरा भाग्य विपरीत है तभी तो कबूतरों का मांस मिलना तो दूर, मेरा जाल भी हाथ से निकल गया।"

उधर चित्रग्रीव ने जब देखा कि बहेलिये का अब कोई भय नहीं रहा तो उसने अपने साथियों से कहा—"मित्रो। बहेलिया बहुत पीछे रह

गया है, अब उसका कोई डर नहीं है। अब तुम लोग पूर्व दिशा की ओर चले। वहां हिरण्यक नाम का एक चूहा रहता है, जो मेरा मित्र है। विपत्ति में मित्र ही मित्र के काम आता है। वह इस जाल को काट देगा और हम सब बंधनमुक्त हो जाएंगे।''

तदनुसार सारे कबूतर हिरण्यक चूहे के बिल के समीप जा पहुंचे। हिरण्यक अपने बिल में निर्भय होकर निवास करता था। उसने बिल में अपने घुसने और बाहर निकलने के लिए कई रास्ते बना रखे थे। विपत्ति आने पर वह उन्हीं रास्तों में से किसी एक में होकर सरुक्षित बाहर निकल जाता था।

चित्रग्रीव ने हिरण्यक के बिल के पास पहुंचकर ऊंचे स्वर में कहा–''मित्र हिरण्यक। शीघ्र बाहर निकलकर आओ। मैं बड़ी विपत्ति में फस गया हूं।'

हिरण्यक ने बिल के अंदर से ही पूछा–'तुम कौन हो भाई। यहां मेरे पास किसलिए आये हो? कैसी विपत्ति में हो, सब कुछ स्पष्ट रूप से बताओ।''

चित्रग्रीव बोला–''मित्र मैं चित्रग्रीव हूं। तुम्हारा बचपन का मित्र। जल्दी से बाहर आओ। तुमसे एक जरूरी कार्य आ पड़ा है।''

चित्रग्रीव का नाम सुनकर और उसकी आवाज़ पहचानकर चूहा खुश हो गया और बिल के बाहर निकल आया। उसने अपने मित्र चित्रग्रीव और उसके साथियों को जाल में फंसा देखा तो आश्चर्य से बोला–''मित्र। यह कैसे हो गया?''

''बस कुछ मत पूछो मित्र।'' चित्रग्रीव ने कहा–

''लालच के वशीभूत होकर हम इस विपत्ति में फंस गए हैं।''

हिरण्यक कहने लगा–''आश्चर्य है मित्र। पक्षी तो बड़ी दूर से ही अपने भोजन को देख लिया करते हैं। किंतु भाग्य विपरीत होने के कारण ही शायद तुम लोग इस जाल को नहीं देख पाये और जाल में फंस गए।''

यह कहकर वह चित्रग्रीव के बंधन काटने के लिए आगे बढ़ा। किंतु तभी चित्रग्रीव ने कहा–''नहीं मित्र। यह ठीक नहीं होगा। पहले मेरे

साथियों के बंधन काट दो तत्पश्चात ही मुझे बंधन मुक्त करना।''

यह सुनकर हिरण्यक को कुछ गुस्सा आ गया। उसने कहा–''नहीं। यह ठीक नहीं है। स्वामी के बाद ही सेवकों का स्थान आता है।'' ''ऐसी बात मत कहो मित्र।'' चित्रग्रीव बोला–''ये सभी मेरे आश्रित हैं और मुझ पर विश्वास करके अपने-अपने परिवारों को छोड़कर मेरे साथ आए हैं। इन्हें पहले बंधन मुक्त कराना मेरा कर्त्तव्य है। जो राजा सदा अपने सेवकों को सम्मान करता है उसके सेवक विपत्ति काल में भी उसका साथ नहीं छोड़ते। मान लो मेरे बंधन काटते समय तुम्हारे दांत टूट जाते हैं तो इनका क्या होगा? एक कर्त्तव्यनिष्ठ राजा कभी अपने आज्ञाकारी अनुचरों को कष्ट में नहीं देख सकता।''

''मैं राजधर्म को जानता हूं मित्र।'' हिरण्यक बोला–''मैं तो केवल तुम्हारी परीक्षा ले रहा था। अब मैं पहले इनके ही बंधन कांटूंगा। तुम्हारे इस व्यवहार से मेरे हृदय में तुम्हारे प्रति और भी श्रद्धा बढ़ गई है।''

तत्पश्चात हिरण्यक ने जाल काटकर सारे कबूतरों को बंधन मुक्त कर दिया। उसके बाद उसने चित्रग्रीव से कहा–मित्र। अब तुम और तुम्हारे सारे साथी बंधन मुक्त हो गए हैं। आप सब अपने-अपने स्थान को जा सकते हो। भविष्य में भी जब कभी ऐसी विपत्ति में फंसो तो मेरा स्मरण जरूर कर लेना।'';

अपने मित्र का आभार व्यक्त करके तब चित्रग्रीव अपने साथियों को लेकर उड़ गया। हिरण्यक भी अपने बिल में चला गया।

लघुपतनक ने जब यह सब होता देखा तो वह आश्चर्यचकित रह गया। वह मन में सोचने लगा–यह हिरण्यक तो बहुत ही बुद्धिमान है। इसके पास शक्ति और रहने के लिए सुरक्षित जगह, दोनों ही हैं। यद्यपि मैं किसी पर सहसा विश्वास नहीं करता हूं, परन्तु मैं इसे अवश्य अपना मित्र बनाऊंगा।''

ऐसा विचार कर वह वृक्ष से उतरा और हिरण्यक के बिल के पास जाकर चित्रग्रीव की तरह ही मीठी वाणी से बोला–''मित्र हिरण्यक। बाहर आओ।''

हिरण्यक ने सोचा—अब क्या हो गया। क्या कोई कबूतर जाल में फंसा रह गया है, जो अपने बंधन काटने के लिए मुझे बुला रहा है? उसने बिल के अंदर से ही पूछा—"महाशय। आप कौन हैं?"

"मैं लघुपतनक नाम का कौआ हूं।"

कौए का नाम सुनकर हिरण्यक कुछ सिहर-सा गया। फिर उसने अंदर से ही कौऐ से कहा—'आप तुंरत यहां से चले जाइए। मैं आपसे मिलने की कोई जरूरत नहीं समझता।"

"मित्र। मैं तुम्हारे पास एक जरूरी काम से आया हूं।" कौआ बोला—"मेरा अनुग्रह है कि तुम अपने बिल से बाहर निकल कर मुझे दर्शन दो।"

"मैंने कहा न। मुझे आपसे मिलने की कोई आवश्यकता नहीं है।" हिरण्यक ने कुछ रोष के साथ कहा।

कौआ कहने लगा—'अरे मित्र। तुम बाहर तो आओ। मुझसे डरो मत। मैंने तुम्हें चित्रग्रीव के बंधन काटते देखा है इसलिए तुम्हारे लिए मेरे मन में अनुराग पैदा हो गया है। कभी मुझपर भी ऐस विपत्ति आ सकती है। तब तुम्हारी कृपा से मेरी भी मुक्ति हो जाएगी। मैं तुमसे मित्रता करना चाहता हूं। कृपया मेरी मित्रता स्वीकार कर लो।"

यह सुनकर हिरण्यक बोला—"महाशय। मैं आपसे मित्रता नहीं कर सकता। आप भक्षक हैं और मैं आपका भक्ष्य (भोजन) हूं। आपकी और मेरी मित्रता होना संभव नहीं है। विरुद्ध स्वभाव वालों की मित्रता नहीं हो सकती। इसलिए आप यहां से चले जाएं।"

कौआ बोला—"मित्र। मैं तो अब तुम्हारे द्वार पर बैठ गया हूं। यदि तुमने मेरी मित्रता स्वीकार नहीं की तो यहीं पर अपने प्राण त्याग दूंगा। समझ लो आज से ही मैं अपने अनशन व्रत पर बैठ गया हूं।"

"तुम मेरे शत्रु हो। शत्रु के साथ कोई मित्रता कैसे कर सकता है?" अत्यंत घनिष्ट हो जाने के बाद भी शत्रु के साथ संधि नहीं करनी चाहिए। जल चाहे कितना भी गर्म हो, अग्नि गिरती है तो उसे बुझा ही देती है।"

कौआ बोला—अरे भई। अभी तो तुम्हारे दर्शन भी नहीं हुए। फिर हम शत्रु कैसे हो गए? हिरण्यक ने कहा—"शत्रुता दो प्रकार की होती है—स्वाभविक और अस्वाभाविक। मेरी और आपकी शत्रुता स्वाभाविक है। अस्वाभांविक शत्रुता तो कभी-कभी शत्रु के गुणों के कारण मिट भी जाती है किंतु स्वाभाविक शत्रुता कभी नष्ट नहीं होती।" "कृपया दोनों प्रकार की शत्रुता के लक्षण तो समझाइए।" कौए ने कहा! जो शत्रुता किसी कारण से उत्पन्न होती है, वह अस्वाभाविक शत्रुता कहलाती है। ऐसी शत्रुता उपकार कर देने पर समाप्त हो जाती है किंतु स्वाभाविक शत्रुता कभी समाप्त नहीं होती। नेवले और सर्प की शत्रुता, घास चरने वाले जीवों की मांस खाने वाले जीवों से शत्रुता, जल और अग्नि की शत्रुता, देव और दैत्यों की शत्रुता, पत्नी और सौत की शत्रुता, सिंह और हाथी की शत्रुता, व्याघ्र और हिरणों की शत्रुता, सज्जनों की दुर्जनों के साथ शत्रुता, ये सारी शत्रुता स्वाभाविक होती हैं। "बात तो तुम ठीक कहते हो मित्र।" लघुपतनक बोला—"लेकिन परस्पर व्यवहार और उपकार के कारण ही मनुष्यों में संधि होती है। मूर्खों की मित्रता भय और लोभ के कारण होती है, पर सज्जनों की मित्रता केवल दर्शन के लिए ही होती है। मेरा विश्वास करो। मैं एक सज्जन जीव हूं। मैं शपथ लेकर तुम्हें इस बात का विश्वास दिला सकता हूं।"

"मुझे आपकी शपथ का विश्वास नहीं है।" हिरण्यक ने कहा—शपथपूर्वक मित्रता करने वाले शत्रु का कभी भी विश्वास नहीं करना चाहिए। विश्वास के कारण उत्पन्न होने वाला भय मनुष्य के मूल को भी नष्ट कर देता है। शपथ ले कर भी देवराज इन्द्र ने वृत्रासुर का वध कर दिया था।"

हिरण्यक को इस प्रकार उत्तर देख लघुपतनक अपने मन में विचार करने लगा—"यह चूहा तो सचमुच बहुत ही विद्वान है। इसे नीति-शास्त्र का भी बहुत गहरा ज्ञान है।" लेकिन वह निराश नहीं हुआ। उसने हिरण्यक से फिर कहा—"मित्र हिरण्यक। विद्वानों के कहे अनुसार तो साथ-साथ सात कदम चलने पर भी मित्रता हो जाती है। अतः अब तुम तो मेरे

मित्र बन ही चुके हो। तुम मुझ पर विश्वास नहीं करते तो मत करो। पर बिल के अंदर से ही मित्रता के नाते बातें तो कर सकते हो?''

लघुपतनक की बात सुनकर हिरण्यक ने मन में सोचा—''यह कौआ तो बहुत ही चतुर, और भाषण देने में निपुण जान पड़ता है। मुझे यह सत्य वक्ता भी लग रहा है। इससे मित्रता कर लेना ही उचित है।'' तब उसने कहा—''लघुपतनक। यदि मुझसे मैत्री करना ही चाहते हो तो मेरी एक बात माननी होगी। वह यह कि कभी मेरे निवास स्थान के भीतर प्रविष्ट करने की कोशिश मत करना।''

''मित्र। मैं तुम्हारे कहे अनुसार ही काम करूंगा।'' लघुपतनक ने प्रसन्न होते हुए उत्तर दिया।

उस दिन से दोनों में मित्रता हो गई। धीरे-धीरे हिरण्यक को उस पर इतना विश्वास हो गया कि वह कौए के पंखों के नीचे निर्भय होकर बैठ जाता और घंटों वार्तालाप करता रहता। दोनों प्रतिदिन साथ बैठकर गोष्ठियां करने लगे।

एक दिन कौए ने आंखों में आंसू भर कर हिरण्यक से कहा—''मित्र। मुझे इस देश से विरक्ति हो गई है। अब मैं यहां से किसी और देश में चले जाना चाहता हूं।''

''मित्र। ऐसी क्या बात हो गई। जो आप देश छोड़कर चले जाना चाहते हैं?'' हिरण्यक ने पूछा।

इस देश में अत्यधिक अनावृष्टि के कारण अकाल पड़ गया है। अकाल के कारण लोग भूख से पीड़ित रहते हैं। इसीलिए लोग कौए के खाने के लिए कुछ डालते ही नहीं हैं। लोगों की भूख इतनी बढ़ गई है कि अब घर-घर पक्षियों को पकड़ने के लिए जाल डाल दिये गए हैं। आज मैं भी एक जाल में फंसने से बाल-बाल बचा हूं। यह मेरी विरक्ति का कारण है।''

''कहां जाना चाहते हो?'' हिरण्यक ने पूछा।

''दक्षिण दिशा में एक सरोवर है। वहां मंथरक नाम का एक कछुआ रहता है। तुम्हारी तरह वह भी मेरा घनिष्ठ मित्र है। उसकी सहायता

से मुझे पेट भरने योग्य अन्न व मांस आदि अवश्य मिल जाया करेगा।''

''यदि ऐसी ही बात है तो मैं भी तुम्हारे साथ चलूंगा। मुझे भी यहां बहुत कष्ट हैं।'' हिरण्यक ने कहा।

''तुम्हें यहां क्या कष्ट है?'' जरा मैं भी तो सुनूं?''

''यह एक लम्बी कहानी है मित्र।'' हिरण्यक बोला–वहीं जाकर सारी कहानी विस्तृत रूप में बताऊंगा।''

''परंतु मैं तो आकाश में उड़ने वाला जीव हूं। तुम मेरे साथ कैसे जा पाओगे?''

''तुम मुझे अपनी पीठ पर बिठाकर ले चलना। मैं अपने पंजों से तुम्हें कसकर पकड़े बैठा रहूंगा।'' हिरण्यक बोला।

''बढ़िया सुझाव है यह।'' सुनकर कौआ प्रसन्न भाव में बोला। ''मुझे प्रसन्नता है कि मैं अपने मित्र के किसी काम आ रहा हूं।'

कौए की पीठ पर चढ़ने से पूर्व हिरण्यक ने लघुपतनक से पूछा–''अब से पूर्व मैं कभी आकाश में उड़ा नहीं हूं। कृपा करके तुम मुझे यह समझाओ कि उड़ने की विधियां कितनी होती हैं?''

''मित्र। उड़ने की गति आठ प्रकार की होती हैं।'' लघुपतनक बोला–''सम्पात, विपात, महापात, वक्रगति, तिर्यकगति, ऊर्ज्वगति तथा लघुगति।'' और मैं उड़ने की इन आठों प्रकार की गतियों को भली-भांति जानता हूं।''

यह सुनकर हिरण्यक बड़ी प्रसन्नता से लघुपतनक की पीठ पर चढ़ गया। कौआ उसे अपनी पीठ पर बिठाकर उड़कर चल पड़ा। शीघ्र ही दोनों उस सरोवर के तट पर जा उतरे ज़हां लघुपतनक का मित्र मंथरक रहता था।

मंथरक ने जब देखा कि कोई कौआ चूहे को पीठ पर बिठाकर आ रहा है तो वह डर गया और भयभीत होकर पानी में घुस गया। लघुपतनक को उसने पहचाना नहीं।

लघुपतनक ने हिरण्यक को थोड़ी दूर एक वृक्ष के कोटर में लटकती हुई एक शाखा पर बैठाया और स्वयं पानी में जोर-जोर से पुकारने

लगा—"मंथरक। मंथरक। मैं तुम्हारा मित्र लघुपतनक हूं। जल्दी से जल से बाहर आओ।"

मंथरक ने जब भली-भांति यह विश्वास कर लिया कि उसे पुकारने वाला उसका मित्र लघुपतनक कौआ ही है, तभी वह जल से बाहर निकला और अपने मित्र से प्रेमपूर्वक मिला। "मैंने तुम्हें पहचाना नहीं था मित्र। इसीलिए डरकर जल में चला गया था। मंथरक ने क्षमा-याचना करते हुए कहा।

"तुम्हारा इस प्रकार डरना स्वाभाविक ही था, मित्र। मेरी जगह कोई अन्य जीव होता तो तुम्हारा जीवन खतरे में पड़ सकता था। व्यक्ति को अपनी सुरक्षा के प्रति चौकस रहना ही चाहिए।"

"अच्छा। यह तो बताओ मित्र कि यह चूहा कौन है जिसे तुम अपनी पीठ पर बिठाकर यहां तक लाए हो?" मंथरक ने पूछा।

"यह हिरण्यक नाम का चूहा है और मेरा अभिन्न मित्र है। यह बहुत ही गुणी है। अपने किसी दुख से दुखी होकर मेरे साथ यहां चला आया है। इसे अपने देश से वैराग्य हो गया है।" लघुपतनक ने बताया।

मंथरक ने पूछा—"वैराग्य का क्या कारण है?"

"यह बात मैंने भी पूछी थी तो यह बोला था, वहीं चलकर बतला देगा। मित्र हिरण्यक। अब तुम अपने वैराग्य का कारण बता दो।" लघुपतनक ने कहा।

लघुपतनक की बात सुनकर हिरण्यक ने कहा—"आप दोनों ही मेरे वैराग्य का कारण जानना चाहते हैं तो फिर सुनिए वह कारण, जिसके कारण मुझे यहां आने पर विवश होना पड़ा है।"

इतना कहकर हिरण्यक ने उन्हें यह कथा सुनाई।

धन दुखों का मूल है

दक्षिण देश के एक प्रान्त में महिलारोप्य नगर से थोड़ी दूर भगवान शिव का एक मंदिर था। वहां ताम्रचूड़ नाम का एक संन्यासी रहता था। वह संन्यासी नगर से भिक्षा मांगकर लाता और उससे अपनी जीविका चलाया करता था। वह बची हुई भिक्षा को भिक्षा-पात्र में डालकर खूंटी से लटकाकर सो जाता था। प्रातःकाल उस बची हुई भिक्षा को उन सेवकों में बांट देता था, जो मंदिर की सफाई आदि का कार्य करते थे।

एक दिन मेरे कई जाति-भाई चूहों ने मेरे पास आकर कहा—"स्वामी। यह संन्यासी अपनी भिक्षा का पात्र एक खूंटी पर टांग देता है जिससे हम उस पात्र तक नहीं पहुंच सकते। आप चाहें तो खूंटी पर टंगे भिक्षा-पात्र तक पहुंच सकते हैं। आपकी कृपा से हमें भी प्रतिदिन उसमें से अन्न-भोजन मिल सकता है?"

उनका अनुरोध सुनकर मैं उन्हें साथ लेकर रात को वहां पहुंच गया। मैं कूदकर भिक्षा-पात्र पर चढ़ गया और उसमें रखे अन्न को अपने साथियों को गिराकर स्वयं भी खाने लगा। इस प्रकार मैं प्रतिदिन संन्यासी के द्वारा लाए गए अन्न को खाकर आनंद से जीवन व्यतीत करने लगा। मेरे जाति भाई भी बहुत खुश थे। उनके भोजन की व्यवस्था भली-भांति चल रही थी। प्रतिदिन अपने अन्न की चोरी हो जाने से संन्यासी परेशान रहने लगा। एक दिन वह कहीं से एक फटा हुआ बांस ले आया। मेरे भय से वह सोते समय उस भिक्षा-पात्र को बांस से ठकठकाने लगा। बांस से चोट न लग जाए, इस रूप से अब मैं उस भिक्षा-पात्र तक जाने से कतराने लगा। अन्न न मिलने के कारण मुझे और मेरे सजातीय भाई-बंधुओं को भूखों मरने की नौबत आ गई।

कुछ दिन बाद उस मंदिर में बृहत्सिफक नाम का एक संन्यासी अतिथि बनकर आया। वह ताम्रचूड़ का घनिष्ठ मित्र था। ताम्रचूड़ ने उसका बहुत स्वागत-सत्कार किया। रात के साथ भोजन के उपरान्त दोनों में देर तक धर्म-चर्चा भी होती रही। किंतु ताम्रचूड़ ने उस चर्चा के बीच भी फटे बांस से भिक्षा-पात्र को खटखटाने का कार्यक्रम चालू रखा। आगंतुक संन्यासी को यह बात बहुत बुरी लगी। उसने समझा ताम्रचूड़ उसकी बात को पूरे मन से नहीं सुन रहा है। इसे उसने अपना अपमान समझा। तब वह क्रोध से भरकर बोला—"ताम्रचूड़। तुम मेरे साथ मैत्री नहीं निभा रहे। न तो तुम मन से मेरी बात सुन रहे हो और न मेरे प्रश्नों का उत्तर सही ढंग से दे रहे हो। यह मेरा अपमान है। मैं इस अपमान को सहन नहीं कर सकता, इसीलिए तुम्हारा यह मंदिर छोड़कर बाहर जा रहा हूं।"

अपने मित्र की बात सुनकर ताम्रचूड़ बोला—"मित्र। ऐसी बात मत कहो। तुम्हारे समान मेरा कोई दूसरा मित्र नहीं है। मेरी व्यग्रता का कारण तो कुछ और ही है।"

"और कौन सा कारण हो सकता है?" ताम्रचूड़ के मित्र ने पूछा।

एक दुष्ट चूहा मेरे खूंटी पर टंगे भिक्षा-पात्र पर नित्यप्रति चढ़ जाता है और उसमें रखे भोज्य-पदार्थ को खा जाता है। चूहे को डराने के लिए ही मैं भिक्षा-पात्र को बांस से खटखटाता रहता हूं। इस चूहे ने तो उछलने में बिल्ली और बंदर को भी पीछे छोड़ दिया है। संन्यासी ने पूछा—"तुम्हें मालूम है कि उस चूहे का बिल कहां है?"

"नहीं, मैं नहीं जानता।" ताम्रचूड़ ने उत्तर दिया।

"उसका बिल अवश्य ही किसी खजाने के ऊपर है, ताम्रचूड़। इसीलिए वह उसकी गर्मी से इतना उछलता है। कोई भी काम अकारण नहीं होता है। कूटे हुए तिलों को यदि कोई बिना कूटे तिलों के भाव बेचने लगे, तो भी उसके पीछे कोई कारण है।" उसके संन्यासी मित्र ने कहा।

"कूटे हुए तिलों का उदाहरण आपने कैसे दिया?"

बृहत्स्फिक ने तब उसे कूटे हुए तिलों की बिक्री की यह कहानी सुनाई।

अकारण कुछ नहीं होता

एक बार वर्षा ऋतु-काल में मैंने एक अनुष्ठान करने का विचार किया। इसके लिए मैंने एक ब्राह्मण से कोई ऐसी जगह देने की प्रार्थना की, जहां बैठकर मैं अपने उस अनुष्ठान को पूरा कर सकूं। ब्राह्मणें ने मेरा अनुरोध स्वीकार कर अपने घर में जगह दे दी। मैं उसके यहां रहकर अपना अनुष्ठान करने लगा।

एक दिन मैंने उस ब्राह्मण और ब्राह्मणी में कुछ विवाद होते सुना। ब्राह्मण अपनी पत्नी से कह रहा था–

"आज सूर्योदय के समय कर्क-संक्रान्ति आरंभ होने वाली है। यह बड़ी फलदायक होती है। मैं तो दान लेने के लिए एक दूसरे ग्राम में चला जाऊंगा, तुम भगवान सूर्य को दान देने के लिए किसी ब्राह्मण को बुलाकर भोजन करा देना।"

ब्राह्मणी कर्कशा थी। गुस्से में भरकर अपने पति से बोली–"तुम जैसे कंगले के यहां भोजन मिलेगा कहां से? ऐसी बात करते हुए तुम्हें लज्जा भी नहीं आई? मैं तो जब से इस घर में आई हूं, कोई सुख पाया ही नहीं। न कभी कोई आभूषण पहना और न मिष्टान्न या पकवान ही खाए।"

ब्राह्मण अपनी पत्नी के उग्र स्वभाव से परिचित था। वह डरते-डरते बोला–"अरी भाग्यवान। त्यौहार के दिन क्यों ऐसी बातें मुख से निकालती हो। तुम्हें ऐसा नहीं कहना चाहिए। अपनी इच्छा के अनुरूप कभी किसी को कुछ मिला है क्या। सब कुछ प्रभु की इच्छा पर ही निर्भर करता है। हमें पेट भरकर भोजन मिल जाता है, यही हमारे लिए बहुत है।

मनुष्य को ज्यादा लोभ नहीं करना चाहिए। ज्यादा क्रोध करने वाले व्यक्ति के मस्तक में शिखा निकल आती है।''

वह कैसे ?'' ब्राह्मण की पत्नी ने पूछा।

तब ब्राह्मण ने उसे यह कहानी सुनाई।

अधिक लालच कभी मत करो

किसी जंगल में एक भील रहता था। वह शिकार करके अपनी जीविका कमाता था। एक बार वह शिकार करने के लिए जंगल में गया। रास्ते में उसने एक बहुत बड़ा बनैला सुअर देखा। उसे देखते ही भील ने अपना धनुष निकाला और प्रत्यंचा चढ़ाकर सुअर पर बाण साध दिया। बाण लगते ही सुअर ने पलटकर भील पर हमला कर दिया, और अपने तेज नाखूनों और दांतों से भील का पेट फाड़ डाला। इससे भील वहीं पर ढेर हो गया। उधर वाण लगने से आहत हुए उस सुअर ने भी थोड़ी देर बाद दम तोड़ दिया।

कुछ ही देर बार भोजन की तलाश में भटकता एक गीदड़ वहां आ पहुंचा। भील और सुअर को वहां मरे पड़े देखकर वह बेहद खुश हुआ। वह सोचने लगा—आज तो परमात्मा ने मुझ पर बड़ी कृपा की जो एक साथ इतना भोजन भेज दिया।

"किसी ने ठीक कहा है कि प्रयास करने पर मनुष्य के पूर्वजन्म का अर्जित शुभ या अशुभ फल भाग्य द्वारा प्रेरित होकर उसके समक्ष आ ही जाता है।"

गीदड़ ने तब फैसला किया कि वह भोजन को इस प्रकार से खायेगा ताकि ज्यादा से ज्यादा दिनों तक चल सके। यही विचार कर पहले उसने धनुष पर लगी तांत की रस्सी को ही खाना आरंभ कर दिया। उसने उस तांत की रस्सी को जैसे ही चबाना शुरू किया कि रस्सी टूट गई और धनुष का दूसरा सिरा उसके तालू को फाड़ता हुआ उसके सिर से शिखा की भांति निकल गया। गीदड़ की तत्काल मृत्यु हो गई।

यह कथा सुनकर ब्राह्मण बोला—“इसीलिए कहता हूं कि अधिक लालच कभी भी नहीं करना चाहिए।

“आयु, कर्म, धन, विद्या तथा मरण इन पांच चीजों को तो विधाता उसी समय मनुष्य को प्रदान कर देता है जब वह माता के गर्भ में होता है। इन्हें मनुष्य पौरुष से प्राप्त नहीं कर सकता।”

यह सनुकर ब्राह्मणी बोली—“यदि ऐसी ही बात है तो घर में थोड़े से तिल पड़े हुए हैं, उन्हें ही साफ करके कूट लेती हूं। फिर किसी ब्राह्मण को बुलाकर उसे भोजन करा दूंगी।”

ब्राह्मण संतुष्ट होकर पास के गांव में चला गया।

ब्राह्मणी ने तिल धोकर धूप में सुखाने के लिए डाल दिए। इसी बीच एक कुत्ता न जाने कहां से चला आया और उसने सूखते हुए तिलों पर पेशाब कर दिया।

ब्राह्मणी ने जब यह देखा तो अपने भाग्य को कोसने लगी। फिर उसने सोचा—“इन तिलों को कूटकर किसी के बिना कुटे तिलों से बदल लाऊंगी।”

यह सोचकर वह पड़ोस में गई। वहां जाकर उसने कहा—“बहन। बिना कुटे तिलों के बदले इन कूटे हुए तिलों को ले लो।”

पड़ोसन प्रसन्नतापूर्वक तिलों को बदलने के लिए तैयार हो गई। तभी उसके पुत्र ने उससे कहा—“मां। यह तिल बदलने के योग्य नहीं हैं। अतः तिल न बदलना। बिना कुटे तिलों के बदले कुटे तिल देने के पीछे कोई-न-कोई कारण अवश्य है।”

पुत्र की बात सुनकर पड़ोसन ने तिल बदलने का विचार त्याग दिया।

यह कथा सुनाकर ताम्रचूड़ के मित्र ने कहा—“हर बात के पीछे कोई न कोई कारण अवश्य होता है। क्या तुम उस चूहे के आने-जाने के मार्ग को जानते हो?”

ताम्रचूड़ बोला—“जानता हूं, मित्र।” वैसे भी वह चूहा अकेला थोड़े ही आता है। अपने साथ तो वह चूहों की पूरी फौज लेकर आता है। मेरे सामने इधर-उधर घूमता है और फिर चला जाता है।”

“तुम्हारे पास कोई फावड़ा है, मित्र?” बृहत्स्फिक ने पूछा।

"हां। फावड़ा तो है?" ताम्रचूड़ बोला और फावड़ा ढूंढने के लिए चला गया।

मैंने उन दोनों की बातें सुनीं तो तुरंत भिक्षा-पात्र से निकल आया, अपने साथियों को संकेत से इकट्ठा किया और तेजी से वहां से निकल पड़ा। मगर हाय रे दुर्भाग्य। रास्ते में अपने कई साथियों साहित बैठा एक बिलाव टकरा गया। बिलावों ने इतने चूहे देखे तो उन चूहों पर टूट पड़े। मेरे बहुत से संगी-साथी मारे गए और बहुत से घायल हो गए। एक भी चूहा ऐसा न बचा जो लहूलुहान न हुआ हो। मैं बड़ी मुश्किल से जान बचाने में कामयाब हो सका।

इस घटना के बाद मेरे सभी संगी-साथी मुझसे नाराज़ हो गए। उन्होंने मुझे ही इस विपत्ति का कारण माना, क्योंकि मैं ही उन्हें नये रास्ते से उनके बिलों की ओर ले जा रहा था। नाराज़ होकर सबने मेरा साथ छोड़ दिया। वे सबके सब अपने पुराने स्थान को चले गए। मैं वहां नहीं रह सका और एक अन्य स्थान पर चला आया।

प्रातःकाल दोनों संन्यासी फावड़ा(कुदाल) लेकर चूहों की खून की बूंदों के सहारे चूहों के बिल तक जा पहुंचे और उन्होंने बिल को खोद डाला। जिस घन के कारण मुझमें इतनी शक्ति थी, उसको उन्होंने निकाल लिया। फिर संन्यासी बृहत्स्फिक ने ताम्रचूड़ से कहा—"मित्र। अब उस चूहे की शक्ति समाप्त हो गई है। अब तुम रात को निश्चिंत होकर सो सकते हो।"

खजाना हाथ से जाते ही और बिल के नष्ट हो जाने से मेरा दिल बैठ गया। मैं पूरी तरह शक्तिहीन हो गया। मन अशान्त हो गया। साथी भी मुझे छोड़कर चले गए थे। अब मैं इतना कूद भी नहीं पाता था। बहुत सोचने के बाद मैं फिर निराशा से डूबता हुआ मंदिर में चला गया। मेरे पैरों की आहट सुनकर ताम्रचूड़ ने फिर खूंटी पर टंगे भिक्षा-पात्र को फटे बांस से खटखटाना शुरू कर दिया। तब बृहत्स्फिक ने उससे कहा—

"मित्र। अब तुम बेफिक्र होकर सो जाओ। डरने की कोई बात नहीं है। चूहा अब तुम्हारे भिक्षा-पात्र तक नहीं कूद सकता। धन और घर नष्ट हो जाने से उसका सारा उत्साह और शक्ति समाप्त हो गई है। सभी जीवन

धन-बल से उत्साही होते हैं और सामर्थ्य बढ़ाकर दूसरों को पराजित करते हैं।''

उस रात मैंने अपनी पूरी शक्ति से उस भिक्षा-पात्र की ओर छलांग लगाई, परंतु वहां तक पहुंच ही न सका। मुंह के बल जमीन पर आ गिरा।

मेरे गिरने की आवाज सुनकर मेरे शत्रु बृहत्स्फिक नाम के उस संन्यासी ने अपने मित्र ताम्रचूड़ से कहा–''मित्र अब तनिक इस चूहे की तरफ तो देखो। धन-विहीन हो जाने से यह कितना निरीह हो गया है। अब यह मामूली-सा चूहा मात्र है। धन-विहीन हो जाने से इसकी छलांग में अब उतना वेग नहीं रहा जो यह भिक्षा-पात्र तक पहुंच सके। धन में बहुत चमत्कार होता है। धन पास में हो तो मामूली-सा व्यक्ति भी बलशाली हो जाता है। धन-विहीन व्यक्ति की हालत तो उस सर्प जैसी हो जाती है जिसके दांत निकाल दिए गये हों।''

ठीक ही कहा था उस संन्यासी ने। मेरी भी हालत उस समय किसी दंत-विहीन सर्प की तरह ही हो गई थी। मेरे संगी-साथी मुझे छोड़कर चले गए थे। उनकी नजरों में मैं उपहास का पात्र बन गया था।

मैंने अपने भाग्य को बहुत धिक्कारा। मैं क्या था और क्या बन गया था। तब मैंने एक बार फिर से यह विचार किया कि क्यों न एक बार फिर से मंदिर में जाकर संन्यासी द्वारा हथियाए अपने धन को ले आने का प्रयास करूं।

यही सोचकर मैं रात्रि को फिर से मंदिर में जा पहुंचा। किसी प्रकार हिम्मत करके मैंने वह पेटी काट डाली जिसमें वह धन रखा हुआ था। मैं अभी उस धन को हथियाने का प्रयास कर ही रहा था कि वह दुष्ट संन्यासी जाग गया। बस फिर क्या था, उसने उसी फटे बांस से मुझ पर प्रहार कर दिया। शायद मेरी आयु शेष थी इसीलिए उस संन्यासी का वार ओछा पड़ा। मैंने प्रभु को धन्यवाद दिया और किसी प्रकार वहां से भाग कर अपनी जान बचाई।

इतनी कथा सुनाकर हिरण्यक ने कहा–''बस, तभी से मुझे वैराग्य हो गया है, और इसीलिए मैं लघुपतनक के साथ उसकी पीठकर बैठकर

यहां आ गया हूं। अब मुझे विश्वास हो गया है कि जो वस्तु भाग्य में होगी वह तो हमें मिलेगी ही, और जो वस्तु दूसरों की है, वह हमें कभी नहीं मिल सकती।' "वह कैसे?" कौए और कछुए ने एक साथ पूछा।

"सुनो। इस विषय में तुम्हें एक कथा सुनाता हूं।" कहते हुए हिरण्यक ने उन्हें यह कथा सुनाई।

भाग्य का फल

किसी नगर में सागर दत्त नाम का एक वैश्य रहता था। एक बार उसके पुत्र ने सौ रुपये में एक किताब खरीदी जिसमें पुस्तक के लेखक ने लिखा था–"जो वस्तु जिसको मिलनी होती है, वह उसे अवश्य मिलती है। उस वस्तु की प्राप्ति में विधाता भी बाधा नहीं डाल सकता। इसीलिए मैं किसी वस्तु के नष्ट हो जाने पर दुखी नहीं होता और न किसी वस्तु के मिलने पर आश्चर्य ही करता हूं, क्योंकि जो वस्तु दूसरों को मिलने वाली होगी वह हमें नहीं मिल सकती और जो वस्तु हमें मिलने वाली होगी, वह दूसरों को नहीं मिल सकती।"

उस पुस्तक को देखकर सागर दत्त ने अपने पुत्र से पूछा–

"तुमने यह पुस्तक कितने में खरीदी है?"

"एक सौ रुपये में।"

वैश्य सागर दत्त यह सुनकर बहुत क्रोधित हुआ। वह बोला–

"अरे मूर्ख जब तुम लिखे हुए एक श्लोक को सौ रुपये में खरीदते हो तो तुम अपनी बुद्धि से क्या धन कमाओगे? तुम जैसे मूर्ख को अब मैं अपने घर में नहीं रख सकता।"

इस प्रकार सागर दत्त ने अपने पुत्र को घर से निकाल लिया। अपने पिता के ऐसे व्यवहार से उसका पुत्र बहुत क्षुब्ध हुआ। वह न सिर्फ घर से ही निकल गया, अपितु उसने वह नगर भी छोड़ दिया। वह किसी दूसरे नगर में जाकर रहने लगा।

कुछ दिनों के बाद उस नगर में एक व्यक्ति ने उससे उसका परिचय जानना चाहा–"महाशय। आपका क्या नाम है और आप कहां से आए

हो?"

उत्तर में उस वैश्य-पुत्र ने सिर्फ़ इतना ही कहा—"मनुष्य अपने प्राप्तव्य को ही प्राप्त करता है।" उसके पश्चात तो जो कोई भी उसका नाम व स्थान पूछता तो वह यही उत्तर देता। तब से लोग उसे 'प्राप्तव्य-अर्थ' के नाम से ही पुकारने लगे।

कुछ दिन के बाद उस नगर में एक उत्सव का आयोजन इहुआ। उस उत्सव को देखने के लिए नगर की राजकुमारी चन्द्रावती भी अपनी सहेली के साथ वहां पहुंची। इस बीच किसी देश का राजकुमार उसकी दृष्टि में आ गया। राजकुमारी उस पर मुग्ध हो गई। तब उसने अपनी सहेली से कहा—"सखी। जैसे भी हो सके इस राजकुमार के साथ मेरे मिलन का प्रबंध कर दो।"

राजकुमारी की वह सहेली तत्काल उस राजकुमार के पास पहुंची और उससे कहा—"मुझे राजकुमारी चन्द्रावती ने आपके पास भेजा है। उसका कहना है कि वह आपकी सुन्दरता पर मुग्ध हो गई है और यदि आप तुरन्त उससे न मिले तो वह आत्महत्या कर लेगी।"

"यदि ऐसी ही बात है तो तुम मुझे बताओ।" राजकुमार बोला—"मैं किस प्रकार उसके पास पहुंच सकता हूं।"

राजकुमारी की सहेली बोली—"रात को राजकुमारी के शयनकक्ष के नीचे आपको एक रस्सी लटकती हुई मिलेगी। उस पर चढ़कर चले आना।"

"ठीक है। ऐसा ही होगा।" राजकुमार ने कहा।

राजकुमार से भेंट का प्रबंध पक्का कराकर सहेली चन्द्रावती के पास लौट गई।

रात्रि में राजकुमार ने सोचा—"राजकुमारी से छिपकर भेंट करना अनुचित होगा, क्योंकि कहा गया है कि गुरु की पत्नी, मित्र की पत्नी, स्वामी या सेवक की पत्नी के साथ समागम करने से पाप लगता है। ऐसा काम कभी भी नहीं करना चाहिए जिससे अपयश और अपमान हो।" यह सोचकर उसने राजकुमारी से मिलने का विचार त्याग दिया।

संयोगवश उस रात वह वैश्य-पुत्र प्राप्तव्य-अर्थ उस ओर से निकल रहा था। उसने राजमहल के लिए कक्ष के नीचे रस्सी लटकती देखी तो वह उस पर चढ़कर राजकुमारी के कक्ष में पहुंच गया। राजकुमारी ने उसको वही राजकुमार समझा और बड़े मन से उसका आतिथ्य-सत्कार किया। उसने उसे स्वादिष्ट भोजन कराया और अपने पलंग पर सोने के लिए स्थान दिया। उसके पास लेटकर राजकुमारी ने कहा—"मैं आपके दर्शन मात्र से ही आपसे प्रेम करने लगी हूं। अब आपको छोड़कर सच किसी का वरण नहीं करूंगी। परन्तु आप मुझसे कुछ बोल ही नहीं रहे हैं। आप मुझसे बातें कीजिए न।"

"मनुष्य प्राप्तव्य वस्तु को प्राप्त कर ही लेता है।" वैश्य-पुत्र के मुख से यही शब्द निकले।

उसकी बात सुनकर राजकुमारी समझ गई कि यह कोई दूसरा व्यक्ति है। तब उसने वैश्य-पुत्र को वहां से भगा दिया। महल से निकलकर वह वैश्य-पुत्र एक टूटे-फूटे देव मंदिर में जाकर सो गया।

रात को किसी समय अपनी प्रेयसी के संकेत पर नगर का एक रक्षक भी उससे मिलने उस देवमंदिर में आ पहुंचा। वैश्य-पुत्र को वहां मौजूद देखकर वह सकपका गया और उससे पूछा—"महाशय। आप कौन हैं?"

वैश्य-पुत्र ने वही रटा-रटाया उत्तर दे दिया—

"मनुष्य अपने प्राप्तव्य को ही प्राप्त करता है।"

यह सुनकर नगर रक्षक बोला—"यह तो सुनसान जगह है। आप मेरे स्थान पर जाकर सो जाइए।"

वैश्य पुत्र ने उसकी बात स्वीकार तो कर ली किंतु उनीदी अवस्था में होने के कारण भूल से वह उसके स्थान पर न जाकर किसी अन्य के स्थान पर जा पहुंचा। वह स्थान किसी राज्याधिकारी का था। उसकी कन्या विनयवती भी वहां अपने प्रेमी की प्रतीक्षा कर रही थी। वैश्य-पुत्र को वहां पहुंचा देखकर उसने यही समझा कि यही मेरा प्रेमी है।" उस कन्या ने वैश्य-पुत्र की खूब खातिरदारी की, और उसके साथ गंधर्व विवाह

कर लिया। एक ही पंलग पर उसके साथ लेटते हुए वह प्रेम-विभोर होकर बोली–"क्या बात है आर्य। आप मुझसे बात नहीं कर रहे हैं?"

वैश्य-पुत्र ने उसको भी वही उत्तर दे दिया–"मनुष्य अपने प्राप्तव्य को पा ही लेता है।"

उसकी बात सुनकर वह राज्याधिकारी की कन्या समझ गई कि उससे भूल हो गई है। यह उसका प्रेमी नही है। वह मन में विचार करने लगी कि बिना सोचे-विचारे कुछ करने पर ऐसा ही होता है।" तब दुखी होकर उसने वैश्य-पुत्र को दुत्कार कर वहां से भगा दिया।

वैश्य-पुत्र एक बार फिर सड़क पर आ गया। सामने से एक बारात आ रही थी। वरकीर्ति नामक युवक बड़ी धूम-धाम से अपनी बारात लेकर जा रहा था। वैश्य-पुत्र भी उस बारात में शामिल हो गया और बारातियों के साथ चलने लगा।

बारात अपने स्थान पर पहुंची, वहां उसका खूब स्वागत-सत्कार हुआ। विवाह का मुहूर्त होने पर सेठ की कन्या सज-धजकर विवाह मंडप में पहुंची। तभी एक दुर्घटना घटित हो गई। एक मदमस्त हाथी अपने महावत को मार कर वहां आ पहुंचा और इधर-उधर दौड़ने लगा। यह देखकर बारातियों ने वर का हाथ पकड़ा और जान बचाने के लिए भाग खड़े हुई। कन्या पक्ष के लोग भी भागकर अपने-अपने घरों में घुस गए। विवाह मंडप में अकेली कन्या खड़ी रही गई।

कन्या को अकेला खड़ा देखकर वह वैश्य-पुत्र उसके पास पहुंचा और उसे सान्त्वना दी–"डरो मत। मैं तुम्हारा रक्षक हूं।" यह कहकर उसने दाहिने हाथ से कन्या का हाथ पकड़ लिया और डंडे की सहायता से उस हाथी को मारने लगा। संयोगवश हाथी भयभीत हो गया और वहां से चला गया। हाथी के चले जाने के बाद वरकीर्ति के बाराती भी मंडप में लौट आए।

तब तक विवाह का मुहूर्त निकल चुका था। वर कीर्ति ने जब यह देखा कि उसकी वधू का हाथ किसी अन्य के हाथ में है, और वह उसके साथ सटकर खड़ी है तो उसे गुस्सा आ गया। वह कन्या के पिता से

बोला—"आपने अपनी कन्या का हाथ किसी और पुरुष के हाथ में दे दिया है। यह बहुत अनुचित बात है।"

कन्या का पिता बोला—हाथी के डर से मैं भी तो आप लोगों के साथ यहां से भाग गया था। यह घटना किस प्रकार घट गई, इस बारे में मुझे कुछ भी मालूम नहीं है।

"मैं कुछ भी नहीं जानतां आपको ऐसा नहीं करना चाहिए था।" वरकीर्ति पुनः क्रोधित स्वर में बोला।

इस पर कन्या के पिता ने उससे पूछ लिया—"बेटी। ठीक-ठीक बताओ, यहां क्या-क्या घटित हुआ था?"

कन्या बोली—"पिताजी। इन्होंने ही आज मेरी जीवन रक्षा की है, अतः अब मैं इनको छोड़कर किसी दूसरे के साथ विवाह नहीं करूंगी।" वाद-विवाद और कहा-सुनी में सारी रात बीत गई। अगले दिन वहां भीड़ इकट्ठी हो गई। राजकुमारी चन्द्रावती भी वहां पहुंच गई। थोड़ी देर में राजा भी वही पहुंच गया। उसने आते ही वैश्य-पुत्र से पूछा—"युवक। तुम निर्भय होकर सारी घटना का विवरण सुना दो।"

उत्तर में वैश्य-पुत्र ने यही कहा—"मनुष्य प्राप्तव्य-अर्थ को ही प्राप्त करता है।"

उसकी बात सुनकर राजकुमारी बोली—"विधाता भी उसे नहीं रोक सकता है।"

यह सुनकर उस राज्याधिकारी की कन्या विनयवती, जो इस सारे तमाशे को देख रही थी, बोल उठी—"इसीलिए मैं बीती बात के लिए पश्चाताप नहीं करती हूं और उस पर मुझे विस्मय भी नहीं होता।"

उन दोनों की बातें सुनकर विवाह-मंडप में आई सेठ की कन्या बोली—"जो वस्तु मेरी है, वह दूसरों की नहीं हो सकती।"

राजा के लिए यह सब पहेली बन गया था। उसने उन तीनों कन्याओं से पृथक-पृथक सारी बात सुनी और जब आश्वस्त हो गया तो उसने सबको अभयदान दे दिया। उसने अपनी कन्या को सम्पूर्ण अलंकारों से सजाकर एक हजार ग्रामों के साथ अत्यंत मान-सम्मान के साथ प्राप्तव्य

अर्थ को समर्पित कर दिया। राजा ने कहा–"आज से तुम मेरे पुत्र हो गए।"

इस प्रकार उस वैश्य-पुत्र को राजा ने युवराज के पद पर प्रतिष्ठित कर दिया। राज्याधिकारी ने भी उसी प्रकार वस्त्राभूषणों से सुसज्जित कर अपनी कन्या विनयवती को उसे सौंप दिया। सेठ की कन्या का हाथ तो वह वैश्य-पुत्र पहले ही थाम चुका था। अतः सेठ की कन्या का विवाह भी उसके साथ हो गया।

प्राप्तव्य-अर्थ तीनों पत्नियों के साथ-साथ अपने परिवार को भी वहां ले आया और आनंद के साथ जीवन व्यतीत करने लगा।

यह कथा सुनकर हिरण्यक चूहे ने कहा–"इसीलिए मैं कहता हूं कि मनुष्य अपने प्राप्तव्य अर्थ को ही प्राप्त करता है। मनुष्य को जो वस्तु मिलनी होती है, वह उसे अवश्य मिलती है। यही भाग्य का विधान है जो भाग्यफल से प्राप्त हुआ है। जीवन के इन दुखों के कारण ही मुझे वैराग्य हुआ है।"

यह सुनकर मंथरक बोला–"मित्र। यह तुम्हारा हितैषी है इसमें संदेह नहीं। आप लोगों का यहां स्वागत है। अब से इस स्थान को आप अपना ही घर समझकर निवास कीजिए। जो बीत गया उसके विषय में अब सोच-विचार नहीं करना चाहिए। आप लोग तो बुद्धिमान हैं। भाग्य के विरुद्ध रहते मनुष्य किसी प्रकार कुछ द्रव्य अर्जित कर ले तो वह उसका उपभोग नहीं कर पाता। दुर्भाग्य के कारण उसका कमाया हुआ पहले का धन भी नष्ट हो जाता है।

भाग्य प्रबल है तो सारे कार्य अपने-आप बन जाते हैं। और भाग्य विपरीत हो तो बने-बनाये कार्य भी बिगड़ जाते हैं। सोमिलक नाम के एक जुलाहे के साथ भी ऐसा ही हुआ था।

हिरण्यक ने पूछा–"यह सोमिलक कौन था और उसके साथ कौन-सी घटना घटी थी?"

मंथरक ने तब उन्हें यह कथा सुनाई।

दुर्भाग्य

किसी नगर में सोमिलक नाम का एक जुलाहा रहता था। वह अनेक प्रकार के बहुमूल्य वस्त्रों को रंगकर, काढ़कर, उन्हें खूबसूरत बनाकर बेचता था। इतना कुशल कारीगर होने के बावजूद भी उसका गुजारा मुश्किल से चलता था। उसकी पत्नी सदैव उसके धनाभाव का रोना रेती रहती। इसके विपरीत उस नगर में जो अन्य साधारण जुलाहे थे, वे सब धन-धान्य से समृद्ध हो रहे थे।

उनको समृद्ध होते देखकर एक दिन सोमिलक ने अपनी पत्नी से कहा—“नगर के सभी जुलाहे खूब धन कमा रहे हैं। वे मामूली से कपड़े बेचकर धनी हो गए हैं। मुझे लगता है यह स्थान मेरे लिए अनुकूल नहीं है, अतः मैं और किसी स्थान पर जाना चाहता हूं।”

यह सुनकर उसकी पत्नी बोली—“तुम तो व्यर्थ ही दुखी होते हो। जो वस्तु जिसके भाग्य में होती है वह बिना प्रयत्न के ही उसे मिल जाती है। मैं तो कहती हूं कहीं मत जाओ। यहीं रहकर कोई और काम कर लो।”

जुलाहा बोला—“तुम्हारा यह कहना उचित नहीं है। क्योंकि उद्योग के बिना तो कहीं भी कर्म कोई फल नहीं देता। भोजन को यदि हाथ से उठाकर मुंह में नहीं डाला जाएगा तो वह अपने आप तो मुंह में नहीं पहुंच जाएगा। जो व्यक्ति कर्मशील होते हैं, लक्ष्मी उन्हीं को प्राप्त होती है। जो भाग्य की बात करते हैं, वे कायर होते हैं। इसलिए मैं तो अवश्य विदेश जाऊंगा।”

सोमिलक ने पत्नी की बात नहीं मानी और वह अपना नगर छोड़कर वर्धमानपुर नाम के नगर में चला गया। वहां उसने तीन वर्ष में तीन सौ स्वर्ण मुद्राएं अर्जित की और उनको लेकर अपने नगर के लिए लौट पड़ा।

रास्ता लम्बा था। आधे रास्ते में ही दिन ढल गया, शाम हो गई। आसपास कोई गांव भी नहीं था। जंगली जानवरों के भय के कारण रात बिताने के लिए वह एक बरगद के वृक्ष पर चढ़ गया। वहां एक मोटी-सी डाल देखकर वह देखकर वह उसी पर सो गया। सोते-सोते उसे स्वप्न आया कि दो भयंकर आकृति के पुरुष आपस में बातें कर रहे हैं। एक पुरुष दूसरे से कह रहा था—"हे पौरुष। क्या तुम्हें मालूम नहीं कि इस सोमिलक के पास भोजन और वस्त्र के अतिरिक्त और अधिक धन नहीं रह सकता। तब फिर तुमने इसे तीन सौ स्वर्ण मुद्राएं क्यों दे दीं?"

दूसरा बोला—"अरे भाग्य। मैं तो प्रत्येक पुरुषार्थी को एक बार उसके कर्म का फल दूंगा ही। उसे उसके पास रहने देना या नहीं रहने देना, यह तेरे अधीन है।"

सोमिलक हड़बड़ा कर उठ बैठा। जब उसने अपनी पोटली टटोली तो उसे खाली पाया। उसे बड़ा दुख हुआ। वह सोचने लगा कि वह धन गायब हो गया है। अब क्या मुंह लेकर घर जाऊ?

यही सोचकर उसने अपने घर लौटने का विचार त्यागा और वापस वर्धमानपुर लौट गया।

वहां जाकर इस बार उसने एक वर्ष में ही पांच सौ स्वर्णमुद्राएं अर्जित कर लीं। उनको लेकर जब वह पुनः घर को चला तो उसी वृक्ष के समीप उसको रात हो गई। किंतु इस बार वह मुद्राओं के गायब हो जाने के डर से वहां नहीं रुका, चलता ही रहा।

तभी उसने देखा कि सामने से दो भयंकर आकृति वाले प्राणी उसी की ओर चले आ रहे हैं। उनमें जो परस्पर वार्तालाप हो रहा था, सोमिलक ने उसे स्पष्ट सुना । उनमें से एक पुरुष ने दूसरे से कहा—"हे पौरुष। क्या तुम्हें मालूम नहीं कि सोमिलक के पास भोजन व वस्त्र से अधिक धन रह नहीं सकता। तब तुमने इसे पांच सौ स्वर्णमुद्राएं क्यों दे दीं?" पौरुष ने वही उत्तर दिया—"हे भाग्य। मैं तो प्रत्येक कर्मशील व्यक्ति को एक बार उसके परिश्रम का फल दूंगा ही, आगे तेरे अधीन है। उसके पास रहने दे, या उससे छीन ले।

इस बातचीत के बाद सोमिलक ने जब अपनी स्वर्णमुद्राओं वाली पोटली टटोली तो वह खाली हो चुकी थी।

इस प्रकार दो बार खाली हाथ होकर सोमिलक का मन बहुत दुखी हुआ। उसने सोचा—"इस धनहीन जीवन से तो मृत्यु ही अच्छी है। आज इस वृक्ष की डाली से रस्सी बांधकर उस पर लटक जाता हूं और यहीं प्राण त्याग देता हूं।'

वृक्ष की डाल से रस्सी बांधकर जब वह अपने गले में फंदा डालकर मरने का प्रयास कर रहा था, तभी आकाशवाणी हुई—"सोमिलक। ऐसा दुस्साहस मत करो। तुम्हारे धन का हरण करने वाला मैं हूं। तुम्हारे भाग्य में भोजन और वस्त्र मात्र से अधिक धन का उपभोग नहीं लिखा है। व्यर्थ के धन संचय में अपनी शक्ति नष्ट मत करो और अपने घर लौट जाओ। पर हा, मैं तुम्हारे साहस को देखकर बहुत प्रसन्न हुआ हूं। अतः चाहो तो मुझसे कोई एक वरदान मांग सकते हो। मैं तुम्हारी इच्छा को पूरी करूंगा।"

सोमिलक बोला—"यदि वरदान ही देना हो तो ऐसा वरदान दो, जिससे मेरे पास अधिक से अधिक धन हो जाए।"

तब उस अदृश्य देवता ने, जो भाग्य था, कहा—"धन तो मैं दे दूंगा, किंतु तुम उस धन का करोगे क्या? तुम्हारे भाग्य में धन का उपभोग करना तो लिखा ही नहीं है।"

सोमिलक को तो सिर्फ धन चाहिए था। इसलिए वह बोला—भले ही मेरे भाग्य में धन का उपभोग करना न लिखा हो, पर मुझे तो सिर्फ़ धन ही चाहिए। बिना उपभोग के भी धन की बहुत महिमा है। संसार में उसी की पूजा होती है जिसके पास प्रचुर मात्रा में धन होता है। कृपण और अकुलीन व्यक्ति भी धन पास में होने से समाज में प्रतिष्ठा पाते हैं। लोग उनकी ओर आशा भरी दृष्टि से उसी प्रकार देखते रहते हैं जिस प्रकार एक गीदड़ और एक गीदड़ी मांस प्राप्त होने की आशा में एक बैल के पीछे पन्द्रह दिन तक भटकते रहे थे।

भाग्य देवता ने पूछा—"वह कैसे?"

सोमिलक ने तब उसे यह कथा सुनाई।

अनिश्चय

किसी नगर में तीक्ष्ण विषाण नामक का एक बैल रहता था। बहुत उन्मत्त हो जाने के कारण उसके किसान मालिक ने उसे छोड़ दिया था। अपने साथी बैलों से अलग हटकर वह इधर-उधर जंगल में स्वच्छंद घूमा करता था। इस तरह एक प्रकार से वह जंगली हो गया था।

उसी जंगल में प्रलोमक नाम का एक गीदड़ भी रहता था। एक दिन वह अपनी पत्नी के साथ नदी किनारे बैठा था, तभी वह बैल वहां पानी पीने के लिए आया। बैल के मांसल कंधों पर लटकते हुए मांस को देखकर गीदड़ी ने गीदड़ से कहा–"स्वामी। इस बैल के कंधों पर लटकते हुए मांस-पिंड को तो देखो। यह बस अब गिरने ही वाला है। तुम इसके पीछे-पीछे जाओ। जब यह जमीन पर गिर पड़े तो इसे उठाकर ले आना।"

गीदड़ ने उत्तर दिया–"प्रिय। न जाने यह मांस पिंड कब गिरे। गिरता भी है या नहीं, मैं कब तक इसका पीछा करता रहूंगा। इस व्यर्थ के काम में मुझे मत लगाओ। हम यहां चैन से बैठे हैं । जो चूहे इस रास्ते से जाएंगे, उन्हें मारकर ही हम अपना भोजन प्राप्त कर लेंगे। तुम्हें यहां अकेला छोड़कर चला गया तो हो सकता है कोई दूसरा गीदड़ यहां आ जाए और हमारे घर पर अधिकार करके बैठ जाए। अनिश्चित लाभ की आशा में निश्चित लाभ का परित्याग कर देना बुद्धिमानी का काम नहीं है।

यह सुनकर गीदड़ी उसे हिकारत भरी नजर से देखते हुए बोली–"मैं नहीं जानती थी कि तुम इतने कायर हो। तुममें तो जरा-सा भी उत्साह

नहीं है। जो व्यक्ति थोड़े-से धन से संतुष्ट हो जाता है, वह अवसर आने पर उस थोड़े-से धन को भी गंवा बैठता है। इसके अतिरिक्त रोज-रोज चूहों का मांस खाकर मैं तंग आ चुकी हूं। बैल का यह मांस-पिंड अब गिरने ही वाला है, इसलिए तुम्हें मेरी बात नहीं टालनी चाहिए।''

गीदड़ी के आग्रह पर गीदड़ को बैल के पीछे जाना ही पड़ा। किसी ने सच ही कहा है कि मनुष्य तभी तक अपनी इच्छानुसार कार्य करने में समर्थ हो पाता है, जब उस पर स्त्री का अंकुश नहीं रहता। स्त्री के वश में होकर तो पुरुष के सोचने-विचारने की शक्ति ही समाप्त हो जाती है। स्त्री की हठ पुरुष से सब कुछ करा लेती है।

तब से गीदड़ और गीदड़ी उस बैल के पीछे घूमने लगे। उनकी आंखें बैल के लटकते मांस-पिंड पर ही लगी रहती थीं। लेकिन वह मांस-पिंड गिरता भी तो कैसे? वह तो बैल के शरीर का ही एक भाग था।

इस तरह गीदड़ और गीदड़ी लगातार पन्द्रह दिन तक उस बैल का पीछा करते रहे। तब एक दिन गीदड़ ने गीदड़ी से कहा—''प्रिये। इस मांस-पिंड का गिरना तो अनिश्चित है। क्या पता यह कब गिरेगा, इसलिए अब हमें इसकी आशा छोड़कर अपनी राह पर चले जाना चाहिए।''

गीदड़ी को भी गीदड़ का विचार पसंद आ गया। बैल का पीछा कर-करके वह भी परेशान हो गई थी। तब दोनों ने बैल का पीछा छोड़ा और किसी अन्य शिकार की खोज में चले गए।

सोमिलक ने भाग्य देवता को यह कथा सुनाकर आगे कहा—''इसीलिए मैं कहता हूं कि धनी व्यक्ति के पीछे ही सभी लोग आते हैं। अब यदि उस बैल के शरीर पर इतना बड़ा मांस-पिंड न होता तो क्या इतने दिन वे गीदड़ और गीदड़ी उसका पीछा करते रहते?''

सोमिलक की बात सुनकर भाग्य देवता ने कहा—''ठीक है। अब यदि तुम्हारी इच्छा धन पाने की है तो तुम पुनः वर्धमानपुर चले जाओ। वहां दो वैश्य-पुत्र रहते हैं। उनके नाम हैं—गुप्त धन और उपभुक्त धन। इन दोनों के स्वभाव अलग-अलग तरह के हैं। गुप्तधन अपने धन की रक्षा करता है जबकि उपभुक्त धन धन को खर्च करने में विश्वास रखता

है। तुम उन दोनों के स्वभाव का अध्ययन करना। फिर इच्छानुसार उनमें से किसी एक के स्वभाव का चयन कर मुझसे वर मांग लेना। तुम जैसा कहोगे, मैं तुम्हें उसी के अनुसार बना दूंगा।" यह कहकर भाग्य देवता अन्तर्धान हो गया।

सोमिलक वर्धमानपुर पहुंचा। पहले वह गुप्तधन के घर गया। उसको देखकर गुप्तधन अपनी स्त्री और बच्चों के साथ उसको फटकारने लगा। सोमिलक ने उसकी फटकार की कोई चिंता न की और जबर्दस्ती उसके घर में घुस गया। भोजन के समय गुप्तधन ने बिना किसी प्रेम भाव के उसे रूखी-सूखी रोटियां खाने को दे दीं। सोमिलक उस रूखे-सूखे भोजन को खाकर सो गया। स्वप्न में उसे वही दोनों पुरुष एक बार फिर दिखाई दिए। दोनों आपस में यह वार्तालाप कर रहे थे। उनमें से एक पुरुष बोला—"हे पुरुषार्थ। तुमने गुप्तधन को इतना अधिक धन क्यों दे दिया जो उसने सोमिलक को खाने के लिए भोजन दे दिया?"

दूसरे पुरुष ने उत्तर दिया—"हे भाग्य। मेरा इसमें कोई दोष नहीं है। मैं तो व्यक्ति को पुरुषार्थ के अनुकूल ही फल दे देता हूं। उसका परिणाम क्या हो, यह मुझे मालूम नहीं है क्योंकि यह देना तो आपके अधीन है।"

इसके पश्चात दोनों पुरुष तिरोहित हो गये। सुबह सोमिलक उठा तो उसने देखा— गुप्तधन हैजे से पीड़ित है। हैजे के कारण गुप्तधन ने दूसरे दिन भोजन नहीं किया और इस प्रकार एक दिन का भोजन बचा लिया। अगले दिन सोमिलक गुप्तधन का घर छोड़ उपभुक्त धन के यहां पहुंचा। वहां उसका खूब स्वागत-सत्कार किया गया। खाने के लिए स्वादिष्ट भोजन और सोने के लिए बढ़िया शैया भी दी। सोते-सोते उसने फिर सुना। वही दोनों देवता बातें कर रहे थे। एक कह रहा था—"हे पुरुषार्थ। उपभुक्त धन ने सोमिलक के सेवा-सत्कार में बहुत धन व्यय कर दिया है। अब इस धन की क्षति-पूर्ति कैसे होगी?"

दूसरे देवता ने उत्तर दिया—"हे भाग्य देव। सत्कार के लिए धन व्यय कराना मेरा धर्म था, इसका फल देना तो आपके ही अधीन है।

सुबह होने पर सोमिलक ने देखा—राजदरबार का एक कर्मचारी उपभुक्त धन को राजा की ओर से एक स्वर्ण मुद्राओं से भरी भेंट स्वरूप प्रदान कर रहा था।

यह देखकर सोमिलक ने विचार किया कि उपभुक्त धन का संचय रहित धन ही श्रेष्ठ है। जिस धन का दान किया जा सके, जिसे सत्कार्यों पर खर्च किया जा सके, वही धन संचित धन की अपेक्षा श्रेष्ठ होता है। तब सोमिलक ने भाग्य देवता से वैसा ही धन मांग लिया।

यह कथा सुनाकर मंथरक ने हिरण्यक से कहा—"मित्र। अब तुम्हें धन-हानि के विषय में सोच-सोचकर दुखी नहीं होना चाहिए। उपार्जित धन को खर्च करने में ही सुरक्षा है। रखा हुआ धन नष्ट ही होता है। अब तुम ये पूछोगे कि धन को खर्च कैसे किया जाए? तो सुनो—धन की तीन गतियां होती हैं—दान में खर्च होना, निज के उपभोग में लाना और धन का किसी न किसी प्रकार से व्यय हो जाना। यह समझ लो कि धन के संचय से कोई सुखी नहीं होता है। सुख का मूल संतोष में है। संतोष ही सबसे बड़ा धन है, और संतोष पाकर ही व्यक्ति का जीवन सुखी होता है।"

मंथरक की बातें सुनकर लघुपतनक कौआ बोला—"मित्र। मंथरक की स्पष्ट बातों से आपको रुष्ट नही होना चाहिए। क्योंकि उसने जो कुछ कहा है वह तुम्हारे हित के लिए कहा है। प्रिय बोलने वाले व्यक्ति तो हर जगह मिल जाया करते हैं किंतु अप्रिय होते हुए भी हितकारी बात कहने वाले और उसको सुनने वाले बहुत कम ही मिलते हैं।"

अभी वे तीनों इस प्रकार की बातें कर ही रहे थे कि तभी कहीं से चित्रांग नाम का एक हिरण किसी शिकारी से बचने के लिए दौड़ता हुआ वहां आ पहुंचा। उसे देखकर कौआ लघुपतनक तो उड़कर एक वृक्ष पर जा बैठा, हिरण्यक पास की ही एक वृक्ष की कोटर में छिप गया और मंथरक पानी में सरक गया।

भयभीत हिरण वहां खड़ा होकर इधर-उधर निगाहें दौड़ाने लगा। जब उसे कोई खतरा महसूस न हुआ तो वह निश्चिंत होकर खड़ा हो

गया। यह देखकर कौए ने आवाज देकर मंथरक को बुला लिया। उसने कहा—"मित्र। भय की कोई बात नहीं है। यह कोई मनुष्य नहीं है। यह तो एक वन्य प्राणी है जो अपनी प्यास बुझाने के लिए इस तालाब पर आया है।"

सुनकर कछुआ बोला—तुम्हारा यह कहना तो ठीक है कि यह मनुष्य नहीं, एक वन्य-प्राणी मृग है, किंतु जिस प्रकार यह लंबी-लंबी सांसें भर रहा है, उससे तो यही प्रतीत होता है कि यह प्यासा नहीं, अपितु किसी से भयभीत है। कोई शिकारी अवश्य ही इसका पीछा कर रहा है। तुम वृक्ष की ऊंची शाखा पर बैठकर इधर-उधर निगाहें दौड़ाओ कि कहीं कोई शिकारी तो नहीं आ रहा।"

मंथरक की बात सुनकर चित्रांग हिरण ने कहा—"आपने मेरे भय का कारण ठीक ही समझा है, भद्र। मैं किसी प्रकार बहेलियों से बचकर यहां तक आ पाया हूं, किंतु मेरे अन्य साथियों को बहेलियों ने अवश्य ही मार डाला होगा। अब मैं आप लोगों की शरण में हूं। मुझे कोई ऐसी जगह बता दीजिए जहां मैं उस बहेलिए की निगाहों से छिपकर रह सकूं।"

चित्रांग की बातें सुनकर मंथरक बोला—"नीतिशास्त्रों में कहा गया है कि शत्रु से बचने के लिए दो ही उपाय हैं। या तो उससे युद्ध करने के लिए तत्पर रहा जाए या फिर वहां से भागकर किसी सुरक्षित जगह पर पहुंचा जाए। अतः उचित यही है कि उसके यहां पहुंचने से पहले ही तुम भागकर किसी घने वन में प्रवेश कर जाओ।

तभी लघुपतनक ऊपर से बोला—"मैंने अभी-अभी देखा है कि बहेलिए अपने कंधें पर कई हिरणों को लादे हुए अपने घर की ओर वापस लौट रहे हैं। अब डर की कोई बात नहीं। खतरा टल गया है। अतः अब आप चाहें तो आराम से वन में जा सकते हैं।"

यह सुनकर चित्रांग मृग बोला—मित्र। अकेला वन में जाकर करूंगा भी क्या? मेरे रिश्तेदार और संगी-साथी तो उन बहेलियों ने मार दिये हैं। आप कृपा कर मुझे भी अपना साथी बना लीजिए। मैं भी आपकी संगति का लाभ उठा लिया करूंगा।"

तब से चित्रांग भी उनका मित्र बन गया। चारों मित्र मिल-जुलकर आनंदपूर्वक वहां रहने लगे। उनकी नित्यप्रति गोष्ठियां होने लगीं।

एक दिन की बात है, रोज की तरह चित्रांग मृग निर्धारित समय पर वापस नहीं लौटा। इससे उन तीनों को चिंता होने लगी। तीनों मित्र उसके विषय में भांति-भांति की चिंताएं व्यक्त करने लगे।

मंथरक ने लघुपतनक से कहा—"मित्र। हम दोनों तो दूर तक नहीं जा सकते। तुम उड़ने वाले जीव हो। उड़कर जाओ और देखो कि चित्रांग किस विपत्ति में फंस गया है?"

लघुपतनक उसकी खोज के लिए उड़ चला। थोड़ी ही देर में उसने चित्रांग को खोज लिया। वह एक तालाब के किनारे किसी बहेलिए के जाल में फंसा पड़ा था।

कौआ उसके पास पहुंचा। उसने हिरण से पूछा—"मित्र। तुम्हारी यह दशा कैसे हो गई?"

चित्रांग की आंखों में आंसू आ गये। भरे हुए गले से वह बोला—"मित्र। मेरा मृत्यु काल आ पहुंचा है। यह अच्छा ही हुआ कि अंतिम समय में आप जैसे मित्र के दर्शन हो गए। आप लोगों के साथ रहते इतने दिन आनंद से बीते हैं। मेरे मुख से कभी आप लोगों के लिए कोई अनुचित वाक्य निकल गया हो तो उसके लिए क्षमा कर देना।"

लघुपतनक ने चित्रांग को धैर्य बंधाया। बोला—चिंता मत करो मित्र। मैं अभी अपने मित्र हिरण्यक को लेकर आता हूं। हिरपयक जल्दी ही इस जाल को काटकर तुम्हें मुक्त कर देगा।

लघुपतनक शीघ्र ही हिरण्यक को वहां लिवा लाया। चित्रांग को उस हालत में देखकर हिरण्यक ने पूछा—"मित्र। तुम तो नीति शास्त्र को भली-भांति समझते थे, फिर किस तरह इस जाल में फंस गए?"

यह सुनकर चित्रांग बोला—"मित्र। यह समय व्यर्थ की बातों में नष्ट करने का नहीं है। बहेलिया आता ही होगा, इसलिए तुम जल्दी से इस जाल को काटकर मुझे मुक्त कर दो।"

हिरण्यक जाल काटने को तैयार ही हुआ था कि लघुपतनक वृक्ष

के ऊपर से बोल उठा–"यह तो बहुत बुरा हुआ।"

"क्या हुआ? बहेलिया आ रहा है क्या?" चित्रांग ने पूछा। "नहीं। मंथरक आ रहा है।" लघुपतनक बोला।

"तब तो खुशी की बात है। इसमें दुःखी होने की क्या बात है?" हिरण्यक बोला।

"नहीं मित्र। तुम बात को समझे नहीं।" लघुपतनक बोला–"दुर्भाग्यवश यदि बहेलिया यहां आ पहुंचा तो मैं तो उड़कर वृक्ष पर चला जाऊंगा। तुम बिल में घुस जाओगे, चित्रांग भागकर घने जंगल में घुस जाएगा, किन्तु मंथरक कैसे अपनी जान बचा पायेगा?"

मंथरक के वहां पहुंचने पर हिरण्यक ने उससे कहा– "मित्र। यहां आकर तुमने अच्छा नहीं किया। तुम वापस लौट जाओ। कहीं बहेलिया यहां आ न पहुंचे।"

कछुआ बोला–"मित्र। मित्र को विपत्ति में फंसा जानकर मुझसे रहा नहीं गया। सोचा यहां आकर विपत्ति में इसकी सहायता करूंगा।

वे अभी बातें कर ही रहे थे कि दूर से बहेलिया आता दिखाई दे गया। उसे देखकर हिरण्यक ने जल्दी से जाल काट कर चित्रांग को मुक्त कर दिया। जाल कटते ही चित्रांग तेजी से दौड़कर वन में घुस गया। कौआ उड़कर वृक्ष पर बैठ गया और हिरण्यक समीप के एक बिल में जा घुसा। मंथरक भी अपने लिए कोई छिपने की जगह तलाश करने लगा।

फिर वहीं हुआ जिसका डर था। हिरण के भाग जाने से दुखी बहेलिया, जो धीरे-धीरे भूमि की ओर देखता हुआ आ रहा था, उसने कछुए को रेंगते हुए देख लिया। यह देखकर उसने मन में सोचा–"हिरण तो हाथ आया नहीं। आज इसे ही ले चलता हूं। आज इसी को खाकर पेट भर लूंगा। यह सोचकर उसने कछुए को पकड़ लिया और उसे अपने धनुष की नोंक में लटका कर, धनुष को कंधे पर रखकर अपने घर की ओर चल पड़ा।

अपने मित्र की ऐसी दशा देखकर लघुतनक को बड़ा दुःख हुआ। इसी बीच चित्रांग और हिरण्यक भी उस स्थान पर पहुंच गए, और मंथरक

के लिए शोक प्रकट करने लगे। तब चूहा बोला–"मित्रो। अब समय नष्ट करने से कोई लाभ नहीं है। हमें उस बहेलिये का पीछा करके किसी न किसी तरह से अपने मित्र को छुड़ाना चाहिए।"

कौआ बोला–"यदि ऐसी ही बात है तो आप मेरे कहने के अनुसार काम करें। पहले चित्रांग बहेलिए के आगे कहीं छोटे से तालाब के किनारे निर्जीव-सा होकर पड़ जाए। मैं इसके सिर पर बैठकर धीरे से इसे कुरेदूंगा। ऐसा करने से बहेलिया सोचेगा कि हिरण मर चुका है। तब वह अपना धनुष पृथ्वी पर रखकर चित्रांग को देखने के लिए आएगा। उसी समय हिरण्यक मंथरक के पास पहुंचकर उसके बंधन काट देगा। बंधन मुक्त होते ही मंथरक तेजी से भागकर तुरन्त तालाब में घुस जाएगा।"

ऐसा ही किया गया। बहेलिया जब आगे चलकर उस तालाब के निकट पहुंचा तो उसने मृत पड़े हिरण को देख लिया। उसको यह देखकर बहुत प्रसन्नता हुई। वह सोचने लगा कि "कछुए को तो मैंने बांध ही रखा है, अब इस हिरण को ले आता हूं।"

यही सोचकर उसने अपना धनुष जमीन पर रख दिया। वह अभी कुछ ही कदम चला था कि हिरण्यक बिल में से निकल और तेजी से उस तांत को कुतरने लगा जिससे मंथरक बंधा हुआ था। बात की बात में उसने तांत काट डाली। मुक्त होते ही मंथरक तेज़ी से तालाब के पानी में सरक गया।

बहेलिया धीरे-धीरे चित्रांग के नजदीक पहुंच रहा था। तभी लघुपतनक चित्रांग के शरीर से उड़कर वृक्ष पर जा बैठा। चित्रांग के लिए यह एक प्रकार संकेत था। वह तुरन्त उठ खड़ा हुआ और चौकड़ी भरता हुआ जंगल में घुस गया।

यह सब देखकर बहेलिया हतप्रभ रह गया। लज्जा महसूस करता हुआ वह वापस लौट पड़ा। धनुष के पास पहुंचा तो धनुष की तांत कटी हुई देखी। कछुआ भी गायब हो चुका था। इससे वह बहुत निराश हो गया और थके-थके-से कदम रखता हुआ वापस लौट पड़ा।

बहेलिया जब दूर चला गया तो चारों मित्र इकट्ठे हुए और खुशी

से नाचने लगे। तत्पश्चात वे पुनः उसी तालाब पर पहुंचे जहां वे पहले रह रहे थे। उनके दैनिक कार्य फिर से उसी प्रकार चलने लगे जैसे पहले चल रहे थे।

किसी ने सच ही कहा है कि विचारवान व्यक्तियों को अच्छे मित्र अवश्य बनाने चाहिए और उन मित्रों के साथ कभी कपट का भाव नहीं रखना चाहिए। जो व्यक्ति अच्छे स्वभाव वाले मित्र बनाता हैं, वह उन मित्रों की सहायता से कभी भी अपने शत्रुओं द्वारा न तो तिरस्कृत होता है, और ना ही उसके शत्रु उसे पराजित कर पाते हैं।

।। इति द्वितीय तंत्र समाप्त।।

तृतीय तंत्र

काकोलूकीयम

दूसरे तंत्र की कथाऐं सुनाकर विष्णु शर्मा ने राजकुमारों से कहा—"राजपुत्रों। अब मैं तृतीय तंत्र—काकोलूकीयम" आरंभ करता हूं। जिसके प्रथम श्लोक का अर्थ इस प्रकार है—"जो कभी पहले विरोधी रह चुका हो और अब मित्र बनकर आया हो उस पर कभी विश्वास मत करो।"

"ऐसा किसलिए गुरु जी?" राजकुमारों ने जिज्ञासावश पूछ लिया।

"इसलिए कि जो ऐसा करते हैं, उनकी हालत वैसी ही हो जाती है जैसे कौओं की लगाई हुई आग से उल्लुओं की गुफा जलकर राख हो गई थी।"

"हमारी समझ में कुछ नहीं आया गुरु जी। कौओं ने उल्लुओं की गुफा में आग क्यों लगा दी थी?" राजकुमार बोले। "तो सुनो। मैं तुम्हें यह कथा सुनाता हूं। कथा को सुनकर तुमको भली-भांति सबकुछ मालूम हो जाएगा।" यह कहकर विष्णु शर्मा ने राजकुमारों को यह कहानी सुनाई।

कौओं और उल्लुओं का बैर

दक्षिण देश में महिलारोप्य नाम का एक नगर था। उस नगर के समीप बरगद का एक विशाल वृक्ष था। उस वृक्ष पर कौओं का राजा मेघवर्ण अपनी प्रजा और अपने परिवार के साथ सुख-चैन के साथ रहता था।

उस बरगद के समीप ही एक पर्वत की गुफा में अरिमर्दन नाम का उल्लू भी रहता था। वह उल्लुओं का राजा था और वहां अपना दुर्ग बनाकर अनेक उल्लुओं के साथ आनन्दपूर्वक अपना जीवन व्यतीत कर रहा था।

उल्लुओं और कौओं की एक-दूसरे से शत्रुता थी। उल्लुओं का राजा अरिमर्दन रात के समय उस बरगद के पेड़ के चारों ओर चक्कर लगाता रहता था। वहां उसे जो भी अकेला कौआ मिल जाता, वह उसे मार डालता था। इस तरह एक-एक करके उसने अनेक कौए मार डाले थे।

अपने वंश का इस प्रकार विनाश होते देखकर कौओं के राजा मेघवर्ण को बहुत चिन्ता हुई। एक दिन उसने अपने सभी मंत्री बुलाए और उनसे कहा—मित्रों। हमारा जन्मजात बैरी उल्लुओं का का राजा बहुत चालाक है। वह अवसर को खूब पहचानता है। रात के समय वह रोज यहां आता है और जो भी कौआ हाथ लग जाता है, उसे तुरन्त मार देता है। हमारी कठिनाई यह है कि हम रात को देख नहीं सकते और दिन में ये उल्लू न जाने कहां जा छिपते हैं। हमें उनके छिपने के स्थान का भी पता नहीं है। हमें इस विषय में क्या करना चाहिए? आप लोग सोच-विचार कोई ऐसा उपाय निकालें जिससे इन उल्लुओं का आतंक समाप्त हो सके।''

मेघवर्ण के पांच मंत्री थे—उज्जीवी, संजीवी, अनुजीवी, प्रजीवी तथा

चिरंजीवी। उसने सर्वप्रथम उज्जीवी से पूछा—"आप इस स्थिति में क्या उपाय उचित समझते हैं।"

उज्जीवी बोला—"स्वामी। मेरे विचार से अपने से बलवान शत्रु से कभी शत्रुता नहीं करनी चाहिए। अरिमर्दन बलवान है इसलिए उसके साथ तो संधि करना ही उचित रहेगा। शास्त्रों में भी ऐसा ही कहा गया है कि जब प्राण संकट में हो तो राजा को चाहिए कि वह अपने नीच शत्रु से भी संधि कर ले। यदि प्राण सुरक्षित रहे तो राज्य तो फिर से भी प्राप्त किया जा सकता है।"

उज्जीवी के विचार सुनकर मेघवर्ण ने अपने दूसरे मंत्री संजीवी से कहा—"भद्र। इस विषय में आपका क्या विचार है?"

संजीवी बोला—"स्वामी। मैं भाई उज्जीवी के विचारों से सहमत नहीं हूं। मैं शत्रु के साथ संधि करने के पक्ष में नहीं हूं। संधि करने के बाद भी शत्रु विनाश ही करता है। पानी कितना भी गर्म क्यों न हो, अग्नि पर डालने से वह उसे बुझा ही देता है। विशेषतः क्रूर, अत्यंत लोभी और धर्मरहित शत्रु के साथ तो कभी संधि करनी ही नहीं चाहिए। शत्रु के प्रति नम्र भाव दिखाने से उसकी शत्रुता की आग और भी भड़क जाती है वह और भी क्रूर हो जाता है। जिस शत्रु से आमने-सामने की लड़ाई न लड़ सकें, उसे छल-बल से हराना चाहिए, किन्तु उसके साथ संधि कभी नहीं करनी चाहिए। सच तो यह है कि जिस राजा की भूमि शत्रुओं के खून से, और उनकी विधवा स्त्रियों के आंसुओं से नहीं सींची गई वह राजा होने के योग्य ही नहीं है।'

तब मेघवर्ण ने अपने तीसरे मंत्री अनुजीवी से कहा—"भद्र अनुजीवी। अब तुम अपने विचार बताओ। क्या तुम संजीवी के विचारों से सहमत हो?"

"नहीं महाराज।" अनुजीवी ने उत्तर दिया—मैं भाई अनुजीवी के विचारों से सहमत नहीं हूं। मेरे विचार से तो एक अन्य रास्ता अपनाना चाहिए। हमारा शत्रु दुष्ट हैं। वह बल में भी हमसे अधिक है। इसलिए उसके साथ संधि अथवा युद्ध, दोनों के करने में ही हानि है। ऐसे शत्रु

के लिए तो शास्त्रों में यान-नीति का ही विधान है। हमें यह यह स्थान छोड़कर किसी दूसरे देश में चला जाना चाहिए। इस तरह पीछे हटने में कायरता का दोष नहीं लगता। शेर भी तो हमला करने से पहले पीछे हटता है। वीरता का अभिमान करके जो हठपूर्वक युद्ध करता है, वह शत्रु की इच्छा को ही पूरी करता है और अपने वंश का नाश कर लेता है।''

इसके बाद मेघवर्ण ने अपने चौथे मंत्री प्रजीवी से प्रश्न किया। उसने कहा—''मंत्रिवर।'' अब आप अपने विचार बतायें।'' प्रजीवी ने कहा—''देव। मुझे तो संधि, विग्रह (लड़ाई) और यान-नीति, इन तीनों में से कोई भी उचित नहीं जान पड़ती। इस परिस्थिति में तो हमें आसन-नीति अपनानी चाहिए। आसन-नीति का अर्थ है—अपने दुर्ग में छिपकर शत्रु के आक्रमण की प्रतीक्षा करना। आपने देखा हो कि मगर जब तक पानी में अपने स्थान पर रहता है, वह बड़े-से-बड़े हाथी को भी अपने वश में कर लेता है, किंतु जल से निकल आने पर वह मामूली-से कुत्ते तक को भी अपने वश में नहीं कर पाता है। इसी प्रकार अपने दुर्ग में बैठकर हमारा एक सिपाही दुश्मन के सौ सिपाहियों का विनाश कर सकता है। हमें अपने दुर्ग को मजबूत करना चाहिए। अपने स्थान पर मजबूती से खड़े छोटे-छोटे वृक्षों को आंधी-तूफान के प्रबल झोंके भी नहीं उखाड़ सकते।''

जब मेघवर्ण ने अपने पांचवें मंत्री चिरंजीवी से यही प्रश्न किया तो उसने उत्तर दिया—''महाराज। मुझे तो संश्रय नीति ही उचित प्रतीत होती है। किसी बलशाली सहायक मित्र को अपने पक्ष में करके ही हम अपने शत्रु को हरा सकते हैं। अतः हमें यही ठहरकर किसी समर्थ मित्र की सहायता ढूंढ़नी चाहिए। यदि एक समर्थ मित्र न मिले तो छोटे-छोटे अनेक मित्रों की सहायता भी हमारे पक्ष को सबल बना सकती है। एक और एक ग्यारह होते हैं। छोटे-छोटे तिनकों से गूंथी हुई रस्सी इतनी मजबूत बन जाती है कि हाथी को भी जकड़कर बांध लेती है।''

पांचों मंत्रियों का परामर्श सुनने के बाद मेघवर्ण अपने पिता के समय

मंत्री पद पर कार्य कर चुके वयोवृद्ध एवं दीर्घदर्शी मंत्री स्थिरजीवी के पास पहुंचा, और उन्हें प्रणाम कर विनती भाव से बोला—"तात! आपके होते हुए मैंने अपने मंत्रियों से जो परामर्श लिया है, वह केवल उनकी परीक्षा के लिए लिया है जिससे कि आप उनके विचारों को ध्यान में रखकर किसी उचित् निष्कर्ष पर पहुंच सकें, और मुझे मेरा करणीय निर्देश कर सकें। आप उन सबके विचार सुन ही चुके हैं, अतः अब कृपा कर मुझे निर्देश दीजिए।"

यह सुनकर स्थिरजीवी ने कहा—'"वत्स। सभी मंत्रियों ने अपनी बुद्धि के अनुसार ठीक ही मंत्रणा दी है। अपने-अपने समय सभी नीतियां अच्छी होती हैं। मेरी सम्मति यदि जानना चाहते हो तो मैं तो यही कहूंगा इस परिस्थिति में हमें भेद-नीति का ही आश्रय लेना चाहिए। उचित यही रहेगा कि हम पहले अपने शत्रु के मन में अपने प्रति विश्वास पैदा कर सकें, किंतु स्वयं उसका विश्वास न करें। संधि करके युद्ध की तैयारी करते रहें। तैयारी पूरी होने पर युद्ध आंरभ कर दें। संधि काल में हमें दुश्मन के कमजोर ठिकानों का पता लगाते रहता चाहिए। उन ठिकानों की जानकारी मिल जाने के बाद, उन कमजोर स्थानों पर आक्रमण कर देना ही उचित है।"

अपने वयोवृद्ध मंत्री की बात सुनकर मेघवर्ण ने कहा—"तात! हमें तो उनके आवास का भी पता नहीं है, फिर उनके कमजोर ठिकानों को कैसे जान पाएंगे?

"वह सब गुप्तचरों द्वारा मालूम हो जाएगा। चतुर लोग तो समुद्र की गहराई का भी पता निकाल लेते हैं। गुप्तचर राजा की आंख होते हैं जो काम पराक्रम द्वारा अनेक लोगों से नहीं किया जा सकता, गुप्तचर उसे सहज रूप से ही कर डालता है।"

स्थिरजीवी के विचार जानकर मेघवर्ण ने उससे पूछा—"तात! यह तो बतलाइए कि कौओं और उल्लुओं में इतना बैर किसलिए है?"

तब वयोवृद्ध एवं दूरदर्शी उस स्थिरजीवी नामक कौए ने मेघवर्ण को उल्लू और कौओं के स्वाभविक बैर का कारण समझाया।

उल्लू का राज्याभिषेक

एक बार हंस, तोता, बगुला, कोयल, पपीहा, कबूतर, मुर्गा आदि पक्षियों की एक सभा आयोजित की गई। उसमें विचार किया गया कि हमारा राजा गरुड़ तो भगवान की सेवा में ही लगा रहता है। उसे पक्षियों के हित-साधन की कोई चिंता नहीं है। हमारे भाई-बंधु प्रतिदिन किसी-न-किसी बहेलिए के हाथों मारे जाते रहते हैं। फिर ऐसे राजा से क्या लाभ? जो राजा अपनी प्रजा की रक्षा नहीं कर सकता, उसकी प्रजा नाविक रहित नौका की तरह नष्ट हो जाती है। ऐसे में हम सबको विचार करके अपना नया नेता चुन लेना चाहिए।

सब पक्षियों ने कई दिनों की बैठक के बाद अंततः उल्लू को अपना राजा चुन लिया।

उल्लू के अभिषेक की तैयारियां होने लगीं। अनेक तीर्थ-स्थलों से पवित्र जल मंगाया गया। सिंहासन पर रत्न जड़े गए, स्वर्ण घट भरे गये। व्याघ्र चर्म लाया गया, दीप मालिकाएं जला दी गईं। एक ओर बाजे बजाने वाले बैठाए गए। बंदी और चारण स्तुति करने लगे। वैदिक पंडितों ने समवेत् स्वर में वेद-पाठ आंरभ कर दिया। युवतियां मंगलगान गाने लगीं। राजमहिषी के पद पर कृकालिका नाम के एक पक्षी को बैठा दिया गया।

उल्लू राज सिंहासन पर बैठने ही वाले थे कि कहीं से उड़ता हुआ कि कौआ वहां पहुंच गया। उस समारोह को देखकर कौए को बहुत आश्चर्य हुआ। यह समारोह कैसा? यह उत्सव किस लिए?

पक्षियों ने भी जब कौए को देखा तो वे आश्चर्य में पड़ गए। उसे तो किसी ने बुलाया ही नहीं था। फिर भी, उस सबने यह सुन रखा

था कि कौआ सबसे चतुर राजनीतिज्ञ पक्षी होता है। इसलिए उससे मंत्रणा करने के लिए सब पक्षी उसके चारों ओर इकट्ठे हो गए।

उल्लू के राज्याभिषेक की बात सुनकर कौआ हस पड़ा। बोला—"यह चुनाव ठीक नहीं हुआ। मोर, हंस, कोयल, सारस, चक्रवाक (चकवा) तोता आदि सुंदर पक्षियों के होते हुए इस दिन के अंधे और टेढ़ी नाक वाले मूर्ख पक्षी को राजा बनाना उचित नहीं है। इसकी तो आवाज भी ऐसे है कि सुनकर लोग डर जाएं। इसका स्वभाव भी अच्छा नहीं है और व्यवहार में भी यह कोरा है। फिर अभी तो हमारा राजा गरुड़ मौजूद है। एक राजा के होते हुए दूसरे को नियुक्त कर लेना कदापि न्यायसंगत नहीं है। पृथ्वी पर एक ही सूर्य होता है। वही अपनी आभा से सारे संसार को प्रकाशित कर देता है। एक से अधिक सूर्य हों तो प्रलय आने में देर नहीं लगती। प्रलय में बहुत से सूर्य निकट आते हैं, इससे संसार में विपत्ति ही आती है, कल्याण नहीं होता। आप लोग यह भली-भांति जान लें कि राजा तो एक ही होता है। उसके नाम की महिमा से ही समस्त कार्य बन जाते हैं। चंद्रमा का नाम लेकर ही खरगोशों ने हाथियों से मुक्ति पाई थी।"

पक्षियों ने पूछा—"वह किस प्रकार?"

कौआ बोला—"जानना ही चाहते हो तो यह कथा सुनो।"

नाम की महिमा

किसी वन में चतुर्दंत नाम का हाथियों का राजा रहता था। एक बार उस वन प्रदेश में कई वर्षों तक वर्षा नहीं हुई इससे सूखा पड़ गया। वर्षा ने होने से छोटे-छोटे तालाब और पोखर सूख गए। जल के अभाव में वन में रहने वाले सभी प्राणी प्यास से व्याकुल रहने लगे।

पानी न मिलने से हाथियों को बहुत कष्ट होने लगा। तब उन्होंने अपने राजा से कहा—"स्वामी। स्थिति अत्यंत विकट हो गई है। जल के अभाव में हमारे छोटे-छोटे शिशु मरणासन्न हो गए हैं। कुछ तो मर भी चुके हैं, इसलिए जल्दी ही किसी ऐसे सरोवर की खोज कीजिए जहां जाकर हम सब अपनी प्यास बुझा सकें।"

हाथियों के राजा ने बहुत देर तक सोच-विचार किया फिर वह बोला—"मुझे एक तालाब याद आया है। वह पाताल गंगा के जल से हमेशा भरा रहता है। हम सबको वही चलना चाहिए।"

यह सुनकर पानी मिलने की आशा से हाथियों का वह दल उस सरोवर की ओर प्रस्थान करने लगा। दिन को गर्मी होने के कारण हाथियों का दल सिर्फ रात के समय ही यात्रा करता था। इस प्रकार उनको उस सरोवर तक पहुंचने में पांच रातों का समय लग गया। सरोवर को पानी से भरा देख सभी हाथी प्रसन्न हो गए और जल्दी-जल्दी पानी में घुस गए। सबने पहले तो अपनी प्यास बुझाई, फिर पानी में लेटकर पानी से खेलने लगे। गज-शावक अपनी सूंड में पानी भर कर एक-दूसरे पर पानी उड़ेलने लगे।

दिन भर पानी में खेलने के बाद हाथियों का दल शाम को उस

सरोवर से बाहर निकला, और भूख मिटाने के लिए सरोवर के किनारे उगी हुई झाड़ियों पर टूट पड़ा। उन झाड़ियों के नीचे बहुत से खरगोश अपने बिल बनाकर रहते थे। हाथियों के पैरों के नीचे आकर उनके बहुत से बिल टूट-फूट गए। उनमें बैठे हुए खरगोश और खरगोशों के अनेक बच्चे भी दबकर मर गए। चारों ओर विनाश का दृश्य उपस्थित हो गया।

हाथियों के वापस चले जाने के बाद उन बिलों में रहने वाले खरगोशों ने मिलकर बैठक की। उनका परस्पर यही कहना था कि एक ही दिन में जब हममें से आधे खरगोश मृत्युलोक पहुंच गए हैं तो फिर आगे के एक-दो दिनों में तो हमारा वंश ही समूल नष्ट हो जाएगा। और जब चारों ओर वर्षा न होने से सूखा पड़ा हुआ है तो ये हाथी यहां से जल्दी जाने वाले भी नहीं हैं।

यह सुनकर उनमें एक खरगोश ने कहा—"हमारी भलाई अब इसी में है कि हम यह स्थान छोड़कर किसी सुरक्षित स्थान की तलाश कर लें। क्योंकि धर्मग्रंथों में भी ऐसा ही कहा गया है कि कुल की रक्षा के लिए एक व्यक्ति का, ग्राम की रक्षा के लिए कुल का, जनपद की रक्षा के लिए ग्राम का त्याग कर देना चाहिए और अपनी रक्षा के लिए यदि संपूर्ण पृथ्वी का भी त्याग करना पड़े, तो ऐसा करने में भी संकोच नहीं करना चाहिए।

उसकी बात सुनकर एक दूसरा खरगोश कहने लगा—"बाप-दादाओं के समय के चले आ रहे अपने आवास को हमें सहसा नहीं छोड़ देना चाहिए। मेरे विचार से तो उत्तम यही रहेगा कि किसी प्रकार इन हाथियों को डराकर यहां से भगा दिया जाए। अगर हाथी किसी प्रकार डर जाएं तो वे यह स्थान छोड़कर चले जाएंगे और हम सुरक्षित हो जाएंगे।

उसकी बात सुनकर किसी अन्य खरगोश ने सुझाव दिया—"यह कार्य तो कोई चतुर दूत ही कर सकता है। हम लोगों का राजा विजयदत्त चंद्रमंडल में निवास करता है, अतः चंद्रमा की ओर से कोई झूठा दूत बनाकर इन हाथियों के नेता के पास भेजा जाए, जो उसको यह विश्वास दिलाने में समर्थ हो कि हम चंद्रवंशी हैं और हमारे राजा चंद्रदेव उनको

यहां आने की स्वीकृति नहीं देते। संभव है हाथियों के नेता को उसकी बात पर विश्वास हो जाए और वह अपने दल को लेकर यहां से किसी और जगह के लिए प्रस्थान कर जाए।"

उसके सुझाव को सभी खरगोशों ने पंसद किया। तब यह निश्चय किया गया कि लम्बकर्ण नाम के खरगोश को हाथियों के नेता के पास भेजा जाए, क्योंकि सारे खरगोशों में वही सबसे चतुर है, और बातें बनाने में माहिर है।

इस प्रकार लम्बकर्ण खरगोश चंद्रमा का दूत बनकर हाथियों के नेता के समीप पहुंचा और एक ऊंचे स्थान पर चढ़कर बैठ गया। फिर उसने कड़कती आवाज में हाथियों के दल-नायक को ललकारा—'अरे दुष्ट हाथी। तुमने अपने दल के साथ चंद्रदेव के इस सरोवर में क्यों जल पीने आया करते हो? यहां आकर तुम लोग इस सरोवर का जल तो पीते ही हो, सरोवर को भी गंदा करते हो। "तुम्हारे लिए उचित यही रहेगा कि तुरन्त यहां से चले जाओ और फिर कभी लौट कर मत आना।"

यह सनुकर हाथियों के दल-नायक ने पूछा—"किंतु तुम कौन हो जो मुझे इस तरह का आदेश दे रहे हो?"

"मेरा नाम लम्बकर्ण है।" खरगोश बोला—"मैं चंद्रमंडल में निवास करता हूं। हमारे स्वामी चंद्रदेव ने मुझे अपना दूत बनाकर यहां भेजा है।"

चंद्रदेव का नाम सुनकर दल-नायक डर गया। वह बोला—"अरे भाई खरगोश। भगवान चंद्रदेव तो हमारे भी आराध्य देव हैं। हम उन्हें नाराज नहीं कर सकते। क्या वे सचमुच हमसे नाराज हैं जो इस सरोवर का जल पीने से मना कर रहे हैं?"

"हां। चंद्रदेव तुम लोगों पर बेहद नाराज हैं। तुम लोगों ने कल यहां आकर बहुत बड़ा अपराध किया है। तुम लोगों ने चंद्रदेव के अनेक सेवक खरगोश मार डाले हैं। उनके घर नष्ट-भ्रष्ट कर दिए हैं। अब यदि तुम लोग जीवित रहना चाहते हो तुरंत यहां से पलायन कर जाओ अन्यथा चंद्रदव शाप देकर तुम सभी को भस्म कर देंगे?"

"किंतु चंद्रदेव हैं कहां? हमें उनके दर्शन करा दो। हम उनसे अपनी

इस भूल की क्षमा मांग लेंगे।''

''अपने समूह द्वारा तुमने जिन खरगोशों का कुचल डाला है, उनको सान्त्वना देने के लिए चंद्रदेव इस समय इसी सरोवर में आए हुए हैं।'' खरगोश बोला।

''यदि ऐसी ही बात है, तो भाई खरगोश तुम मुझे उनके दर्शन करा दो। मैं तुम्हें विश्वास दिलाता हूं कि उनके दर्शन करके मैं अपने दल के साथ तुरंत यहां से चला जाऊंगा। हाथी ने कहा।

''तो फिर आओ मेरे साथ!'' यह कहकर वह खरगोश हाथियों के नायक को सरोवर के समीप ले गया और जल में पड़ने वाली चंद्रमा की परछाईं को दिखाकर बोला—''यह देखो। भगवान चंद्रदेव इस समय जल में समाधि लगाकर बैठे हुए हैं। अब चुपचाप उनको प्रणाम करो और शांतिपूर्वक यहां से चले जाओ। अगर उनकी समाधि टूट गई तो वे तुम पर और भी कुपित हो जाएंगे और तुम और तुम्हारे दल को तुरंत नष्ट कर देंगे।''

खरगोश के कथन से भयभीत होकर हाथियों के नायक ने दूर से ही चन्द्रमा को प्रणाम किया और खरगोश को दुबारा वहां न आने का आश्वासन देकर अपने दल के साथ वहां से पलायन कर गया।

यह कहानी सुनाकर कौए ने उन पक्षियों से कहा—''इसीलिए मैं कहता हूं कि कभी-कभी तो बड़े लोगों का नाम लेने मात्र से ही कार्य-सिद्धि हो जाया करती है और फिर कृतघ्न और निंदक व्यक्ति को तो कभी राजा बनाना ही नहीं चाहिए। यह उल्लू तो एक नीच प्रवृत्ति का, आलसी, व्यसनी और कटुभाषी पक्षी है। इसे अगर तुमने अपना राजा बनाया तो उसी प्रकार नष्ट हो जाओगे जैसे एक खरगोश और कपिंजल नाम का एक तीतर नष्ट हो गए थे।''

''खरगोश और कपिंजल नाम का वह तीतर कैसे नष्ट हो गए थे?'' पक्षियों ने पूछा।

कौआ बोला—सुनाता हूं, सुनो।

तब कौए ने उन्हें यह कहानी सुनाई।

बिल्ली का न्याय

बहुत पहले मैं जिस वृक्ष पर रहता था, उसी वृक्ष के नीचे घोंसला बनाकर कपिंजल नाम का एक तीतर भी रहा करता था। हम दोनों दिनभर तो अपना आहार ढूंढ़ने में इधर-उधर भ्रमण करते रहते थे, किंतु संध्या के समय उस वृक्ष के नीचे आकर एक जगह बैठ जाते और दिनभर की अपनी दिनचर्या की आपस में चर्चा करते थे। इस प्रकार हम दोनों के दिन आनंद के साथ गुजर रहे थे।

एक दिन कपिंजल अन्य पक्षियों के साथ अपना आहार खोजने निकला, लेकिन वह शाम को लौटकर नहीं आया। इससे मुझे उसके विषय में बहुत चिन्ता होने लगी। जब कई दिन बीत गए तो मैंने सोच लिया कि कपिंजल इस बार या तो कहीं दूर निकल गया या फिर किसी बहेलिया का शिकार बन गया है। यही सोचकर मैंने अपना ध्यान उसकी ओर से हटा लिया और अपनी दिनचर्या में व्यस्त हो गया।

एक दिन शीघ्रगो नाम का एक खरगोश घूमता-घामता उस ओर आ निकला। उसने कपिंजल वाले स्थान को खाली देखा तो वह उसी में घुस गया और उसे अपना निवास स्थान बना कर रहने लगा।

संयोगवश कुछ दिन बाद कपिंजल लौट आया। धान की नई-नई कोंपलें खाकर वह खूब मोटा-ताजा हो गया था। अपने खोखल में पहुंचा तो उसने वहां एक खरगोश को अड्डा जमाए हुए पाया। तब उसने खरगोश से अपनी जगह खाली करने को कहा। खरगोश भी तीखे स्वभाव का था, अकड़कर बोला—"अब यह तेरा नहीं है। कुंआ, बावली, तालाब और वृक्षों पर बने घरों का यही नियम है कि जो भी उसमें बसेरा कर ले,

वह घर उसी का हो जाता है। घर का स्वामित्व तो केवल मनुष्यों के लिए होता है। पक्षियों के लिए घर के स्वामित्व का कोई नियम नहीं है।''

झगड़ा बढ़ता गया। अंत में कपिंजल ने किसी तीसरे पंच से इसका निर्णय करने की बात कही।

उनकी लड़ाई और समझौते की बातचीत को एक जंगली बिल्ली सुन रही थी। उसने सोचा–''क्यों न मैं ही इनकी पंच बन जाऊं। इस तरह मुझे दोनों को मार कर खाने का मौका मिल जाएगा।''

यह सोचकर बिल्ली हाथ में माला लेकर सूर्य की ओर मुंह करके आंख मूंदकर बैठ गई और धर्म का उपदेश करने लगी–''यह संसार असार है। जीवन नाशवान है। प्रियजनों से मिलना स्वप्न के समान होता है। इसलिए हर एक प्राणी को धर्म के मार्ग पर चलना चाहिए। धर्म के रास्ते पर चलने के अतिरिक्त दूसरा कोई रास्ता श्रेयस्कर नहीं है।

बिल्ली के धर्मोपदेश को सुनकर खरगोश बोला–''देखो। यह कोई तपस्वी मालूम पड़ती है। इसी को पंच बना कर अपने झगड़े का निपटारा करा लेते हैं।''

तीतर बिल्ली को देखकर डर गया। वह बोला–''यह तो हमारी जन्मजात शत्रु है। इससे तो दूर से ही बातें करनी चाहिए।''

दोनों बिल्ली के समीप जा पहुंचे और उससे कुछ दूर हटकर बैठ गए।

खरगोश बोला–''हे तपस्विनी। हम दोनों में एक विवाद है। उसका आप धर्मशास्त्र के अनुसार निर्णय कर दें। हममें से जो झूठा साबित हो, उसे आप मार कर खा जाना।''

बिल्ली बोली–''अरे भले लोगो, यह कैसी बातें कर रहे हो। मैंने तो काफी दिन से हिंसा त्याग दी है। अब तो मैं अपना भविष्य सुधारने में लग गई हूं। अहिंसा ही परम धर्म है। अब मैं किसी को मारकर नहीं खाऊंगी। मुझसे डरो मत। मेरे पास आकर अपनी बात बताओ।''

बिल्ली की बात पर दोनों को विश्वास हो गया और उसके नजदीक

जा पहुंचे। तभी बिल्ली तेजी से उन पर झपटी। उसने अपने दोनों पंजों में उन दोनों को दबोच लिया और मारकर खा गई।

यह कथा सुनाकर कौआ बोला—"इसी कारण मैं आप लोगों से कहता हूं कि इस दिन के अंधे और नीच स्वभाव के उल्लू को अपना राजा बनाओगे तो तुम सब भी उस तीतर और खरगोश की तरह नष्ट हो जाओगे। यह उल्लू तुम लोगों का विनाश कर देगा।"

कौए की बात सुनकर सब पक्षी उल्लू को राजमुकुट पहनाए बिना चले गए। केवल अपने अभिषेक की प्रतीक्षा में उल्लू, उसकी मित्र कृकालिका तथा कौआ ही वहां रह गए।

तब उल्लू ने कृकालिका से पूछा—"सब पक्षी मेरा अभिषेक किए बिना चले क्यों गए?"

कृकालिका बोली—"मित्र। एक दुष्ट कौए ने आकर रंग में भंग डाल दिया है। शेष सब पक्षी उड़कर चले गए हैं, सिर्फ वह कौआ ही यहां बैठा रह गया है।"

तब उल्लू ने क्रोधित होकर कौए से कहा—"दुष्ट कौए! मैंने तेरा क्या बिगाड़ा था जो तूने मेरा बना-बनाया खेल बिगाड़ दिया? तूने मेरे बनते कार्य में विघ्न डाला है। मैं तुझे इस कृत्य के लिए कभी क्षमा नहीं करूंगा। जा, आज से मेरा तेरे साथ वंश-परम्परागत बैर रहेगा।"

यह कहकर गुस्से से लाल-पीला होता हुआ उल्लू वहां से चला गया। कृकालिका भी अपना स्थान छोड़कर वहां से उड़ गई।

उन दोनों के जाने के बाद कौए ने सोचा—"मैंने व्यर्थ ही उल्लू से बैर मोल ले लिया। दूसरों के मामले में हस्तक्षेप करना और कटु सत्य कहना भी कभी-कभी कष्टदायक हो जाता है।" यही सोचता-सोचता वह कौआ वहां से चला गया।

यह कथा सुनाकर स्थिरजीवी बोला—"वत्स मेघवर्ण। बस तभी से उल्लुओं और कौओं में स्वाभाविक शत्रुता चली आ रही है।

तब मेघवर्ण ने पूछा—"तात! इस परिस्थिति में हमें क्या करना चाहिए?"

स्थिरजीवी ने कहा—"अब तक जो उपाय इन लोगों ने, अथवा मैंने बताए हैं उनके अतिरिक्त एक उपाय और भी है—छल से शत्रुता का विनाश करना। मैं स्वयं शत्रु पर विजय पाने के उद्देश्य से छलपूर्वक वहां जाऊंगा और उनके विनाश का उपाय करूंगा। छल विद्या जानने वाला व्यक्ति विद्वान व्यक्तियों को भी अपने छल से ठग लेता है। कुछ धूर्त ठगों ने छल विद्या के द्वारा ही एक बुद्धिमान ब्राह्मण को ठग लिया था।

वह कैसे? मेघवर्ण ने पूछा।

स्थिरजीवी ने तब मेघवर्ण को यह कथा सुनाई।

धूर्तों का छल

किसी ग्राम में मित्रशर्मा नाम का एक ब्राह्मण रहता था। वह ब्राह्मण बहुत धार्मिक प्रवृत्ति का था। एक दिन माघ महीने में, वह अपने गांव से चला और दूर के एक गांव में अपने एक यजमान के पास पहुंचा। वह यजमान से बोला—"यजमान जी। मैं अगली अमावस्या के दिन एक अनुष्ठान कर रहा हूं। उसके लिए कोई स्वस्थ पशु चाहिए। यदि आप किसी ऐसे पशु का प्रबंध कर सकें तो मैं कृतार्थ होऊंगा।"

ब्राह्मण का आग्रह मानकर यजमान ने उसे एक स्वस्थ बकरा दे दिया। बकरा चंचल था, इसलिए ब्राह्मण ने उसे कंधे पर बिठा लिया और वापस अपने घर को लौट पड़ा।

रास्ता लम्बा था और निर्जन भी। आगे चलकर उसे तीन मूर्ख मिले। तीनों भूख से व्याकुल थे। ब्राह्मण को अपने कंधे पर बकरा लिए देख तीनों के मुंह में पानी आ गया। तीनों सोचने लगे कि क्यों न आज किसी प्रकार इस बकरे को हथिया कर इसके मांस से ही अपनी भूख मिटाई जाए।

ऐसा सोचकर उनमें से एक धूर्त अपना वेश बदलकर किसी अन्य मार्ग से आगे जाकर बैठ गया। जब मित्रशर्मा उसके निकट पहुंचा तो उसने मित्रशर्मा से कहा—"पंडित जी। यह क्या अनर्थ कर रहे हो। ब्राह्मण होकर एक कुत्ते को कंधे पर बैठाकर ले जा रहे हो। छिः छिः छिः। क्या आप जानते नहीं कि कुत्ता, मुर्गा और चांडाल ये तीनों ही अस्पृश्य (अछूत) माने गए हैं?"

ब्राह्मण बोला—"अंधा हो गया है क्या, जो एक बकरे को कुत्ता

बता रहे हो?"

धूर्त बोला—"अजी पंडित जी। गुस्सा क्यों करते हो। यह कुत्ता नहीं है, बकरा है तो ले जाइए इसे कंधे पर रखकर मुझे क्या? मैंने तो ब्राह्मण जानकर अथवा धर्मभ्रष्ट न हो, इस विचार से बता दिया है। अब आप जानें और आपका काम!"

सिर झटकता हुआ ब्राह्मण आगे चल दिया। कुछ दूर जाने पर दूसरा धूर्त मिल गया। उसने भी ब्राह्मण को कंधे पर लदे बकरे को कुत्ता बताकर उसे अस्पृश्य माना और छोड़ने के लिए कहा। ब्राह्मण ने उसको भी डांट-फटकार सुनाई और बकरे को लादकर आगे चल पड़ा।

कुछ और आगे पहुंचने पर तीसरा धूर्त ब्राह्मण से टकरा गया। वह बोला—"हे राम। कैसा घोर कलियुग आ गया है। अब ब्राह्मण गधों को भी ढोने लगे हैं। अरे प्रियवर। जल्दी से इस गधे को कंधे से उतार फेंकिए। किसी ने देख लिया तो सारे गांव में आपकी बदनामी हो जाएगी। जानते नहीं, गधे को छू लेने के बाद तो स्नान करना पड़ता है।"

तीनों धूर्तों की बातें सुनकर ब्राह्मण दुविधा में पड़ गया। उसने सोचा—"तीन आदमी झूठ कैसे बोल सकते हैं। लगता है मैंने ही किसी अपवित्र पशु को कंधे पर उठा लिया है।"

यह सोचकर ब्राह्मण ने उस बकरे को कंधे से उतार फेंक दिया और अपने घर चला गया।

तीनों धूर्तों ने उस बकरे को थामा और अपनी राह चल पड़े। जंगल में जाकर उन्होंने बकरे को काटा और उसका मांस भूनकर खा गये।

यह कथा सुनाकर स्थिरजीवी ने कहा—"वत्स मेघवर्ण। इसीलिए मैं कहता हूं कि छल से विद्वान व्यक्ति भी ठगे जा सकते हैं। किसी ने ठीक ही कहा है कि बहुतों के साथ विरोध नहीं करना चाहिए। जन-समूह अत्यंत दुर्जय होता है। रेंगने वाली दुर्बल चीटियां भी जब इकट्ठी हो जाती हैं तो अत्यंत भीषण सर्प को भी मार कर खा जाती हैं।"

मेघवर्ण ने उत्सुकता जाहिर की—"वह कैसे तात?" स्थिरजीवी ने तब उसे यह कथा सुनाई।

बहुतों से बैर न करो

किसी तालाब के किनारे अपना बिल बनाकर एक काला नाग रहता था। वह बहुत क्रोधी और अभिमानी था। इसीलिए उसका नाम पड़ गया था—अतिदर्प।

एक दिन वह नाग अपने नित्य के आने-जाने वाले रास्ते से न निकलकर एक संकरे रास्ते से बाहर निकलने लगा। इससे उसका शरीर जगह-जगह से छिल गया और उसमें घाव हो गए। छिले हुए स्थान और घावों से खून रिसने लगा। खून की गंध पाकर चीटिंया वहां पहुंच गईं और उसके घावों से चिपट गईं। नाग ने पलटी खाकर उन्हें छुड़ाने का प्रयास किया। इस प्रयास में कुछ चीटियां मर भी गईं, किंतु थोड़ी ही देर में उनकी जगह दूसरी चीटियां आ पहुंची और नाग का खून चूसने लगीं। धीरे-धीरे नाग की शक्ति समाप्त होने लगी। तब और भी अधिक संख्या में पहुंचकर उन चीटिंयों ने नाग को मार डाला और उसके शरीर को नोंच-नोंच कर खा गईं।

यह कथा सुनाकर स्थिरजीवी कहने लगा—"इसीलिए मैं कहता हूं कि जनसमूह का विरोध नहीं करना चाहिए। बस अब तो यही कहना चाहिए कि हम छल-नीति से काम करें।"

"इसके लिए हमें क्या करना होगा, तात?" मेघवर्ण ने पूछा।

स्थिरजीवी ने कहा—"तुम लोग आज से ही मुझे अपना शत्रु घोषित कर दो। कटु और कठोर शब्दों में मेरी निंदा करनी शुरू कर दो। मेरी इतनी बुराई करो कि शत्रु के जासूसों को यह विश्वास हो जाए तुमने मुझे अपनी बिरादरी से निकाल दिया है। इसके पश्चात् कहीं से रक्त मंगवाकर मेरे पूरे शरीर पर मल दो। ऐसा लगे जैसे मैं बहुत घायल कर

दिया गया हूं। फिर मुझे इसी वृक्ष के नीचे छोड़कर तुम लोग ऋष्यमूक पर्वत पर चले जाओ।''

''किंतु इस प्रकार तो आपके प्राण संकट में पड़ जाएंगे तात! उल्लू आपको यहां आकर मार डालेंगे।'' मेघवर्ण ने शंका व्यक्त की। ''इसकी चिंता मत करो मेघवर्ण।'' स्थिरजीवी ने कहा—''तुम लोगों के जाने के बाद छल-नीति से मैं शत्रुपक्ष का विश्वास अर्जित कर लूंगा। फिर किसी दिन जब वे अंधे होते हैं, मैं उनका विनाश कर दूंगा। उनकी गुफा का एक ही मार्ग है, यह मेरे लिए सहायक सिद्ध होगा। वहां से कोई भाग नहीं सकेगा। बस अब तुम वैसा ही करो जैसा मैंने कहा है।''

तब मेघवर्ण ने वैसा ही किया। कुछ ही देर बाद उसने स्थिरजीवी के साथ बनावटी युद्ध आरंभ कर दिया। मेघवर्ण की सहायता के लिए दूसरे कौए आए तो उसने उन्हें दूर करते हुए कहा—''तुम लोग दूर रहो। इसको मैं स्वयं दंड दूंगा।'' मेघवर्ण ने अपनी चोंचों का प्रहार करके कहा—''तुम गद्दार हो। शत्रुओं से मिले हुए हो।'' इस प्रकार स्थिरजीवी को घायल करने के बाद मेघवर्ण अपने साथियों के साथ ऋष्यमूक पर्वत पर चला गया।

उल्लू की मित्र और उसकी जासूसी कृकालिका ने जब यह सब देखा तो उसने उलूक राज को जाकर बताया। यह सब जानकर उल्लुओं के राजा ने उस बरगद के वृक्ष पर जाकर अपना कब्जा कर लिया। फिर जब उसे वहां एक भी कौआ नजर नहीं आया तो वृक्ष की सबसे ऊंची चोटी पर जाकर बैठ गया। उसने उल्लुओं से कहा—''पता लगाओ कि ये कौए चले कहां गए? जैसे ही उनका पता चले, तुरंत हमला कर दो। भागते शत्रु पर पीछे से हमला करना युद्ध में विजयदायक होता है।''

कुछ उल्लू अपने राजा के आदेश पर इधर-उधर कौओं की तलाश में उड़ गए।

ठीक उसी समय स्थिरजीवी ने अपनी उपस्थिति का आभास कराने के लिए धीरे-धीरे कांव-कांव करनी आरंभ कर दी। उसको देखकर उल्लू उसे मारने के लिए दौड़ पड़े। लेकिन उलूक राज ने उन्हें रोक लिया। वह बोला—''इस कौए को मैं स्वयं मारूंगा। इसलिए तुम लोग अलग

हट जाओ।"

उलूकराज ने जैसे ही स्थिरजीवी पर प्रहार करना चाहा, स्थिरजीवी ने कराहते हुए कहा—"ठहरो उलूकराज। मैं घायल हूं, मरणासन्न हूं। मारने से पहले मेरी बात सुन लो।" उलूकराज ने संदेह भरी दृष्टि से उसकी ओर देखते हुए कहा—"कौन हो तुम? और तुम्हारी यह दशा कैसे हुई?"

स्थिरजीवी ने अटक-अटक कर तब उसे बताया—"उलूकराज। मेरा नाम स्थिरजीवी है। मैं मेघवर्ण का मंत्री हूं। मुझसे शत्रुओं पर मिल जाने का आरोप लगाकर मेघवर्ण उसके साथियों ने ही मेरी यह हालत की है।"

"ऐसा उसने क्यों किया?" उलूकराज अरिमर्दन ने पूछा।

'वह बदला लेने के लिए आप पर आक्रमण करना चाहता था। मैंने उसे रोका और समझाया कि शक्तिशाली शत्रु से कभी लड़ाई मोल नहीं लेनी चाहिए। उससे तो समझौता कर लेना ही उचित होता है। यह सुनकर वह नाराज हो गया और मुझे अपना शत्रु समझने लगा। उसके विचार से मैं आपका हितचिंतक था। हे उलूकराज। मैं आपकी शरण में हूं। अब से आप ही मेरे स्वामी हैं। जब मेरे घाव भर जाएंगे तो मैं स्वयं आपके साथ जाकर मेघवर्ण को खोज निकालूंगा और उसके सर्वनाश में आपका सहायक बनूंगा।"

स्थिरजीवी का प्रस्ताव सुनकर उलूकराज अरिमर्दन सोच में पड़ गया। उसने इस विषय में अपने मंत्रियों से विचार करने का निश्चय किया। मेघवर्ण की तरह उसके भी पांच मंत्री थे। रक्ताक्ष, क्रूराक्ष, दीप्ताक्ष, वक्रनाश और प्राकारकर्ण, सर्वप्रथम उसने रक्ताक्ष से पूछा—"इस शरणागत शत्रु के साथ किस प्रकार का व्यवहार किया जाए?"

रक्ताक्ष ने कहा—"महाराज। इसे अविलम्ब समाप्त कर देना चाहिए। शत्रु को निर्बल अवस्था में ही मार देना चाहिए अन्यथा बली हो जाने के बाद वह अजेय हो जाता है। इसके अतिरिक्त एक बात और है, एक बार का खंडित प्रेम फिर से जोड़ा नहीं जा सकता।

उलूकराज अरिमर्दन ने पूछा—"वह कैसे?"

रक्ताक्ष बोल—"सुनाता हूं महाराज! सुनिए!"

तब रक्ताक्ष ने यह कथा सुनाई।

खंडित प्रेम

किसी नगर में हरिदत्त नाम का एक ब्राह्मण रहता था। पर्याप्त भिक्षा न मिलने के कारण उसने किसी तरह कुछ धन जुटाकर कुछ जमीन खरीद ली और उस पर खेती-बाड़ी का काम करना आरंभ कर दिया। किंतु खेती भी कभी ठीक से न हुई। किसी न किसी कारण उसकी फसल खराब हो जाती थी। इसी वजह से वह अधिकांश समय खाली ही बैठा रहता था।

एक बार ग्रीष्म ऋतु में वह इसी प्रकार अपने खेत पर एक वृक्ष की शीतल छाया में लेटा हुआ था। तभी उसने पास की एक झाड़ी में अपने बिल के सामने फन फैलाए एक सर्प को देखा। उसे देखकर ब्राह्मण ने सोचा—"यह अवश्य मेरे खेत का देवता है। मैंने कभी इसकी पूजा नहीं की है, शायद इसीलिए मेरी फसल नष्ट हो जाती है। अब मैं इसकी पूजा करूंगा।"

यह सोचकर वह अपने घर गया। और कहीं से थोड़ा-सा दूध मांगकर पात्र में डालकर ले आया। उसने वह दूध का पात्र सर्प के बिल के पास रख दिया और हाथ जोड़कर सर्प से बोला—"हे नाग देवता। मुझे ज्ञात नहीं था कि आप यहां निवास करते हैं, इसीलिए मैं आपकी पूजा न कर सका। मेरा पिछला अपराध क्षमा कर दीजिए और मेरी यह तुच्छ भेंट स्वीकार कर लीजिए।" यह कहकर ब्राह्मण हरिदत्त वहां से चला आया।

अगले दिन जब वह खेत पर पहुंचा तो उसने देखा—दुग्ध-पात्र में रखे दूध को सर्प ने पी लिया है और उसमें एक स्वर्ण मुद्रा पड़ी हुई हैं तब से वह ब्राह्मण प्रतिदिन उस नाग को दूध पिलाने लगा। बदले में

उसे प्रतिदिन एक स्वर्ण मुद्रा मिलने लगी।

कुछ दिन हरिदत्त को एक आवश्यक काम से बाहर जाना पड़ा। सर्प को दूध रखने का कार्य अपने बेटे के सुपुर्द करके वह अपना आवश्यक काम निपटाने के लिए चला गया। हरिदत्त का लड़का शाम को अपने पिता की तरह उस सर्प के बिल के पास दूध रख आया। अगले दिन उसे दुग्ध-पात्र में एक स्वर्ण मुद्रा रखी मिली। स्वर्णमुदा देखकर लड़के के मन में लालच आ गया। उसने सोचा—''सर्प के इस बिल में जरूर ही कोई खजाना दबा पड़ा है। क्यों न सर्प को मारकर सारा धन एक ही बार में हथिया लिया जाए।''

अगले दिन जब वह दूध का पात्र रखने के लिए आया तो साथ में एक लाठी भी ले आया। जैसे ही सर्प दूध पीने लगा, लड़के ने उसके फन पर लाठी का प्रहार कर दिया। निशाना चूक गया। सर्प ने क्रोध में भरकर हरिदत्त के लड़के को काट लिया। लड़का तत्काल मर गया। हरिदत्त के बंधु-बांधवों ने चिता बनाकर उसी खेत में हरिदत्त के लड़के का दाह-संस्कार कर दिया।

कई दिन बाद हरिदत्त जब वापस लौटा तो उसके परिवार के लोगों ने सारी बातें बताईं। सुनकर हरिदत्त ने कहा—लोभ करने का यही परिणाम होता है। जो व्यक्ति शरणागत जीवों पर दया-भाव नहीं दिखाता उसका सारा वैभव उसी प्रकार समाप्त हो जाता है जैसे चित्ररथ नाम के राजा का वैभव समाप्त हो गया था।''

हरिदत्त की बात सुनकर उसके परिवार के लोगों ने पूछा—''यह कैसे हुआ था?''

हरिदत्त ने तब उन्हें यह कथा सुनाई।

शरणागत की उपेक्षा का फल

किसी नगर में चित्ररथ नाम का एक राजा रहता था। उसके राज्य में पद्मसर नाम का एक सरोवर था जिसकी सुरक्षा राजा के कर्मचारी किया करते थे। उस सरोवर में हेमवर्ण के हंस निवास करते थे। वे हंस प्रातः छः महीने बाद अपने स्वर्णपंख गिराया करते थे, जिन्हें राजकर्मचारी उठाकर राजकोष में जमा कर देते थे।

एक दिन उस सरोवर में एक बहुत बड़ा स्वर्णपक्षी आ गया। हंसों ने उस पक्षी से कहा कि तुम इस सरोवर से चले जाओ। हम इस सरोवर में रहने के लिए प्रतिः छः मास बाद राजा को अपना एक-एक स्वर्ण पंख देते हैं। मूल्य देकर हमने इस सरोवर को किराए पर ले रखा है।

उस विशाल स्वर्णपक्षी ने उन हंसों की बात पर ध्यान नहीं दिया। इस प्रकार दोनों के बीच विवाद बढ़ गया।

एक दिन वह विशाल पक्षी राजा के पास जा पहुंचा, और उसने राजा से कहा—"महाराज। आपके सरोवर में रहने वाले हंस कहते हैं कि उन्होंने आपसे उस सरोवर को किराए पर ले रखा है। यह सरोवर उनका है, राजा का नहीं। राजा उनका कुछ बिगाड़ नहीं सकता। मैंने वहां रहना चाहा तो उन सबने मिलकर मुझे वहां से खदेड़ दिया। न्याय मांगने के लिए मैं आपकी शरण में आया हूं। कृपा करके मेरे साथ न्याय कीजिए।"

हेमवर्ण के मुख से यह सुनकर राजा क्रोधित हो उठा। उसने सैनिकों को बुलाकर आदेश दिया कि वे पद्म सरोवर में जाकर वहां निवास करने वाले हंसों को मारकर उसके पास ले आएं।

राजाज्ञा पाकर सैनिक उस सरोवर पर पहुंचे और हंसों को मारने

के लिए जल में उतरने लगे। तभी एक वृद्ध हंस ने यह देखकर अपने साथी हंसों से कहा—"मित्रो। आसार अच्छे नजर नहीं आ रहे हैं। इन सैनिकों के चेहरों पर आए भावों को देखो। यह हमें मारने के लिए ही यहां आ रहे हैं। भलाई इसी में है कि हम सब किसी प्रकार जान बचाकर यहां से उड़ चलें।"

हंसों ने उस वृद्ध हंस का परामर्श स्वीकार कर लिया और इससे पहले कि राजा के सैनिक उन तक पहुचें, तत्काल सरोवर छोड़कर सारे हंस उड़ गए। हंसों के जाने के बाद राजा को स्वर्णपंख मिलने बंद हो गए। धीरे-धीरे उसका सारा वैभव समाप्त हो गया।

यह कथा सुनकर ब्राह्मण ने अपने परिजनों से कहा—"जो व्यक्ति शरणागत की रक्षा नहीं करता, उसका वैभव इसी प्रकार समाप्त हो जाया करता है।"

अगले दिन ब्राह्मण पुनः पहले की ही तरह दूध लेकर उस सर्प के बिल के समीप गया। वहां पहुंचकर उसने ऊंचे स्वर में सर्प की स्तुति करनी आरंभ कर दी।

ब्राह्मण की स्तुति सुनकर सांप ने अपने बिल के भीतर से कहा—"अरे ब्राह्मण। अब तुम्हारी और मेरी मित्रता नहीं हो सकती। तुम यहां लोभ के वशीभूत होकर आये हो। तुम्हें अपने पुत्र के मरने का इतना शोक नहीं है, जितना स्वर्ण मुद्रा प्राप्त करने की चिंता है। तुम्हारा पुत्र लालची था। उसने सारा खजाना प्राप्त करने के लालच में मुझे जान से मार देना चाहा था। मैंने आत्मरक्षा में उसे काट लिया। अब न तो तुम जीवनभर अपने पुत्र का शोक भूल सकते हो और न मैं उस लाठी के प्रहार से अपने सिर पर की गई चोट को भूल सकता हूं। ऐसी स्थिति में मेरी और तुम्हारी मित्रता नहीं रह सकती।'

इतना कहकर वह सर्प बिल से बाहर निकल आया, और एक हीरक मणि ब्राह्मण द्वारा लाए दूध के पात्र में डाल दी। फिर वह ब्राह्मण से पुनः बोला—"इतने दिन तक तुम जो भक्ति भाव से मेरी स्तुति करते रहे हो उसके बदले मैं तुम्हें यह हीरक मणि दे रहा हूं। अब यहां से

चले जाओ, और फिर यहां मत आना।"

यह कहकर वह सर्प पुनः अपने बिल में घुस गया। ब्राह्मण ने एक वह उठा ली और अपने पुत्र की मूर्खता पर पश्चात्ताप करता हुआ वहां से लौट आया।

यह कथा सुनाकर रक्ताक्ष ने कहा—"राजन! मित्रता एक बार टूट जाए तो फिर कृत्रिम स्नेह से वह जुड़ती नहीं है। अतः शत्रु के इस मंत्री को तत्काल मरवा दो, अन्यथा यह फिर स्वस्थ हो गया तो आपके लिए मुसीबतें पैदा कर देगा।"

रक्ताक्ष के विचार जानने के बाद अरिमर्दन ने अपने दूसरे मंत्री क्रूराक्ष से सलाह ली। तब क्रूराक्ष ने कहा—"महाराज! मेरे विचार में तो शरणागत की हत्या करना पाप है। शरणागत का तो हमें स्वागत-सत्कार करना चाहिए। एक कबूतर ने तो अपना मांस देकर भी अपने शरणागत की रक्षा की थी।"

अरिमर्दन ने पूछा—"वह किस प्रकार?"

क्रूराक्ष ने तब उलूकराज अरिमर्दन को यह कथा सुनाई।

शरणागत की रक्षा के लिए बलिदान

किसी जंगल में एक बहेलिया रहता था। पक्षियों को मारकर खाना ही उसका काम था। वह स्वभाव का भी बेहद क्रूर था। उसकी क्रूरता के कारण उसके प्रियजनों ने भी उसका त्याग कर दिया था। तब से वह अकेला ही हाथ में जाल, लाठी और पिंजरा लेकर जंगलों में पक्षियों के शिकार के लिए घूमता रहता था।

एक दिन एक कबूतरी उसके जाल में फंस गई। उसने उस पिंजरे में बंद कर लिया। उसे लेकर जब वह अपनी कुटिया की ओर चलने लगा तो बादल घिर आए, कुछ ही देर बाद घनघोर वर्षा होने लगी। सर्दी से ठिठुर कर बहेलिया कोई छिपने की जगह तलाशने लगा। थोड़ी ही दूर पर एक घना वृक्ष उसे नजर आ गया और वह उस वृक्ष के नीचे आकर खड़ा हो गया।

आंधी-तूफान का वेग कुछ कम हुआ तो उस समय रात्रि हो चुकी थी। डर के कारण बहेलिए के प्राण सूखने लगे। भूख व प्यास से वह व्याकुल हो रहा था। तब उसने प्रार्थना करते हुए कहा—"इस वृक्ष पर जो भी निवास करते हों, मैं उनकी शरण में आ गया हूं। वह मेरी रक्षा करें। इस समय मैं सर्दी से ठिठुर रहा हूं। भूख-प्यास के कारण मेरे प्राण निकले जा रहे हैं। इस समय जो भी मेरी सहायता करेगा, मैं उसका जन्म-भर आभारी रहूंगा।"

उस वृक्ष के एक खोखल (कोटर) में वही कबूतर रहता था जिसकी पत्नी को बहेलिए ने अपने पिंजरे में बंद कर रखा था। कबूतर उस समय अपनी पत्नी के वियोग में विलाप कर रहा था। पति का अपने प्रति इतना

प्रेम देखकर पिंजरे में कैद उस कबूतरी का मन आनंद से नाच उठा। उसने मन ही मन सोचा–"मेरे धन्य भाग्य हैं जो ऐसा प्रेमी पति मिला है। पति का प्रेम ही पत्नी का जीवन है। पति की प्रसन्नता से ही स्त्री का जीवन सफल होता है। मेरी जीवन सफल हो गया।"

यह विचार कर वह कबूतर से बोली–"स्वामी! मेरे लिए विलाप मत करो। मैं यहीं समीप ही हूं। इस बहेलिए ने मुझे पिंजरे में बूंद कर रखा है। पर आप उसके लिए द्वेष भाव मत रखें। यह तो पूर्व जन्म का फल है कि मैं इसके जाल में फंस गई हूं। यह बहेलिया इस समय भूख-प्यास से व्याकुल हो रहा है। सर्दी के कारण इसके दांत बज रहे हैं। पहले आप इसकी ठंड दूर करने का कोई उपाय करें और फिर इसका भलीभांति सत्कार करें। स्वामी! सूर्यास्त के समय आए अतिथि की सेवा करने से गृहस्थ को महान पुण्य प्राप्त होता है।"

पत्नी की बात सुनकर वह कबूतर अपने खोखल से निकलकर नीचे आया और बहेलिए से बोला–"भद्र! आपका स्वागत है। बताइए, मैं आपकी क्या सेवा करूं। बस आप यह समझिए कि आप अपने ही घर पर हैं।"

बहेलिया बोला–"किसी तरह ठंड से मेरी रक्षा करो। मैं ठंड से मरा जा रहा हूं।

यह सुनकर कबूतर उड़कर गया और कहीं से एक अंगारा ले आया। उसने सूखे पत्ते इकट्टे किए और उनमें अग्नि प्रज्ज्वलित करके बहेलिए से कहा–"तुम इस आग से अपनी ठंड दूर कर लो। मैं तो भाग्य से मिल जाता है, उसे खाकर अपना पेट भर लेता हूं। मैं समझ नहीं पा रहा हूं कि आपकी भूख मिटाने के लिए क्या करूं?"

"स्वामी!" तब कबूतरी बोली–"ऐसे शरीर से क्या लाभ जो अतिथि के काम न आ सके।"

"ठीक कहती हो प्रिये।" कबूतर कबूतरी की बात सुनकर कहने लगा–"मैं अभी अतिथि के भोजन की व्यवस्था करता हूं।"

यह कहकर कबूतर ने अग्नि की प्रदक्षिणा की और फिर जलती

आग में कूद गया। इस प्रकार अतिथि-सत्कार के लिए, शरणागत की जीवन रक्षा के लिए उस महात्मा कबूतर ने अपनी जान दे दी।

यह सब देखकर बहेलिए का हृदय पसीज गया। कबूतर के इस त्याग ने उसे अंदर तक हिला दिया। वह सोचने पर मजबूर हो गया कि यह कबूतर कितना बड़ा त्यागी है जो मेरे भोजन के लिए इसने स्वयं के प्राण तक न्योछावर कर दिए। तब उसने पिंजरा खोलकर कबूतरी को आज़ाद कर दिया और अपना जाल, डंडा और पिंजरा दूर फेंक दिया।

बहेलिए के पिंजरे से मुक्त होकर कबूतरी अपने जले हुए पति के पास पहुंची और उसके लिए विलाप करने लगी। कबूतरी रोती हुई कहने लगी—"हे नाथ! अब तुम्हारे बिना मेरे जीवन का क्या लाभ! तुमने तो अपना कर्तव्य पूरा कर दिया, अब मुझे अपना कर्तव्य पूरा करना है।" यह कहती हुई वह साध्वी कबूतरी भी अग्नि में कूद पड़ी। पति के साथ उसने भी अपनी काया त्याग दी।

इस प्रकार अपने कर्तव्य का निर्वहन करते हुए कबूंतर और कबूतरी दोनों स्वर्ग जाने के अिकारी बने बहेलिए को यह दृश्य देखकर इतनी विरक्ति हुई कि उसने हमेशा के लिए पक्षियों का वध करना छोड़ दिया और बैरागी बनकर अपना शेष जीवन व्यतीत करने लगा।

यह कथा सुनाकर क्रूराक्ष ने कहा—"राजन! इसीलिए मैं कहता हूं कि शरणागत की रक्षा के लिए तो हमें हमेशा ही तत्पर रहना चाहिए। शरणागत की रक्षा करना महान सत्कार्य है।"

क्रूराक्ष के विचार जानकर अरिमर्दन ने अपने तीसरे मंत्री दीप्ताक्ष से पूछा—"अब आप अपना अभिमत बताइए मंत्रीवर?"

दीप्ताक्ष ने कहा—"राजन! शरणागत की हत्या करने के पक्ष में तो मैं भी नहीं हूं, क्योंकि कभी-कभी अहितकारी व्यक्ति भी अपना हितचिंतक बन जाता है।"

अरिमर्दन ने पूछा—"वह कैसे?"

दीप्ताक्ष ने तब उसे यह कहानी सुनाई।

भय से प्रीति

किसी नगर में एक बनिया रहता था। उसका नाम था–कामातुर। वृद्धावस्था में जब इस बनिए की पत्नी का देहांत हो गया तो उसने अपना दूसरा विवाह करने का निश्चय किया। पर 60 साल के बूढ़े आदमी को अपनी कन्या कौन देता? उस समय उस बनिए का पैसा उसके काम आया। उसने धन देकर एक गरीब बनिए की जवान लड़की से विवाह कर लिया और उसे अपनी पत्नी बनाकर अपने घर ले आया।

विवशता में उस जवान लड़की ने बूढ़े बनिए से विवाह तो कर लिया किंतु उसने कभी अपने मन से अपने बूढ़े पति को प्यार न किया। वह न तो उसे अपना शरीर छूने देती और ना ही कभी प्यार से उसके साथ बातें करती। वस्तुतः वह अपने बूढ़े पति से घृणा करती थी। बूढ़ा बनिया इस बात से बहुत दुखी रहता था।

एक दिन आधी रात के समय एक चोर उस बनिए के घर में घुस आया। बनिए की जवान पत्नी ने जब उस चोर को देखा तो वह बेहद भयभीत हो गई और डर के मारे अपने बूढ़े पति से चिपट गई। बनिए को अपनी पत्नी के आलिंगन का यह सुख मिला तो वह आश्चर्यचकित रह गया। उसने मन में सोचा–"आज यह चमत्कार कैसे हो गया?" हमेशा उसे दुत्कारने, झिड़कने वाली उसकी पत्नी स्वयं ही उससे गले मिल रही है। यह तो कभी अपने बिस्तर पर मुझे पांव भी नहीं रखने देती थी।"

बनिए ने इधर-उधर निगाहें दौड़ाई तो एक कोने में खड़ा हुआ चोर उसे दिखाई दे गया। वह समझ गया कि इस चोर के डर से ही उसकी पत्नी उसे प्रीत कर रही है। तब उसने चोर से कहा–"अरे भाई चोर।

डरो नहीं। मैं तुमसे कुछ नहीं कहूंगा। तुम्हारे भय से आज पहली बार मेरी पत्नी ने मुझे आलिंगन में लिया है। मैं तुमसे बहुत प्रसन्न हूं। तुम्हारी जो भी इच्छा हो, वह मेरे घर से ले जा सकते हो।"

यह सुनकर चोर बोला—"इस समय तो मुझे ले जाने योग्य कोई वस्तु दिखाइ नहीं दे रही। परंतु यदि तुम्हारी पत्नी तुमसे प्रेम नहीं करेगी तो मैं फिर आऊंगा।"

उस दिन से चोर के भय से बनिए की पत्नी उसे प्रेम करने लगी।

यह कथा सुनाकर दीप्ताक्ष ने उलूकराज से कहा—"स्वामी! अपने यहां तो अपने अपकारी चोर का भी कल्याण सोचा जाता है। फिर यह तो शरणागत है। इसकी तो रक्षा करनी चाहिए। ठीक हो जाने पर यह हमारा हित ही करेगा। इससे हमें शत्रु के गुप्त भेदों की जानकारी मिलती रहेगी।"

उसके विचार जानकर उलूकराज ने अपने चौथे मंत्री वक्रनाश से पूछा—"भद्र। इस विषय में तुम्हारी क्या सम्मति है?"

वक्रनाश बोला—"राजन! इसका वध नहीं करना चाहिए क्योंकि परस्पर लड़ने वाले शत्रु भी कभी-कभी हितकारी हो जाया करते हैं।

उलूकराज ने पूछा—"वह कैसे?"

वक्रनाश बोला—"उस विषय में अच्छी प्रकार जानने के लिए आप यह कथा सुनिए।"

शत्रु का शत्रु मित्र

किसी ग्राम में द्रोण नाम का एक गरीब ब्राह्मण रहता था। भिक्षा मांगकर उसकी जीविका चलती थी। सर्दी-गर्मी से बचने के लिए उसके पास पर्याप्त कपड़े भी नहीं थे। निरंतर दुःख सहते रहने के कारण उसका शरीर बड़ा दुबला-पतला हो गया था।

एक बार वह अपने किसी यजमान के पास गया। उसकी दीन-हीन हालत जानकर उस यजमान ने दानस्वरूप उसे दो बछड़े दे दिए। ब्राह्मण ने उन बछड़ों को बड़े यत्नपूर्वक पाला, उनका भली-भांति भरण-पोषण किया। इससे कुछ दिनों बाद दोनों बछड़े खूब स्वस्थ होकर बैल बन गए। तब ब्राह्मण ने उन्हें बेच देने का निश्चय किया।

एक दिन एक चोर की नजरें उन दोनों बैलों पर पड़ गईं। उस चोर ने मन में सोचा कि मुझे रात को ही इन बैलों को चुरा लेना चाहिए, कहीं ऐसा न हो कि यह ब्राह्मण इन बैलों को कल ही किसी को बेच दे। अतः उनको बांधने के लिए वह रस्सी आदि लेकर उसी रात को घर से निकल पड़ा।

उस रात जब वह चोर बैलों को चोरी करने के इरादे से ब्राह्मण के घर की ओर जा रहा था, तो रास्ते में उसे एक भयंकर आकृति का व्यक्ति दिखाई दे गया। उसे देखकर चोर एक बार तो वापस लौटने का विचार कर बैठा, किंतु फिर साहस करके उसने उससे पूछ लिया—"महाशय! आप कौन हैं?"

भयंकर आकृति वाला पुरुष बोला—"मैं सत्यवचन नाम का ब्रह्म राक्षस हूं, किंतु तुम कौन हो?"

"मैं क्रूर कर्मा नामक चोर हूं। मैं उस दरिद्र ब्राह्मण द्रोण के दोनों बछड़ों को चुराने जा रहा हूं। चोर ने बताया।

राक्षस बोला—"मैं छः दिन से भूखा हूं। चलो आज उसी ब्राह्मण को खाकर अपनी भूख मिटाऊंगा। यह अच्छा ही हुआ कि तुम मुझे मिल गए। हम दोनों के कार्य भी एक जैसे हैं और हमें जाना भी एक ही स्थान पर है।"

तब वे दोनों उस ब्राह्मण के घर जाकर एकांत स्थान में छिप गए और अवसर की प्रतीक्षा करने लगे।

ब्राह्मण जब सो गया तो राक्षस उसे खाने के लिए आगे बढ़ने लगा। तभी उस चोर ने उसे टोका। वह बोला—"श्रीमान! इतना उतावलापन मत दिखाओ। पहले मुझे इस ब्राह्मण के बछड़े चुराकर यहां से चले जाने दो। तत्पश्चात् आप उस ब्राह्मण को खा लेना।"

यह सुनकर राक्षस कहने लगा—"बछड़ों के रंभाने से यदि ब्राह्मण जाग उठा तो मेरा यहां आना बेकार हो जाएगा। इसलिए पहले मुझे इस ब्राह्मण को खा लेने दो। फिर तुम बछड़े चुराकर ले जाना।"

"और ब्राह्मण को खाते समय कोई विघ्न पड़ गया तो मैं फिर बछड़े कैसे चुरा पाऊंगा? इसलिए पहले मेरा काम हो जाने दो।"

इस प्रकार दोनों में विवाद पैदा हो गया। कुछ देर बाद दोनों ही जोर-जोर से चिल्लाकर आपस में झगड़ा करने लगे। उनके चिल्लाने की आवाज़ें सुनकर ब्राह्मण की नींद टूट गई और वह उठकर उन दोनों के समीप जा पहुंचा।

ब्राह्मण को यहां पहुंचा देखकर चोर ने चिल्लाकर उसे सावधान किया—"सावधान रहो ब्राह्मण देवता! यह राक्षस तुम्हें खा जाना चाहता है।"

यह सुनकर राक्षस भी बोल उठा—"इसकी बात का विश्वास मत करो ब्राह्मण। यह चोर तुम्हारे बछड़ों को चुराकर ले जाना चाहता है।"

उन दोनों के इरादे जानकर ब्राह्मण सतर्क हो उठा। उसने एक मोटी-सी लाठी उठा ली और उन दोनों पर झपट पड़ा। तब प्राण जाने

के डर से चोर और राक्षस तत्काल वहां से भाग खड़े हुए।

यह कथा सुनाकर वक्रनाश बोला—"इसीलिए मैंने कहा है कि कभी-कभी शत्रु भी अपने हितकारक हो जाया करते हैं।" वक्रनाश की राय जानकर उलूकराज ने तब अपने मंत्री प्राकारकर्ण से उसके विचार पूछे तो उसने कहा—देव! मेरे विचार से इस शरणागत कौए को मारना हमारे हित में नहीं है। संभव है इसके कारण ही उल्लुओं और कौओं का जातिगत विद्वेष समाप्त हो जाए और दोनों में परस्पर मेल हो जाए। कहा भी गया है कि हमें अपने परस्पर मर्मों (रहस्य) की रक्षा करनी चाहिए। जो ऐसा नहीं करते वे उसी प्रकार नष्ट हो जाते हैं जिस तरह से एक बिल में रहने वाला सर्प और एक राजकुमार के पेट में बिल बनाकर रहने वाला सर्प, दोनों ही अपने-अपने रहस्यों के उजागर हो जाने के बाद नष्ट हो गए थे।"

"वह कैसे?" उल्लूकराज अरिमर्दन ने पूछा।

प्राकारकर्ण ने तब उसे यह कहानी सुनाई।

घर का भेदी

किसी नगर में देवशक्ति नाम का एक राजा रहता था। उसके पुत्र के पेट में एक सर्प था। पेट में रहने वाले उस सर्प के कारण दिन-प्रतिदिन वह लड़का कमजोर होता जा रहा था। बहुत उपचार करने के बाद भी उस राजकुमार के स्वास्थ्य में कोई सुधार न हुआ तो वह अत्यंत निराश होकर अपने राज्य से निकलकर किसी दूसरे नगर में चला गया और वहां एक मंदिर में रहकर सामान्य भिखारियों की तरह जीवन व्यतीत करने लगा।

जिस नगर में उस राजकुमार ने शरण ली थी, उसके राजा का नाम बलि था। उसकी दो कन्याएं थीं जो युवती हो चुकी थीं। प्रातःकाल उठने पर दोनों कन्याएं अपने पिता के पास जाती थीं और उसके चरण स्पर्श कर राजा का आशीर्वाद प्राप्त करती थीं।

एक दिन नित्य की भांति वे दोनों कन्याएं प्रातः उठकर अपने पिता के चरण स्पर्श करने पहुंचीं। एक कन्या ने राजा के चरण स्पर्श करके कहा—''महाराज! आपकी जय हो। आपकी ही कृपा में मुझे संपूर्ण सुख भोगने को मिला है।''

दूसरी ने कहा—''महाराज! ईश्वर अपने कर्मों का फल दे।'' दूसरी कन्या के वचन सुनकर राजा बहुत क्रोधित हो गया। उसने अपने मंत्री को बुलवाया और आज्ञा दी—''मंत्री। इस कटु बोलने वाली लड़की को किसी गरीब परदेशी के हाथों में दे दो, जिससे यह अपने कर्मों का फल स्वयं चखे।''

मंत्री ने अपने गुप्तचरों से ऐसे व्यक्ति की खोज कराई तो उसे मंदिर

में भिखारियों की तरह रहने वाला वह राजपुत्र ही राजकुमारी के लिए उचित व्यक्ति लगा। उसने उस राजकुमार के साथ ही राजकन्या की शादी कर दी।

राजकुमारी ने उसे ही अपना पति मानकर उसकी उचित सेवा की। कुछ दिन बाद उन दोनों ने वह नगर छोड़ दिया और किसी अन्य स्थान की ओर चल पड़े।

मार्ग में वे दोनों एक तालाब के किनारे ठहरे। वहां राजकुमार को छोड़कर राजकन्या समीप के एक गांव से घी-तेल-अन्न आदि सौदा लेने चली गई। सौदा लेकर जब वह लौटी तो उसने देखा कि उसका पति तालाब से कुछ दूर एक सर्प के बिल के पास सो रहा है। उसके मुंह से एक फनियर सर्प बाहर निकलकर हवा खा रहा था। एक दूसरा सर्प भी अपने बिल से निकल कर फन फैलाए वहां बैठा था। दोनों में बातचीत हो रही थी।

बिल वाला सर्प पेट में रहने वाले सर्प से कह रहा था—"अरे सर्प। तू तो बहुत ही दुष्ट है जो इस सुंदर राजकुमार के पेट में रहकर इसका जीवन नष्ट कर रहा है। तू बाहर क्यों नहीं निकल जाता? इस बेचारे राजकुमार को चैन से अपना जीवन व्यतीत करने दे। तू भी आराम से जी और इसे भी चैन से जीने दे।

राजकुमार के पेट में रहने वाला सर्प यह सुनकर बोला—"मुझे उपदेश मत दे। तू भी तो इस बिल में पड़े स्वर्ण कलश को दूषित कर रहा है।"

बिल वाला सर्प बोला—"तो क्या तू समझता है कि तुझे राजकुमार के पेट से निकालने की दवा किसी को भी मालूम नहीं है? कोई भी व्यक्ति राजकुमार को उबली हुई कांजी (राई से बनाया हुआ एक पेय) पिलाकर तुझे मार सकता है।"

यह सुनकर पेट में रहने वाला सर्प क्रोधित होकर कहने लगा—"तुझे भी तेरे बिल में गरम तेल डालकर कोई भी मार सकता है।"

इस प्रकार दोनों ने एक-दूसरे का भेद खोल दिया। राजकुमारी ने उन दोनों की बातें सुन ली थीं। उसने उनकी बताई विधियों से दोनों

सर्पों का विनाश कर दिया।

सर्प के पेट से निकल जाने के कारण उसका पति भी निरोग हो गया और बिल में से स्वर्ण से भरा हुआ कलश मिल जाने से उनकी दरिद्रता भी दूर हो गई। वे दोनों लौटकर जब राजकुमारी के पिता के यहां पहुंचे तो उन्हें हर प्रकार सुखी और संपन्न देखकर राजा और रानी ने उनका भली प्रकार स्वागत-सत्कार किया। इस प्रकार अपने पूर्व संचित कर्मों का फल पाकर राजकुमारी सुखी हो गई। अपने पति के साथ उसका जीवन आनंदपूर्वक व्यतीत होने लगा।

सारे मंत्रियों के विचार सुनकर तब उलूकराज अरिमर्दन ने यही निश्चय किया कि उस शरणागत कौए का वध करना उचित नहीं है। अतः उसने उसे अभय दान दे दिया।

सबने उलूकराज के इस निर्णय का स्वागत किया किंतु रक्ताक्ष ने इस निर्णय पर विरोध व्यक्त करते हुए कहा—"मित्रो। मुझे यह देखकर बहुत दुख हो रहा है कि आप लोगों ने महाराज को विपरीत सलाह देकर उनका एक प्रकार से अनिष्ट ही किया है। किसी ने ठीक ही कहा है कि जहां अपूज्य व्यक्तियों की पूजा होने लगती है वहां या तो अकाल पड़ता है या कोई महामारी या उपद्रव फूट पड़ता है। मूर्ख व्यक्ति तो उल्टी-सीधी सफाई देने से उसी प्रकार मान जाता है जिस प्रकार अपनी पत्नी की झूठी सफाई से एक रथकार संतुष्ट हो गया था।

उसकी बात सुनकर मंत्रियों ने पूछा—"वह रथकार कौन था और उसकी कथा किस प्रकार है?"

रक्ताक्ष ने तब उन्हें यह कथा सुनाई।

झूठी सफाई

किसी नगर में वीरवर नाम का एक रथकार (बढ़ई) रहता था। उसकी पत्नी का नाम कामदमनी था। कामदमनी एक व्यक्ति चारिणी स्त्री थी। सभी लोग उसकी निंदा करते थे।

अपनी पत्नी की इतनी निंदा सुनकर एक दिन उस रथकार ने मन में सोचा—''किसी दिन इस बात की परीक्षा कर ही लूं कि मेरी पत्नी सचमुच ही व्यभिचारिणी है या लोग केवल ईर्ष्यावश ही उसे बदनाम करने का प्रयास करते हैं।''

यही सोचकर उसने अगले दिन अपनी पत्नी से कहा—''प्रिये! कल किसी आवश्यक कार्य से मुझे एक दूसरे गांव में जाना है। मुझे वहां कुछ दिन लग जाएंगे। इसलिए भोजन के लिए कोई अच्छी-सी चीज बना देना।''

यह सुनकर रथकार की पत्नी को बड़ी प्रसन्नता हुई। अगले दिन बहुत सवेरे उठकर उसने अपने पति के लिए पकवान बना कर तैयार कर दिए। रथकार भोजन को एक कपड़े में बांधकर वहां से चला गया।

दिन भर की प्रतीक्षा के बाद शाम को रथकार की पत्नी श्रृंगार करके अपने प्रेमी के पास पहुंची और उससे कहा—''मेरा पति किसी कार्य से गांव से बाहर गया है। आज रात को घर वापस नहीं लौटेगा। इसलिए जब सब सो जाएं तो तुम चुपके से मेरे यहां आ जाना।''

उधर वह रथकार घर से चलकर दिनभर जंगल में बैठा रहा। खाने को साथ लाया ही था। शाम हुई तो वह वापस गांव में लौट आया और एक खिड़की से अपने घर में घुसकर अपनी चारपाई के नीचे छिपकर बैठ गया। कुछ देर बाद उसकी पत्नी का प्रेमी भी वहां पहुंच गया और

उसी चारपाई पर बैठ गया जिसके नीचे रथकार छिपा हुआ था। यह सब देखकर रथकार को बहुत गुस्सा आया। वह मन में सोचने लगा—"इसे अभी मार दूं या तब मारूं जब दोनों सो जाएं?" लेकिन फिर सोचा "अभी इन दोनों की गति विधियां देखनी चाहिए। देखूं तो सही कि मेरी पत्नी इसके साथ क्या-क्या बातें करती है? ये उसके साथ क्या करता है? फिर जैसा उचित होगा, उसी के अनुसार निर्णय करूंगा।"

यही सब सोचकर वह धैर्य के साथ चारपाई के नीचे पड़ा प्रतीक्षा करता रहा। कुछ ही देर बाद उसकी पत्नी कमरे में आ पहुंची। उसने द्वार बंद कर लिया और स्वयं भी उसी चारपाई पर आकर बैठ गई जिस पर उसका प्रेमी बैठा हुआ था। इस प्रकार बैठे हुए उसका पैर नीचे बैठे पति के शरीर से लग गया। वह ताड़ गई कि उसका पति उसकी चारपाई के नीचे छिपा बैठा है। वह यह भी समझ गई कि उसकी परीक्षा करने के लिए ही उसके पति ने गांव से बाहर जाने का नाटक रचा था। तभी उसने निश्चय कर लिया कि वह भी अपना त्रिया चरित्र दिखाकर रहेगी।

वह यह सोच ही रही थी कि उसका प्रेमी उसे आलिंगन में लेने के लिए हाथ बढ़ाने लगा। वह हाथ जोड़कर अपने प्रेमी से कहने लगी—"महानुभाव! आप मेरे शरीर को न छुएं। मैं एक साध्वी व पतिव्रता स्त्री हूं। यदि आपने मेरा कहना न माना तो मैं अभी आपको अपने पातिव्रत्य के प्रताप से जलाकर भस्म कर दूंगी।" यह सुनकर उसका प्रेमी बोला—"यदि ऐसी ही बात थी तो तुमने मुझे यहां बुलाया क्यों था?"

"तुम्हारे यहां बुलाने का कारण तो कुछ दूसरा ही था।" रथकार की पत्नी बोली—"आज सुबह मैं चंडी माता के मंदिर में माता के दर्शन करने को गई थी। मेरे वहां पहुंचते ही अकस्मात भविष्यवाणी हुई कि मैं छः महीने के बाद विधवा हो जाऊंगी। मैं यह सुनकर बहुत भयभीत हो गई। मैंने हाथ जोड़कर देवी मां से पूछा कि हे माता! क्या इस विपत्ति को टालने का कोई उपाय है जिससे मेरे पति का जीवन सुरक्षित रहे और वे सौ साल की आयु तक जीएं, तो देवी माता ने कहा—"उपाय तो है किंतु वह तुम्हारे ही अधीन है।"

मैंने कहा—"मुझे बताइए माता! मैं अपने प्राण देकर भी उस उपाय को करूंगी।"

देवी ने कहा—"यदि तुम किसी परपुरुष के साथ एक ही पलंग पर सोकर उसका आलिंगन करोगी तो तुम्हारा पति अप मृत्यु से बच जाएगा।"

इतना कहकर रथकार की स्त्री ने प्रेमी से कहा—"मैंने आपको इसीलिए यहां बुलवाया था। इसलिए आप जो कुछ भी करना चाहें, कर सकते हैं। देवी माता का वचन कभी मिथ्या नहीं हो सकता।"

यह सुनकर उसका प्रेमी मुस्करा दिया और उसके साथ प्रेमालाप करने लगा। मूर्ख रथकार अपनी पत्नी के वचनों को सुनकर बहुत प्रसन्न हुआ। वह पलंग के नीचे से निकल आया और अपनी पत्नी से बोला—"प्रिये! तुम तो महान पतिव्रता हो। मैं तो बेकार ही तुम पर संदेह कर रहा था। दरअसल मैं दूसरों के बहकावे में आ गया था। तुम तो समस्त नारियों में श्रेष्ठ हो। तुमने पर-पुरुष के साथ रहते हुए भी संयम का पालन किया है। मैं समझ गया हूं कि तुमने ऐसा मुझे अपमृत्यु से बचाने के लिए किया है।"

प्रातःकाल होने पर उसने अपनी पत्नी के पातिव्रत्य का प्रचार करने के लिए उसे अपने कंधे पर बैठा लिया और फिर उसके प्रेमी से बोला—"श्रीमान जी। आप तो मेरे पूर्वजन्म के कर्मफल से ही यहां आ गए हैं। आइए इसके साथ ही आपको भी मैं अपने कंधे पर चढ़ाकर पूरे गांव की सैर कराता हूं।"

इस प्रकार वह मूर्ख रथकार उन दोनों को अपने कंधों पर बैठाकर गांव-गांव जाकर अपनी पत्नी की प्रशंसा करने लगा।

यह कथा सुनाकर रक्ताक्ष बोला—"इसीलिए मैं कहता हूं कि पाप को सामने होते देखकर भी मूर्ख व्यक्ति झूठे समाधान से संतुष्ट हो जाता है।

रक्ताक्ष ने अन्य मंत्रियों से कहा—"आप सभी ने राजा को अहित

का परामर्श दिया है। अतः अब आप सबका विनाश भी सुनिश्चित है।"

रक्ताक्ष के परामर्श का तिरस्कार कर जब उलूक स्थिरजीवी को उठाकर अपनी गुफा में ले जाने लगे तो स्थिरजीवी ने उलूकराज अरिमर्दन से कहा—"देव! आप मुझे वहां ले जाकर क्या करेंगे? मेरा तो अब मर जाना ही बेहतर है। मैं तो चाहता हूं कि अग्नि में जलकर अब अपनी इस जीवन लीला को समाप्त कर दूं। आप मुझे अग्नि प्रदान कर मेरा उद्धार कर दीजिए।"

उसकी बात सुनकर अरिमर्दन ने पूछा—"आप अग्नि में क्यों प्रविष्ट होना चाहते हैं?"

स्थिरजीवी बोला—"आप लोगों का पक्ष लेने के कारण मेघवर्ण ने मेरी यह दुर्दशा की है। अतः उससे बदला लेने के लिए मैं उलूक योनि में जन्म लेना चाहता हूं।"

उसकी बात सुनकर रक्ताक्ष क्रोध भरे स्वर में बोला—"अरे कौआ। तू बातें बनाने में निपुण है। साथ ही बहुत धूर्त भी है। उलूक की योनि में जन्म लेने के बाद भी तू उल्लुओं का अहित ही करेगा। तुझे तो चुहिया की तरह अपने वंश से ही प्रेम है।"

रक्ताक्ष की बात सुन मंत्रियों ने पूछा—"वह कैसे?"

उनकी उत्सुकता देख रक्ताक्ष ने उन्हें यह कहानी सुनाई।

चुहिया का स्वयंवर

गंगा नदी के किनारे तपस्वियों का एक आश्रम था। वहां अनेक साधू-संत रहा करते थे। याज्ञवल्क्य नामक ऋषि उस ऋषि कुल के कुलपति थे। एक दिन ऋषि याज्ञवल्क्य स्नान के लिए गंगा के तट पर पहुंचे। स्नान करने के बाद सूर्योपासना करने के लिए जब वह जल लेकर आचमन कर रहे थे, तभी पानी से भरी उनकी हथेली पर एक चुहिया ऊपर से आकर गिर पड़ी। उस चुहिया को कोई बाज पंजों में दबाकर उड़ा जा रहा था। किसी तरह से वह बाज के पंजों से छूट गई थी। ऋषि को उस पर दया आ गई। उन्होंने उस चुहिया को एक बरगद के पत्ते पर रख कर पुनः स्नान किया और फिर अपने तपोबल से उसे एक कन्या का रूप देकर अपने आश्रम लौट आए।

आश्रम में पहुंचकर उन्होंने उस कन्या को अपनी पत्नी को सौंप दिया और उससे बोले–'भद्रे। इस कन्या का लालन-पालन अपनी कन्या की तरह ही करना।''

तपस्वी की पत्नी ने कन्या का लालन-पालन बहुत प्रेम से किया। बारह वर्ष तक वह उनके आश्रम में पलती रही। जब वह विवाह योग्य हो गई तो ऋषि पत्नी ने अपने पति से कहा–''स्वामी! अपनी पुत्री अब विवाह के योग्य हो गई है। इसके विवाह का प्रबंध कीजिए।''

ऋषि बोले–''तुम ठीक कहती हो। मैं इसके विवाह की व्यवस्था इसके योग्य वर के साथ ही करूंगा। मैं समझता हूं इसका विवाह भगवान सूर्य के साथ कर देना चाहिए।''

ऋषि पत्नीने उनकी बात से सहमति व्यक्त की।

पत्नी की स्वीकृति पाकर ऋषि ने सूर्य भगवान का आह्वान किया तो तुरंत उपस्थित हो गए। ऋषि ने उनसे कहा–''देव! यह मेरी कन्या है। यदि यह विवाह करना चाहे तो आप इसके साथ विवाह कर लीजिए।''

ऋषि ने फिर कन्या से पूछा–बेटी! यह भगवान भुवन भास्कर हैं। ये सारे जग को प्रकाश देते हैं। क्या पति के रूप में यह तुम्हें पसंद हैं?''

कन्या बोली–यह तो गर्म हैं। इनसे जो श्रेष्ठ हो उसे बुलाइए।''

कन्या की बात सुनकर सूर्य देव बोले–''मुझसे श्रेष्ठ तो मेघ है जो मुझे ढक लेता है।''

ऋषि ने तब मेघ का आह्वान किया। मेघदेव प्रगट हुए तो ऋषि ने कन्या से पूछा–''बेटी! यदि यह तुम्हें स्वीकार हों तो इनके साथ तुम्हारा विवाह कर दूं?''

कन्या बोली–''यह तो बहुत काला और मूर्ख है। कोई इससे भी श्रेष्ठ हो तो उसे बुलाइए।''

ऋषि ने तब मेघ से पूछा–''देव! क्या आपसे भी कोई श्रेष्ठ है?''

मेघ ने तब बताया–''हां ऋषिवर!'' वायु मुझसे भी प्रबल है। उसके आघात से मेरा आकार छिन्न-भिन्न हो जाता है।''

ऋषि ने तब वायु देव को बुलाया और कन्या से उसे पति रूप में वरण करने के लिए कहा तो कन्या ने कहा–''तात! यह अत्यधिक चंचल है। मेरा विवाह तो इससे भी श्रेष्ठ व्यक्ति के साथ होना चाहिए।''

ऋषि ने जब वायु से उससे भी श्रेष्ठ व्यक्ति के विषय में पूछा तो उसने पर्वत के विषय में बता दिया।

ऋषि ने पर्वत का आह्वान किया। उसके उपस्थित होने पर उन्होंने अपनी कन्या से पूछा–''पुत्री। क्या ये पर्वतराज तुम्हें पति रूप में पसंद हैं?''

''पिताजी! यह तो बहुत कठोर और निश्चल है। आप मेरे लिए किसी और को खोजिए।''

ऋषि ने जब पर्वत से उससे भी श्रेष्ठ व्यक्ति के बारे में पूछा तो

पर्वत ने बताया कि चूहा मुझसे भी श्रेष्ठ है। वह मेरे शरीर में भी छेद कर डालता है।

तब ऋषि ने मूषकराज को बुलाया। मूषकराज उपस्थित हुआ तो उसे दिखाते हुए ऋषि ने कन्या से पूछा—"बताओ बेटी। क्या ये तुम्हें पसंद है?"

चूहे को देखकर कन्या रोमांचित हो उठी। वह उसका स्वजातीय था। उसने ऋषि से कहा—"पिताजी! आप मुझे फिर से चुहिया बना दीजिए। मुझे यह चूहा पसंद है। मैं इसके साथ आनंद से रह सकूंगी।"

तब ऋषि याज्ञवल्क्य ने ऐसा ही किया। उन्होंने अपने तपोबल से कन्या को फिर से चुहिया बनाकर उसे मूषकराज को सौंप दिया।

यह कथा सुनकर रक्ताक्ष ने अपने साथी मंत्रियों से कहा—"मित्रों! इसीलिए मैं कह रहा हूं कि इस कौए का विश्वास मत करो। यह कौआ है। ठीक होने पर अपनी ही जाति का हितकारक बनेगा। जाति-प्रेम कठिनता से ही छूटता है।"

परंतु रक्ताक्ष की बात पर किसी ने भी ध्यान नहीं दिया। उलूकराज के आदेश पर कौए स्थिरजीवी को अपनी गुफा में ले गए। स्थिरजीवी समझ गया कि इस उल्लूओं में सिर्फ रक्ताक्ष ही नीति-निपुण है। बाकी तो सब निरे उल्लू ही हैं।

गुफा में पहुंचकर अरिमर्दन ने अपने सेवकों को आदेश दिया—"सेवकों। यह बुजुर्ग मेरे हितैषी हैं। अतः इनकी इच्छानुसार इनके रहने का प्रबंध कर दो।"

यह सुनकर स्थिरजीवी अपने मन में सोचने लगा—"इनके दुर्ग में तो अब मैं आ ही गया हूं, किंतु दुर्ग के भीतर रहकर मैं अपनी गतिविधि ठीक से नहीं रख पाऊंगा। वहां इनको मुझ पर संदेह हो जाएगा। अतः द्वार पर रहना ही ठीक रहेगा।" यह सोचकर उसने अरिमर्दन से कहा—"देव! मुझे तो दुर्ग के द्वार पर स्थान देने की कृपा करें। वहां रहकर मैं आपकी चरण-रज लेता रहूंगा।"

अरिमर्दन ने कोई आपत्ति नहीं की। इस प्रकार दुर्ग के द्वार पर ही स्थिरजीवी के रहने की व्यवस्था कर दी गई।

अरिमर्दन के आदेशानुसार उसकी पर्याप्त सेवा-सुश्रूषा होने लगी। इस कारण वह शीघ्र ही हृष्ट-पुष्ट हो गया।

रक्ताक्ष ने जब प्रसन्न और हृष्ट-पुष्ट स्थिरजीवी को देखा तो उसने अपने साथियों से कहा—"मुझे यह कौआ वास्तव में बुद्धिमान लगता है। हम सब तो उसके सामने उस सोने के वीट देने वाले पक्षी की तरह निरे मूर्ख ही हैं।"

साथियों ने पूछा—"सोने की वीट देने वाले पक्षी का उदाहरण यहां किस लिए दिया?"

रक्ताक्ष ने तब उन्हें स्वर्ण पक्षी की यह कहानी सुनाई।

मूर्ख मंडली

किसी पर्वतीय प्रदेश में एक बहुत बड़ा बरगद का वृक्ष था। उस वृक्ष पर सिंधुक नाम का एक पक्षी रहता था। उस पक्षी की विष्ठा में स्वर्ण-कण होते थे। एक दिन एक बहेलिया शिकार करने के लिए उस पर्वतीय प्रदेश में गया। जब वह उस वृक्ष के नीचे से गुजर रहा था, तभी वृक्ष के ऊपर से वीट गिरी और धरती पर गिरते ही वह सोना बन गई।

यह देखकर बहेलिया सोचने लगा कि पक्षियों को जाल में फंसाने का कार्य करते-करते मेरी आयु बीत चली है, किंतु आज तक मैंने ऐसी कोई आश्चर्यकारी घटना नहीं देखी कि किसी पक्षी की वीट से सोना बन जाए।

यह सोचकर उसने अपना जाल फैला दिया और फिर कुछ आगे जाकर बैठ गया।

संयोग से वह पक्षी उसके जाल में फंस गया। बहेलिया बहुत प्रसन्न हुआ। उसने उस पक्षी को जाल से निकाल कर पिंजरें में बंद किया और अपने घर वापस आ गया।

घर पहुंचकर बहेलिए को यह डर सताने लगा कि यदि किसी को इस बात की खबर लग गई कि मेरे पास सोना देने वाला पक्षी है तो राजा मुझे तत्काल पकड़ मंगाएगा। उस स्थिति में राजा मुझसे इस पक्षी को तो छीन ही लेगा, राजद्रोह के अपराध में मुझे कारागार में भी डाल देगा। इससे तो यही अच्छा है कि मैं स्वयं ही इस पक्षी को ले जाकर राजा को भेंट कर दूं।

ऐसा विचार कर उसने वह पक्षी राजा को ले जाकर भेंट कर दिया।

राजा ने उस पक्षी को पूरी सावधानी के साथ रखने का आदेश दे दिया।

यह सब देखकर राजा के मंत्री ने उससे कहा–"महाराज! आप बहेलिए की बातों में मत आइए। इस पक्षी को संभालकर रखने से कोई लाभ नहीं है। कोई भी पक्षी अपनी विष्ठा में सोना नहीं दे सकता। इसको मुक्त कर दीजिए।"

मंत्री की बातों में आकर राजा ने पक्षी को पिंजरे से मुक्त करा दिया। आज़ाद होकर वह पक्षी राज्य के प्रवेश द्वार पर जा बैठा और वहां विष्ठा कर दी जो तत्काल नीचे गिरकर सोना बन गई। फिर वह उड़ गया और जाते-जाते यह भी कह गया–

"पहले तो मैं ही मूर्ख था जो लालचवश बहेलिए के जाल में फंस गया। फिर बहेलिया भी मूर्ख निकला जो मुझे राजा के सामने लेकर गया। उसके बाद राजा और उसका मंत्री भी मूर्ख निकले जो मुझे आज़ाद कर दिया। इस राज्य में तो मूर्ख मंडली ही इकट्ठी हो गई है।"

रक्ताक्ष से यह कथा सुनकर भी मंत्रियों ने अपने मूर्खता भरे व्यवहार में कोई परिवर्तन न किया। उन्होंने रक्ताक्ष के कथन को किसी पागल व्यक्ति का प्रलाप-मात्र समझा। वे उसकी उपेक्षा कर वहां से चले गए।

अपनी ऐसी उपेक्षा देखकर रक्ताक्ष ने अपने प्रियजनों को एकांत में एकत्रित किया और उनसे कहा–"भाइयों। मंत्री होने के नाते मुझे उचित सलाह देनी थी, वह मैंने दी। किंतु कोई भी मेरी बात को मानने के लिए तैयार नहीं है। अतः मैंने निर्णय किया है। हम लोग किसी दूसरी जगह पर जाकर रहेंगे। यह गुफा अब अधिक समय तक सुरक्षित नहीं रहने वाली। मैंने जो निर्णय लिया है वह बहुत सोच-समझ कर लिया है। जो व्यक्ति आने वाल विपत्ति से बचने का उपाय सोच लेता है, वही सुखी रहता है। जो ऐसा नहीं सोचता वह शीघ्र ही नष्ट हो जाता है। हमें उस बुद्धिमान गीदड़ की तरह आने वाले संकट को देख लेना चाहिए, जिसने शेर के डर से अपना घर छोड़ दिया था?

रक्ताक्ष के साथियों ने पूछा–--किस गीदड़ की तरह?"

रक्ताक्ष ने तब उन्हें यह कथा सुनाई।

बोलने वाली गुफा

किसी जंगल में खरनखर नाम का एक शेर रहता था। एक बार दिन भर भटकने के बाद भी उसे अपने आहार के लिए कोई पशु नहीं मिला। भूख-प्यास से उसका गला सूख रहा था। शाम होने पर उसे एक गुफा दिखाई दी। शेर उस गुफा में घुसकर बैठ गया। उसने सोचा–"रात के समय इस गुफा में कोई न कोई जानवर जरूर आएगा। तब उसे मारकर अपनी भूख मिटा लूंगा।"

रात के समय दधिपुच्छ नाम का एक गीदड़ उस गुफा के निकट पहुंचा। यह गुफा उसी की थी। उसने गुफा के बाहर शेर के पंजों के निशान देखे तो भयभीत हो गया। उसने देखा कि पंजों के निशान अंदर की ओर तो गए हैं, लेकिन बाहर निकलने का कोई पदचिह्न नहीं है। गीदड़ सोचने लगा कि "अवश्य ही मेरी गुफा में कोई शेर मौजूद है। अब क्या किया जाए? किस प्रकार यह निश्चय हो कि वह शेर अभी भीतर ही मौजूद है, या चला गया है।"

अंत में उसे एक उपाय सूझ गया। गुफा के द्वार पर खड़े होकर वह पुकारने लगा–"गुफा! अरी ओ गुफा!"

भीतर से किसी प्रकार की आवाज़ नहीं आई। तब उसने फिर ऊंचे स्वर में आवाज़ लगाई–"अरी गुफा। क्या तू भूल गई कि हम दोनों में एक समझौता हुआ था। वह यह कि जब मैं बाहर से आऊंगा तो तुमको आवाज़ लगाऊंगा, और प्रत्युत्तर में तुम मेरी आवाज़ का उत्तर दोगी। आज तुमने मेरी आवाज़ का कोई उत्तर नहीं दिया, इसलिए अब मैं यहां नहीं रहूंगा। अपने रहने के लिए कोई दूसरी गुफा खोज लूंगा।"

गुफा के अंदर बैठे शेर ने सोचा–"हो सकता है, यह गुफा आवाज़ लगाकर इस गीदड़ को बुलाती रही हो। अब क्योंकि मैं यहां बैठा हूं इस कारण यह चुप लगा गई है।" यही सोचकर शेर ने अंदर से दहाड़ लगाई। शेर की दहाड़ सुनकर गीदड़ सहम उठा और कह उठा–"इस जंगल में रहते हुए मैं बूढ़ा हो गया किंतु मैंने अभी तक कोई बोलने वाली गुफा नहीं देखी। अच्छा हुआ मुझे समय पर सुमति आ गई।" इतना कहकर वह गीदड़ तत्काल वहां से रफूचक्कर हो गया।

रक्ताक्ष से यह कथा सुनने के बाद उसके परिजन एवं मित्र उसके साथ जाने के लिए तैयार हो गए। तब रक्ताक्ष अपने साथियों के साथ वह स्थान छोड़कर किसी अन्य स्थान के लिए उड़ गया।

रक्ताक्ष के चले जाने से स्थिरजीवी को बहुत खुशी हुई। वह सोचने लगा–"रक्ताक्ष का जाना मेरे हित में बहुत अच्छा हुआ। अब मेरा मनोरथ सिद्ध हो जाएगा। वह उलूक बहुत ही दूरदर्शी था। अब मैं आराम से इस उल्लूओं का विनाश कर सकूंगा।"

स्थिरजीवी ने तब उल्लूओं की उस गुफा को जलाने का निश्चय कर लिया। इस उद्देश्य से वह प्रतिदिन कुछ लकड़ियां लाकर अपने पास इकट्ठी करने लगा। उल्लू यह नहीं समझ पाए कि किसलिए यह कौआ अपना घोंसला बढ़ाता जा रहा है। किसी ने ठीक ही कहा है–"किसी का भाग्य जब प्रतिकूल होता है तब वह शुभ को अशुभ और अशुभ को भी शुभ समझने लगता है।"

स्थिरजीवी ने जब काफी लकड़ियां और घास-फूंस अपने घोंसले के पास इकट्ठी कर ली तो एक दिन दिन के समय में जब प्रायः सारे उलूक देख नहीं सकते, वह उड़कर उस स्थान पर पहुंचा जहां उन दिनों कौओं का राजा मेघवर्ण ठहरा हुआ था। वह मेघवर्ण से मिला और उसे सारी स्थिति समझाई। वह बोला–"राजन! मैंने उल्लूओं की गुफा के बाहर इतना ईंधन इकट्ठा कर लिया है कि उल्लूओं की गुफा को जलाकर राख किया जा सकता है। आप सिर्फ इतना कर दीजिए कि किसी तरह एक

जलता हुआ अंगारा उस ईंधन पर लाकर डाल दीजिए। इससे आग भड़क उठेगी और उल्लूओं की गुफा जलकर राख हो जाएगी।"

मेघवर्ण ने तब वैसा ही किया। स्थिरजीवी द्वारा गुफा के द्वार पर इकट्ठे किए ईंधन पर आग की चिंगारी पड़ते ही आग धधक उठी और सारी गुफा धू-धू करके जलने लगी। एक भी उलूक जीवित बचकर नहीं निकल सका। सारे उलूक धुएं और आग से घिरकर गुफा में दम तोड़ बैठे। उनकी वह सुरक्षित गुफा उनके लिए समाधि-स्थल बन गई।

उल्लूओं को समाप्त करके स्थिरजीवी फिर से अपने निवास स्थान पर आ गया। मेघवर्ण भी अपने साथियों के साथ वहां पहुंच गया। तब वहां एक सभा का आयोजन किया गया। मेघवर्ण ने स्थिरजीवी से पूछा—तात! इतने समय तक आप शत्रुओं के बीच किस प्रकार जीवित रह पाए? कृपया हमारी इस जिज्ञासा को शांत कीजिए!"

स्थिरजीवी बोला—"मैं शत्रुओं के बीच बहुत ही सतर्कता पूर्वक रहा। उल्लूओं में सिर्फ एक ही मंत्री बुद्धिमान था, उसका नाम रक्ताक्ष था। बाकी सारे तो निरे काठ के उलूक ही साबित हुए। जब किसी राजा के मंत्री नासमझ और अनुभवहीन होते हैं तो बुद्धिमान व्यक्ति को वहां सफलता मिल ही जाती है। बुद्धिमान व्यक्ति तो अपनी स्वार्थ सिद्धि के लिए शत्रु को भी अपनी पीठ पर इस प्रकार बैठा लिया करते हैं जिस प्रकार एक काले नाग ने अपनी स्वार्थसिद्धि के लिए मेढकों को अपनी पीठ पर बैठाया था।"

मेघवर्ण ने जिज्ञासा से पूछा—"वह किस प्रकार, तात!" स्थिर जीवी ने तब उसे यह कहानी सुनाई।

स्वार्थ सिद्धि

वरुण पर्वत के किसी क्षेत्र में मंदविष नाम का एक बूढ़ा सर्प रहता था। वृद्ध हो जाने के कारण वह अपना आहार नहीं खोज पाता था। एक दिन उसने अपने मन में सोचा कि कोई ऐसा उपाय करना चाहिए जिससे मुझे प्रतिदिन बिना परिश्रम किए ही भरपेट आहार मिलता रहे।

बहुत देर मनन करने के बाद उसने एक उपाय सोच लिया। उस उपाय को कार्यान्वित करने के लिए वह समीप के एक मेंढकों से भरे तालाब के पास चला गया। वहां पहुंचकर वह बेचैनी से इधर-उधर घूमने लगा।

उसे इस प्रकार घूमते देखकर तालाब के किनारे एक पत्थर पर बैठे मेंढक को बहुत आश्चर्य हुआ। उसने सर्प से पूछा—''मामा! आज क्या बात है? शाम हो गई है किंतु तुम अपने आहार की व्यवस्था नहीं कर रहे हो।''

सर्प ने बड़े दुःखी भाव में कहा—''भांजे! मुझे भोजन से वैराग्य हो गया है। एक बार मैंने एक मेंढक को पकड़ने की कोशिश की। बचने के लिए वह वेदपाठियों के समुदाय में घुस गया। वहां बैठे एक ब्राह्मण के बेटे के अंगूठे में मैंने मेंढक समझ अपना दंश मार दिया। वह ब्राह्मण का बेटा मेरे विष से तत्काल मर गया। दुखी होकर उस ब्राह्मण ने मुझे शाप दे दिया कि ''दुष्ट! तू मेंढ़कों का वाहन बनकर उन्हें अपनी पीठ पर ढोएगा। मेंढ़कों की कृपा से ही तेरे भोजन का प्रबंध होगा। यहां मैं मेंढ़कों का वाहन बनने के लिए ही आया हूं।''

उस मेंढक ने यह बात सारे मेंढकों को बता दी। सब मेंढक बहुत

खुश हुए। उन्होंने इसका वृत्तांत अपने राजा जलपाद को भी सुनाया। जलपाद ने अपने मंत्रियों से सलाह करके यही निश्चय कि सर्प को वाहन बनाकर उसकी सेवा से लाभ उठाया जाए।

जलपाद के सभी साथी सर्प की पीठ पर सवार हो गए। सर्प ने तालाब के किनारे घुमाया और फिर वापस उसी स्थान पर लाकर छोड़ दिया। इस प्रकार उसने मेंढकों का विश्वास अर्जित कर लिया।

एक दिन मंदविष सर्प मेंढ़कों को पीठ पर चढ़ाकर पहले तो दौड़ा, फिर धीरे-धीरे रेंगने लगा। यह देखकर जलपाद ने उससे पूछा—''क्या बात है मामा। आज तुम्हारी चाल में तेजी क्यों नहीं है?''

सर्प बोला—''क्या करूं भांजें। भोजन के अभाव में मुझमें अब उतनी शक्ति नहीं बची जो तुम्हें तेज चाल से चलकर घुमा सकूं।''

मेंढकों के राजा जलपाद को उस पर दया आ गई। उसने उसे छोटे-छोटे मेंढकों को खाने की आज्ञा दे दी।

इस प्रकार वह सर्प नित्य प्रति बिना किसी परिश्रम के अपना आहार पाने लगा। किंतु जलपाद यह नहीं समझ सका कि अपने क्षणिक सुख के लिए वह अपने वंश का नाश करने का भागी बन रहा है।

मेंढकों को अपनी पीठ पर बैठाकर घुमाते हुए जब कई दिन बीत गए तो एक दिन एक विशालकाय सर्प उस स्थान पर आ पहुंचा। उसने जब मंदविष को मेंढकों को ढोते देखा तो उसको बड़ा आश्चर्य हुआ। उसने पूछा—''अरे मंदविष! ये मेंढक तो हमारे भोजन हैं। तुम यह उलटी बात कैसे कर रहे हो?''

मंदविष बोला—''यह बात तो मैं भी जानता हूं मित्र। मैं यह सब जानबूझकर कह रहा हूं। मैं अवसर की प्रतीक्षा में हूं। मेरी हालत इस समय वैसी ही है, जैसी उस घी से अंधे बने ब्राह्मण की बनी थी।''

नवागंतुक सर्प ने पूछा—''घी से कौन-सा ब्राह्मण अंधा बन गया था?''

मंदविष सर्प ने तब उसे यह कहानी सुनाई।

अवसर की प्रतीक्षा

किसी नगर में यज्ञदत्त नाम का एक ब्राह्मण रहता था। उसकी पत्नी व्याभिचारिणी थी। वह एक अन्य युवक से प्रेम करती थी और उसे शुद्ध घी के पकवान बनाकर खिलाया करती थी। एक दिन उसके पति ने उसे पकवान तैयार करते देख लिया। उसने उससे पूछा—"प्रिये! तुम प्रतिदिन इस प्रकार पकवान बनाकर कहां ले जाया करती हो?"

औरत चालाक थी। तुरंत बोली—"यहां से थोड़ी दूर पर एक देवी का मंदिर है। मैं देवी माता का व्रत कर रही हूं। यह पकवान मैं देवी माता पर चढ़ाने के लिए ले जाया करती हूं।"

पकवान बन जाने पर वह अपने पति के सामने ही उन्हें लेकर मंदिर की ओर चल पड़ी। मंदिर में पहुंच कर पकवान उसने देवी की मूर्ति के सामने रख दिए ओर स्वयं नदी में स्नान करने के लिए चली गई। तब तक उसका पति भी किसी दूसरे रास्ते से आकर वहां पहुंच गया और देवी की मूर्ति के पीछे छिपकर बैठ गया।

स्नान करके उसकी पत्नी वापस लौटी और देवी की पूजा करते हुए कहने लगी—"हे भगवती! मुझे कोई ऐसा उपास बता जिससे मेरा पति अंधा हो जाए।"

यह सुनकर देवी की मूर्ति के पीछे छिपे उसके पति ने कहा—"यदि तुम प्रतिदिन अपने पति को पकवान बनाकर खिलाओगी तो वह जल्दी ही अंधा हो जाएगा।"

यह सुनकर उस ब्राह्मणी ने उस दिन से अपने पति को पकवान बनाकर खिलाने आरंभ कर दिए।

कुछ दिन बाद उसके पति ने उससे कहा–“प्रिये! समझ में नहीं आता कि मुझे कुछ दिन से कम क्यों दिखाई दे रहा है?”

यह सुनकर उस व्यभिचारिणी ब्राह्मणी को बहुत प्रसन्नता हुई। हफ्ता-दस दिन के बाद जब उस ब्राह्मण ने अपनी पत्नी को कह दिया कि अब तो उसे कुछ भी दिखाई नहीं दे रहा तो उसकी पत्नी और उसके प्रेमी को इससे बहुत प्रसन्नता हुई। उसका प्रेमी अब निःशंक होकर नित्य प्रति ब्राह्मण के घर आने लगा। एक दिन मौका देखकर ब्राह्मण ने अपने पत्नी के प्रेमी की इतनी पिटाई की कि वह वहीं पर मर गया। ब्राह्मण ने अपनी पत्नी को भी बहुत धिक्कारा और उसकी नाक काटकर घर से निकाल दिया।

यह कथा सुनाकर मंदविष ने उस नवागंतुक सर्प से कहा–“इसी प्रकार मैं भी अवसर की प्रतीक्षा कर रहा हूं, मित्र!”

इस प्रकार मंदविष नित्य प्रति मेंढकों को अपनी पीठ पर सवारी कराकर उनका आहार करता रहा। अंत में ऐसी स्थिति आ गई जब तालाब में एक भी मेंढक शेष न रहा। मंदविष जलपाद समेत सभी मेंढकों को हड़प कर गया।

स्थिरजीवी यह कथा सुनाकर कहने लगा–“राजन! बस यही समझ लीजिए कि मैंने भी इसी प्रकार उल्लूओं को अपने अनुकूल बना लिया था। बुद्धि और पराक्रम दोनों से ही कार्य की सिद्धि होती है। भाग्य का भी इसमें बहुत बड़ा हाथ होता है। आपका भाग्य अनुकूल था इसलिए मुझमें वह बुद्धि आई और रक्ताक्ष के परामर्श को उल्लुओं ने ठुकरा दिया। शत्रुओं को जीतने के बाद अब हमारा सारा समाज सुख की नींद सो सकेगा। अब आप सुख पूर्वक अपना राज कीजिए, किंतु इस बात को भी ध्यान में रखिए कि राजसत्ता पाकर राजा को अभिमान नहीं हो जाना चाहिए। यह संसार नश्वर है। यहां स्थायी कुछ भी नहीं है। न जाने कितने प्रतापी राजा-महाराजा यहां पैदा हुए और मिट गए। आज उनका कोई नामोनिशान तक शेष नहीं है।”

स्थिरजीवी की सारगर्भित बातें सुनकर मेघवर्ण बोला–“तात! आप

ठीक ही कहते हैं। आप जैसे धीर पुरुष के बल पर ही यह राज्य अब तक स्थिर है। चंचल राज लक्ष्मी को पाकर गर्वहीन और न्यायनिष्ठ होकर जो राजा राज्य का उपभोग करता है, वह सदैव सुखी रहता है।''

इसके पश्चात् स्थिरजीवी की सहायता से मेघवर्ण बहुत वर्षों तक सुखपूर्वक राज्य करता रहा।

(इति तृतीय तंत्र समाप्त)

चतुर्थ तंत्र

लब्धप्रणाश

विष्णु शर्मा ने राजकुमारों से कहा–"राजपुत्रो। मित्र भेद, मित्र संप्राप्ति एवं काकोलूकीयम तंत्रों के पश्चात अब मैं तुम्हें चतुर्थ तंत्र-लब्ध प्रणाश के विषय में समझाता हूं। लब्ध प्रणाश का शाब्दिक अर्थ है। "जो प्राप्त हुआ, वह नष्ट हो गया।" इसके प्रथम श्लोक का भाव इस प्रकार है–"कार्य अथवा आपत्ति के आ जाने पर जिस व्यक्ति की बुद्धि क्षीण नहीं होती, जो कठिनाइयों में भी धैर्यपूर्वक अपना कार्य करता रहता है, वह अंततः अपना लक्ष्य प्राप्त कर ही लेता है।"

"ऐसा कैसे हो सकता है?" राजकुमारों ने आशंका व्यक्त की। विष्णु शर्मा बोले–"इस संदर्भ में मैं तुम्हें एक कहानी सुनाता हूं, ध्यानपूर्वक सुनों–

बंदर की चतुराई

समुद्र के किनारे जामुन का एक विशाल वृक्ष था। उस वृक्ष पर रक्तमुख नाम का एक बंदर रहता था। एक दिन जब वह बंदर वृक्ष पर बैठा हुआ जामुन खा रहा था, उसी समय जल से करालमुख नाम का एक मगरमच्छ निकल उस वृक्ष के नीचे आ गया और बंदर को जामुन खाते देख उसकी ओर आशाभरी निगाहों से देखने लगा। बंदर ने कुछ फल नीचे फेंक दिए। जिन्हें मगरमच्छ ने खा लिया। उस दिन से बंदर और मगरमच्छ में दोस्ती हो गई। मगरमच्छ जब भी उस पेड़ के नीचे आता, बंदर उसे मीठी-मीठी जामुन खिलाता। मगरमच्छ भी उससे मीठी-मीठी बातें करता। दोनों घंटों बैठे बातें करते रहते। इस प्रकार उनमें गहरी मित्रता हो गई। बंदर के दिए हुए जामुन के कुछ फल तो मगरमच्छ वहीं खा लेता और कुछ फल अपनी पत्नी के लिए ले जाता था।

एक दिन मगरमच्छ की पत्नी ने पूछा–"प्रिय! इतने मीठे फल तुम कहां से लाते हो?

"किनारे पर रहने वाला रक्तमुख नाम का एक बंदर मेरा मित्र है।

वही मुझे भेंट के रूप में इन फलों को देता है।" मगरमच्छ ने अपनी पत्नी को बताया।

"जो बंदर इतने मीठे फल प्रतिदिन खाता है उसका दिल तो बहुत मीठा होगा। मैं चाहती हूं कि तुम उसका दिल मुझे लाकर दे दो। मैं उसे खाकर हमेशा के लिए तुम्हारी बन जाऊंगी।" मगरमच्छ की पत्नी ने अपनी इच्छा जताई।

पत्नी की बात सुनकर मगरमच्छ बोला–"अरी भाग्यवान! तुम ये

कैसी भयंकर बात कह रही हो। वह बंदर मेरा मित्र ही नहीं, भाई जैसा है। मैं उसे कदापि नहीं मार सकता।''

लेकिन मगरमच्छ की पत्नी उसकी बात से सहमत न हुई। वह बोली–इससे पहले तो तुमने कभी भी मेरी बात नहीं टाली। इस बार टाल रहे हो। मुझे संदेह है कि वह बंदर बंदर न होकर कोई बंदरिया है, जिसके साथ तुम्हारा प्रेम-संबंध हो गया है। मुझे आज ही पता चला है कि मेरे अलावा भी कोई और है, जिसके साथ तुम सारा दिन लगा देते हो।'' यह कह कर वह रोने लगी।

फिर कुछ देर बाद वह पुनः बोली–''तुम जब तक मुझे उस बंदर का दिल लाकर नहीं दोगे, मैं भोजन ग्रहण नहीं करूंगी। भूखा रहकर अपने प्राण त्याग दूंगी।''

पत्नी की बात सुनकर मगरमच्छ दुविधा में पड़ गया। अगले दिन वह दुखी मन से बंदर के पास गया।

बंदर ने उससे पूछा–क्या बात है मित्र! आज बहुत उदास दिखाई दे रहे हो? बातें भी हंस कर नहीं कर रहे हो?''

मगमच्छ उदास भाव से बोला–''मित्र! आज तुम्हारी भाभी ने मुझे बहुत बुरा-भला कहा। वह कहने लगी कि तुम बड़े निर्मोही और स्वार्थी हो जो अपने मित्र को घर बुलाकर उसका स्वागत-सत्कार भी नहीं करते। इस कृतघ्नता के पाप से तुम्हें परलोक में भी छुटकारा नहीं मिलेगा।''

बंदर बड़े ध्यान से मगमच्छ की बातें सुनता रहा।

मगरमच्छ कहता रहा–''मित्र! मेरी पत्नी ने आज आग्रह किया है कि मैं तुम्हें अपने साथ लेकर ही आज घर लौटूं। तुम्हारे स्वागत-सत्कार के लिए उसने विशेष प्रबंध किया हुआ है। उसने तुम्हारे स्वागत के लिए घर को रत्नों के बंदनवार से सजाया हुआ है। वह तुम्हारी प्रतीक्षा कर रही है।''

यह सुनकर बंदर बोला–''मित्र! मैं तुम्हारे साथ चलने के लिए तो तैयार हूं किंतु मुझे तैरना नहीं आता, और तुम्हारा घर पानी में है, तुम ऐसा करो। भाभी को यही लिवा लाओ। मैं उन्हें प्रणाम कर उनका

आशीर्वाद प्राप्त कर लूंगा।"

मगरमच्छ बोला—"मित्र! मैं हमेशा पानी के अंदर ही नहीं रहता। एक रमणीक टापू पर मैंने अपना घर बनाया हुआ है। तुम्हें साथ ले चलने के लिए भी मैंने एक उपाय सोच लिया है। तुम मेरी पीठ पर बैठ जाना, मैं तुम्हें आराम से वहां पहुंचा दूंगा।"

मगरमच्छ की बात सुनकर बंदर खुश हो गया। उसने कहा—"मित्र। फिर देरी क्यों करते हो। मैं तुम्हारी पीठ पर बैठ जाता हूं। तुम तत्काल मुझे अपने घर ले चलो।"

मगरमच्छ की पीठ पर बैठकर रक्तमुख बीच समुद्र में आ गया। उसने चारों ओर निगाहें दौड़ाई तो उसे जल ही जल दिखाई दिया यह देखकर वह भयभीत हो गया और कहने लगा—"मित्र। यहां तो जल ही जल है। मैं तो इसमें गिरकर डूब जाऊंगा।"

मगरमच्छ ने मन में सोचा—"अब यह बीच समुद्र में आ गया है। अब मेरे वश में है। मेरी पीठ से उतरकर कहीं नहीं जा सकता। इसलिए अब इसे सच्चाई बता देने में कोई बुराई नहीं है। यह सोचकर वह बोला—"मित्र। मैं तुम्हें अपनी पत्नी के कहने पर यहां मारने के लिए लाया हूं। तुम्हारा अन्तिम समय आ पहुंचा है अतः मेरे इष्ट देवता का स्मरण कर लो। तुम्हारे जीवन की अब ज्यादा घड़ियां नहीं रही हैं।"

यह सुनकर बंदर बोला—"मित्र। मैंने तुम्हारे साथ ऐसी कौन-सी बुराई की है जिसका बदला तुम केरी मौत से लेना चाहते हो? जिस कारण से तुम मुझे मारना चाहते हो, वह कारण तो बतला दो।"

तब मगरमच्छ ने कहा—"कारण तो सिर्फ एक ही है। और वह यह कि मेरी पत्नी तुम्हारा दिल खाना चाहती है।"

बंदर नीतिवान्, चतुर एवं हाजिरजबाब था। वह तुरन्त बोला—"यदि ऐसी ही बात थी तो तुमने मुझे वहीं क्यों नहीं कह दिया। मित्र। मैं तो वृक्षों पर रहने वाला जीव हूं। इसलिए मैंने अपने दिल को उस वृक्ष की एक खोखल में सुरक्षित रख दिया है। तुम उसी समय कह देते तो मैं उसे निकालकर तुम्हें दे देता। इस समय तो मेरे पास दिल नहीं है।

तुम बिना दिल के ही मुझे अपने साथ लेकर जा रहे हो। इस तरह तो भाभी भूखी ही रह जाएगी।''

बन्दर की बात सुनकर मगरमच्छ बोला—''यदि ऐसा है तो मैं तुम्हें वापस ले चलता हूं। तुम उस जामुन के पेड़ में बने खोखल में से अपना दिल निकालकर मुझे दे देना। मेरी कर्कशा पत्नी उसे खाकर प्रसन्न हो जाएगी।''

तब मगरमच्छ बंदर को वापस किनारे पर ले आया। किनारे पर पहुंचते ही बंदर ने एक लम्बी छलांग लगाई और जामुन के वृक्ष पर चढ़ गया। उसे मानो नया जन्म मिला था। नीचे से मगरमच्छ ने कहा—''मित्र। अब जल्दी से अपना दिल मुझे दे दो। तुम्हारी भाभी मेरी प्रतीक्षा कर रही होगी।''

बन्दर ने हंसते हुए उत्तर दिया—''अरे मूर्ख विश्वासघाती मगरमच्छ! तुझे इतना भी पता नहीं कि किसी के शरीर में दो दिल नहीं होते। कुशल चाहता है तो तुरन्त यहां से भाग जा, और आगे फिर कभी यहां मत आना।''

बन्दर द्वारा की गई अपनी भर्त्सना को सुनकर मगरमच्छ बहुत लज्जित हुआ और वह अपने मन में सोचने लगा—''मैंने अपना भेद इसे बताकर अच्छा नहीं किया। समुद्र के बीच यदि मैं इसे अपने दिल की बात न बताता तो यह नहीं बचता। मैं फिर से प्रयास करता हूं। हो सकता है विश्वास दिलाने पर यह पुनः मेरी बातों में आ जाए।''

यह सोचकर वह बन्दर से बोला—''तुम तो नाराज हो गए मित्र। अरे भाई मैंने तो तुम्हें यों ही मजाक में यह कहकर तुम्हारी परीक्षा ली थी। मैं समझ गया हूं कि तुम मेरे सच्चे मित्र हो। अब तुम अतिथि रूप में मेरे घर चलो। वहां तुम्हारा भरपूर स्वागत-सत्कार किया जाएगा।''

मगरमच्छ द्वारा ऐसी बातें सुनकर रक्तमुख बन्दर बोला—''बस, अब तुम यहां से तुरन्त चले जाओ। तुम बेहद दुष्ट हो। तुम्हारी बातों पर विश्वास करके मैंने बहुत भूल की। यह तो मेरा सौभाग्य था कि मुझे समय रहते ही अकल आ गई। अब मैं तुम्हारी चिकनी-चुपड़ी बातों में

नहीं आने वाला। मूर्ख आदमी का कोई भरोसा नहीं होता। ओछे लोगों के मन में दया नहीं होती। अपने से बली व्यक्ति के साथ मित्रता करने से उस व्यक्ति का अपना ही विनाश हो जाता है। एक बार विश्वासघात होने के बाद अब मैं उसी तरह तेरा विश्वास नहीं करूंगा, जिस तरह गंगदत्त नाम के उस मेंढक ने नहीं किया था।" मगरमच्छ ने पूछा—"गंगदत्त मेंढक ने किस पर विश्वास नहीं किया था?"

रक्तमुख बन्दर ने तब उसे यह कहानी सुनाई।

भूखे का क्या भरोसा

किसी कुएं में गंगदत्त नाम का एक मेंढक रहता था। वह कुएं में रहने वाले मेंढकों का राजा था। एक दिन वह अपने बंधु-बांधवों के व्यवहार से खिन्न होकर कुएं में लटकी एक रस्सी पर चढ़कर किसी तरह कुएं से बाहर निकल आया। बाहर आकर वह सोचने लगा कि किस प्रकार अपने इस अपमान का बदला अपने बंधु-बांधवों से लूं। यह सोचते-सोचते वह एक झाड़ी के समीप पहुंच गया। तभी उसकी निगाह एक काले नाग पर पड़ी। वह नाग झाड़ी में बने अपने बिल में घुस रहा था। उस काले नाग को देखकर उसे उपाय सूझ गया। उसने सोचा-"क्यों न इसी काले नाग को कुएं में ले जाकर अपने शत्रुओं का नाश करवा दूं। कहा भी गया है कि बलवान शत्रु के साथ किसी बलवान को भिड़ाकर उसका विनाश किया जा सकता है। इस प्रकार करने से अपना कार्य भी सिद्ध हो जाता है और किसी प्रकार का कष्ट भी नहीं होता। पैर में गड़े कांटे का कांटे से ही निकाला जा सकता है। उसी प्रकार अपने बलवान शत्रु को दूसरे किसी बलवान के साथ भिड़ाकर बुद्धिमान व्यक्ति को उसका उन्मूलन करा देना चाहिए।"

यह सोचकर गंगदत्त उस नाग के बिल के समीप पहुंच गया। बिल में रहने वाले उस नाग का नाम था—प्रियदर्शन। गंगदत्त ने जब बाहर से उसे पुकारा तो नाग सोचने लगा—"यह किसी सांप की आवाज़ तो नहीं है। तब कौन मुझे बाहर बुला रहा हैं। किसी के कुल-शील को जाने बिना उसके साथ नहीं जाना चाहिए। कहीं कोई सपेरा ही बाहर न खड़ा हो जो सांप की आवाज़ बनाकर मुझे पकड़ने आया हो।" अतः उसने

अपने बिल में से ही आवाज दी—"कौन है जो मुझे बुला रहा है?"

मेंढ़क बोला—"मैं गंगदत्त मेंढक हूं। मैं तुमसे मित्रता करने के लिए यहां आया हूं।"

यह सुनकर सांप ने कहा—मैं तुम्हारी बात पर विश्वास नहीं कर सकता। क्या कभी आग और फूंस में भी मित्रता होती है। भोजन और भोज्य में प्रेम कैसा? बधिक और बध में स्वप्न में भी मित्रता होना असम्भव है।

गंगदत्त ने उत्तर दिया—तुम्हारा कहना सच है, भद्र। हम परस्पर स्वभाव से वैसे हैं, "किन्तु मैं अपने स्वजनों से अपमानित होकर प्रतिकार की भावना से तुम्हारे पास आया हूं।"

सांप ने पूछा—"तुम रहते कहां हो?"

गंगदत्त बोला—"यहां निकट ही। एक कुंए में रहता हूं मैं।"

"कुंए में तो मैं जा ही नहीं सकता। पत्थर से चुने हुए कुंए में मैं प्रवेश कैसे कर पाऊंगा?" नाग ने कहा।

"इसका प्रबन्ध मैं कर दूंगा।" गंगदत्त ने कहा—"वहीं पहले से ही एक बिल बना हुआ है। वहां बैठकर तुम बगैर किसी कष्ट के उन सब मेंढकों को अपना भोजन बना सकते हो जिनसे मेरी शत्रुता है।"

प्रियदर्शन सांप बूढ़ा हो चुका था। उसने सोचा—'बुढ़ापे में बिना किसी तकलीफ के भोजन मिलने का मौका मिल रहा है तो इसे क्यों छोड़ूं?" यहीं सोचकर वह गंगदत्त के साथ चलने को तैयार हो गया।

तब गंगदत्त उसे कुंए में लटकी रस्सी के सहारे अंदर ले गया। उसने उसे एक बिल में ठहराकर अपने शत्रुओं की ओर इशारा कर दिया। प्रियदर्शन ने तब एक-एक करके गंगदत्त के सभी शत्रु मेंढक खा लिए। फिर वह गंगदत्त से बोला—"मित्र। मैंने तुम्हारे शत्रुओं का विनाश कर दिया है। अब कोई भी शत्रु नहीं बचा है। अब मेरा पेट कैसे भरेगा? तुम ही मुझे यहां लाए थे, अब तुम्हीं मेरे भोजन का प्रबंध करो।"

"मित्र। तुमने मेरी बहुत सहायता की। इसके लिए मैं तुम्हारा आभारी हूं। अब तुम रस्सी के सहारे कुएं से बाहर चले जाओ।" गंगदत्त ने कहा।

"मैं दुबारा बिल में कैसे जा सकता हूं?" प्रियदर्शन सांप बोला—"वहां तो अब कोई दूसरा सांप आकर रहने लगा होगा। अब तो मैं यहीं रहूंगा। तुम्हें अपने कुटुम्ब के मेंढ़कों में से एक-एक मेंढक रोज मुझे देना होगा। यदि ऐसा नहीं करोगे, तो मैं तुम सबको एक साथ मार कर खा जाऊंगा।"

गंगदत्त अब अपने किए पर पछताने लगा। किसी ने सच ही कहा है जो अपने से बलशाली शत्रु को मित्र बनाता है, उसकी ऐसी ही दशा होती है। बहुत सोच-विचार के बाद उसने तब यहीं उचित समझा कि शेष रह गए मेंढकों में से एक मेंढक प्रतिदिन सांप को खाने को देता रहेगा। सर्वनाश के अवसर पर आधे को बचा लेने में ही बुद्धिमानी है। सर्वस्व-हरण के समय अल्पदान कर देने में ही दूरदर्शिता है।

दूसरे दिन से सांप ने दूसरे मेंढ़कों को भी खाना शुरू कर दिया। वे भी जल्दी ही समाप्त हो गए। अन्त में एक दिन सांप ने गंगदत्त के पुत्र यमुनादत्त को भी खा लिया। गंगदत्त अपने पुत्र की हत्या पर रो उठा। उसे रोता देखकर उसकी पत्नी ने कहा—"अब रोने से क्या लाभ? जो अपनों के विनाश का प्रबंध करता है। वह एक दिन स्वयं भी नष्ट हो जाता है। अतः अब तो यहां से किसी तरह भोगने का कोई उपाय सोचो।"

अगले दिन सांप ने गंगदत्त से कहा—"यहां तो सभी मेंढक खत्म हो गए हैं। अब मेरे भोजन का प्रबंध करो।"

गंगदत्त को एक उपाय सूझ गया। कुछ देर विचार करने के बाद वह सांप से बोला—"मित्र प्रियदर्शन। तुम मेरी यहां रहकर प्रतीक्षा करो। मैं किसी और तालाब के मेंढ़कों को यहां लिवा लाता हूं। इस तरह कुछ और दिनों के लिए तुम्हारे भोजन का प्रबन्ध हो जाएगा।"

प्रियदर्शन इसके लिए तैयार हो गया। वह बोला—"गंगदत्त। मैंने तुम्हें अपना भाई माना है, इसलिए मैं तुम्हें नहीं खाऊंगा। यदि तुम मेरे लिए दूसरे मेढकों को यहां बुला लाए तो मेरी निगाहों में तुम्हारी इज्ज़त बहुत बढ़ जाएगी। तब तुम मेरे लिए मेरे पिता के समान पूज्य हो जाओगे।"

गंगदत्त तब अवसर पाकर वहां से निकल गया। प्रियदर्शन प्रतिदिन

उसके लौटने की प्रतीक्षा करने लगा। बहुत दिन तक जब गंगदत्त वापस न लौटा और भोजन के अभाव में सांप की हालत बहुत खराब हो गई तो एक दिन उसने एक गोह से, जो कुएं में उसके समीप ही एक बिल में रहती थी, कहा—"बहन गोह। तुम मेरी सहायता करो। बाहर जाकर गंगदत्त की खोज करो। उससे कहना कि यदि दूसरे मेंढक यहां नहीं आते तो न आएं, कम से कम तुम तो वापस आ जाओ। तुम्हारे बिना मेरा यहां मन नहीं लगता।"

गोह बाहर निकली। उसने कुछ ही प्रयास के बाद एक तालाब में बैठे गंगदत्त को खोज लिया। उससे भेंट होने पर वह उससे बोली—गंगदत्त। तेरा मित्र प्रियदर्शन तेरी राह देख रहा है। तू मेरे साथ चल और उसे धीरज बंधा। वह तेरे बिना बहुत दुःखी है।"

यह सुनकर गंगदत्त ने कहा—"नहीं गोह बहन! अब मैं वहां कभी नहीं जाऊंगा। संसार में भूखे व्यक्ति का कोई भरोसा नहीं है। ओछे आदमी प्रायः निर्दय हो जाया करते हैं। प्रियदर्शन को कहना कि अब गंगदत्त कभी वापस नहीं आएगा।"

गोह यह सुनकर वापस चली गई।

यह कहानी सुनाकर रक्तमुख बंदर ने मगरमच्छ से कहा—"इसीलिए मैं अब तुम्हारे घर कभी भी नहीं जाऊंगा।"

मगरमच्छ बोला—"मित्र! यह उचित निर्णय नहीं है। मैं तो वहां ले जाकर तुम्हारा स्वागत-सत्कार करके कृतघ्नता का प्रायश्चित करना चाहता हूं। यदि अब भी तुमने चलने से इन्कार किया तो मैं आमरण अनशन पर बैठ जाऊंगा और भूखा-प्यासा रहकर अपने प्राण त्याग दूंगा।"

यह सुनकर बंदर बोला—"तुझे मरना ही है तो शौक से मर। किन्तु अब मैं तेरी किसी चाल में नहीं आने वाला। अरे मूर्ख! क्या मैं लम्बकर्ण गधे जैसा मूर्ख हूं जो एक बार मौत के मुंह से निकल कर दुबारा मौत के मुंह में फंसूंगा?"

मगरमच्छ ने जिज्ञासा से पूछा—"यह लम्बकर्ण कौन था?"

रक्तमुख बंदर ने तब उसे यह कथा सुनाई।

मूर्ख गधा

किसी जंगल में करालकेसर नामक का सिंह रहता था। एक गीदड़ उसका सेवक था, उसका नाम था—धूसरक। एक बार एक हाथी के साथ उस सिंह का युद्ध हो गया, जिसमें वह इतनी बुरी तरह से घायल हो गया कि उससे चलना-फिरना भी दूभर हो गया।

वह गीदड़ सिंह द्वारा मारे गए शिकार को खाकर ही अपना जीवन-यापन करता था। सिंह के घायल हो जाने का परिणाम यह निकला कि सिंह के साथ-साथ अब वह गीदड़ भी भूखा रहने लगा। जब दोनों की हालत बहुत ही शोचनीय हो गई तो एक दिन सिंह ने गीदड़ से कहा—"धूसरक। जंगल में जाकर कोई ऐसा पशु खोजकर इधर ले आओ जिसे ऐसी हालत में भी मारकर मैं भोजन की व्यवस्था कर सकूं क्योंकि भोजन के बिना मेरी हालत मरणासन्न हो रही है। कुछ दिन और आहार नहीं मिला तो मेरे प्राण निकल जाएंगे।"

सिंह का आदेश पाकर गीदड़ आहार की खोज में किसी गांव की ओर निकल गया। शीघ्र ही उसे एक ऐसा गधा दिखाई दे गया जो गांव के समीप नदी के किनारे हरी-हरी घास चर रहा था। उस गधे का नाम था—लम्बकर्ण। गीदड़ ने उसके पास जाकर कहा—"मामा नमस्कार। आज तो बहुत दिन बाद दिखाई दिए हो, वह भी इस हालत में।"

अकचकाए से गधे ने पूछा—"क्या मैं तुम्हें कुछ दुबला दिखाई दे रहा हूं, भांजे?"

"दुबला? अरे मामा तुम्हारी तो हड्डियां दिखाई दे रही हैं। पहले जब मैं तुमसे मिला था तब तो तुम बहुत चाक-चौबंद थे। गधे ने एक

लंबी-सी सांस भरी और बोला–"तुम ठीक कहते हो भांजे। अब मैं वाकई काफी दुबला हो गया हूं। मेरा जो मालिक है, वह एक धोबी है। कम्बख्त बहुत ही निर्दयी है। दिनभर मेरी पीठ पर कपड़ों के गट्ठर लादकर दूर-दूर तक ले जाता रहता है, और खाने को कुछ देता नहीं है। इसीलिए मेरी यह हालत हो गई है।"

"मामा! ऐसी ही बात है तो तुम मेरे साथ चलो।" गीदड़ ने कहा–"जंगल में एक बहुत ही रमणीक स्थल है, जहां हर समय हरी-हरी घास उगी रहती है। समीप ही नदी है जिस कारण पानी की भी कमी नहीं है। आराम से हरी-हरी घास चरना और पानी पीकर मौज करना।"

"बात तो ठीक है तुम्हारी!" गधा बोला–पर भांजे! मैं ठहरा एक ग्राम्य-पशु। जंगल में अनेक हिंसक जानवर रहते हैं। वह मुझे अपना शिकार बना लेंगे।"

"अरे नहीं मामा। वह स्थान बिल्कुल सुरक्षित है। उधर कोई वन्यजीव नहीं आता जाता। तुम्हारी तरह ही वहां तीन गधी पहले से ही रहती हैं। वे बेचारी भी अपने मालिकों से बहुत परेशान थीं। जब से वहां गई हैं, आनंद से अपना जीवन बिता रही हैं। मजे की बात तो यह है कि उन तीनों का कोई पति भी नहीं है। उनमें से एक बेचारी तो अकेली बहुत उदास रहती है। अगर तुम मेरे साथ चले चलो तो वह बड़ी खुशी से तुम्हें अपना पति बना लेगी।"

यह सुनकर गधे की लार टपकने लगी। वह तुरंत उस गीदड़ के साथ चलने को तैयार को गया। किसी नवयौवना का आकर्षण ऐसा ही होता है। उसमें अमृत और विष दोनों ही गुण विद्यमान रहते हैं। उन्हें पाकर आदमी जीवित हो उठता है और उसके वियोग में मर भी जाता है।

गीदड़ के पीछे-पीछे चलता हुआ गधा उस स्थान पर पहुंचा जहां एक झाड़ी के पीछे करालकेसर सिंह छिपा बैठा था। जैसे ही गधा झाड़ी के पास पहुंचा, सिंह ने उस पर अपना पंजा चला दिया। लेकिन वार ओछा पड़ा। गधा एकदम बिदक उठा और वहां से वापस भाग लिया।

शिकार को हाथ से निकलता देख गीदड़ को बहुत दुख हुआ।

वह शेर से बोला—"वनराज! अब तो आप बिल्कुल ही बेकार हो गए हैं। जब एक गधे को भी तुम नहीं मार सके तो हाथी से कैसे लड़ पाओगे? तुमने तो सब गुड़ गोबर कर दिया। मैं बड़ी मुश्किल से इस गधे को बहका-फसला कर यहां लेकर आया था।

गीदड़ द्वारा अपनी भर्त्सना सुनकर सिंह लज्जित स्वर में बोला—"दरअसल मैं कुछ जल्दी कर बैठा। अभी वह गधा मेरे बिल्कुल समीप नहीं पहुंचा था कि मैंने उस पर अपना पंजा चला दिया इससे घबराकर वह यहां से भाग छूटा। अन्यथा अपने पंजों से तो मैं अभी भी हाथी तक के प्राण ले सकता हूं।"

गीदड़ बोला—"ठीक है! मैं एक बार फिर प्रयास करता हूं, उसे लाने का लेकिन इस बार प्रहार खाली नहीं जाना चाहिए।"

"जो गधा मुझे अपनी आंखों से देखकर यहां से भागा है, वह अब कैसे आएगा।" शेर बोला—"अब तो तुम किसी अन्य जानवर पर घात लगाओ।"

"यह देखना मेरा काम है, वनराज! आप तो केवल तैयार होकर बैठे रहो।"

गीदड़ ने कहा—फिर वह उसकी स्थान की ओर लौट पड़ा जहां से गधे को लिवाकर लाया था।

गीदड़ ने देखा, वह गधा उसी स्थान पर फिर से घास चर रहा था। गीदड़ को देखकर गधा उलाहना देते हुए बोला—"वाह भांजे! मुझे अच्छी जगह लेकर गए। कहते थे वहां जवान गधी मिलेगी और मिल गया एक हिंसक जानवर। वह तो भाग्य अच्छा था, जो बच गया अन्यथा आज तो मेरा काम तमाम हो जाना था। वैसे वह जानवर था कौन? बड़ा करारा वार किया था उसने?"

गीदड़ उसकी बात सुनकर हंस पड़ा। बोला—"अरे मामा! तुम भी विचित्र हो। अरे वह तो वही गधी थी। लज्जा के कारण एकदम तुम्हारे सामने नहीं आना चाहती थी। झाड़ी की ओट से उसने प्यार से तुम्हें

आलिंगन में भरना चाहा तो तुम इतने डर गए कि वहां से ऐसे भाग लिए जैसे कोई भूत तुम्हारे पीछे लग गया हो। चलो मामा। मेरे साथ वापस चलकर उसे धीरज बंधाओ। वह बेचारी तो तुम्हारे वियोग में अपना अन्न-जल ही त्याग बैठी है। कह रही है कि यदि तुमने उसे जाकर उसे न अपनाया तो वह अपनी जान दे देगी।''

मूर्ख गधा लम्बकर्ण फिर गीदड़ के झांसे में आ गया और उसके साथ जंगल की ओर चल पड़ा। इस बार सिंह ने कोई चूक नहीं की। गधे के वहां पहुंचते ही वह उस पर झपट पड़ा और बात की बात में उसका पेट फाड़ डाला।

गधे को मार कर सिंह तालाब में स्नान करने चला गया। पीछे गीदड़ मारे हुए शिकार की निगरानी करता रहा। शेर को वापस आने में कुछ देर हो गई थी। गीदड़ भूख से व्याकुल हो रहा था। जब उससे रूका न गया तो वह शिकार पर टूट पड़ा और गधे के कान और उसका दिल निकाल कर खा गया। शेर जब वापस लौटा और शिकार के कान और उसका दिल गायब पाया तो वह गीदड़ से बहुत नाराज हुआ। वह बोला—''अरे दुष्ट गीदड! मेरे आने से पहले ही तूने इसके कान और दिल क्यों खा लिए। अरे पापी! तेरी इतनी हिम्मत कैसे हो गई?''

यह सुनकर गीदड़ धृष्टता से बोला—''स्वामी! इस गधे के कान और दिल तो पहले से नहीं थे।''

''क्या मतलब?''

''मतलब स्पष्ट है स्वामी। अगर इसके कान और दिल होता तो यह लौटकर दुबारा मेरे साथ हर्गिज नहीं आता। समझदार व्यक्ति एक बार गलती करके उससे सबक लेते हैं। नासमझ लोग ही अपनी गलती को बार-बार दुहराते हैं और फिर कष्ट उठाते हैं।''

गीदड़ की बात सुनकर शेर का गुस्सा जाता रहा। फिर दोनों ने मिलकर अपना भोजन किया।

यह कथा सुनाकर बंदर बोला—''मूर्ख! तूने भी मेरे साथ छल किया था। दंभ के कारण तेरे मुंह से सच्ची बात निकल गई और मैं बच गया।

जो व्यक्ति दंभ के कारण निज स्वार्थ छोड़कर सत्य बोलता है, वह उसी प्रकार असफल हो जाता है, जिस प्रकार युधिष्ठर नाम का एक कुम्हार असफल हो गया था।"

मगरमच्छ ने पूछा—"कुम्हार असफल क्यो हो गया था?"

रक्तमुख बंदर ने तब उसे यह कहानी सुनाई।

नकली बहादुर

किसी नगर में युधिष्ठर नाम का एक कुम्हार रहता था। एक बार ठोकर लगने के कारण वह नीचे गिर पड़ा। गिरते ही एक घड़े से उसका सिर टकरा गया। घड़ा फूट गया और उसका एक कोना कुम्हार के माथे में घुस गया। इससे कुम्हार के माथे पर गहरा जख्म हो गया। कुम्हार ने इलाज कराया। कई महीनों के बाद घाव तो भर गया किंतु उसके माथे पर जख्म का गहरा निशान बना रह गया।

एक बार उस क्षेत्र में अकाल पड़ गया। रोजी-रोटी की तलाश में कुम्हार को अपना नगर छोड़कर दूसरे देश में जाना पड़ा। वहीं वह राजा के सेवकों में भर्ती हो गया। राजा ने एक दिन उसके चेहरे पर जख्म का निशान देखा तो उसने समझा कि अवश्य ही यह कोई वीर पुरुष है, जो किसी युद्ध में शत्रु का मुकाबला करते हुए घायल हो गया होगा। यह सोचकर उसने उसे अपनी सेना में एक उच्च पद पर नियुक्त कर दिया। राजा के पुत्र और सेनापति इस सम्मान को देखकर जलते थे किंतु राजभय से कुछ कह नहीं पाते थे।

कुछ दिन बाद राजा को युद्ध के लिए जाना पड़ा। जब सारे योद्धा युद्ध के लिए तैयार हो रहे थे तो राजा ने युधिष्ठर से पूछ लिया—"तुम्हारा नाम क्या है? तुम किस जाति के हो। किस युद्ध में यह चोट तुम्हारे माथे पर लगी थी?"

कुम्हार ने सोचा—"अब राजा और उसमें इतनी निकटता हो चुकी है कि सत्य बताने के बाद भी राजा उसे मानता रहेगा।"

यही सोचकर उसने राजा से सच्ची बात बता दी। वह

बोला–"अन्नदाता! मैं जाति का कुम्हार हूं। यह चोट किसी हथियार से नहीं लगी थी, एक दिन शराब के नशे में लड़खड़ाकर मैं एक घड़े पर गिर गया था। घड़े का टूटा एक टुकड़ा मेरे माथे में घुस गया और उससे गहरा जख्म हो गया था। यह निशान उसी जख्म का है।

कुम्हार के मुंह से यह सुनकर राजा बहुत लज्जित हुआ और क्रोध से कांपते हुए बोला–"अरे दुष्ट! तूने मुझे झूठ बोलकर ठग लिया। मैंने तुझे कोई वीर क्षत्रिय समझकर सेना में इतना ऊंचा पद दिया और तू क्या निकला। जा, फौरन मेरे राज्य से बाहर चला जा।"

कुम्हार ने बहुत प्रार्थना करते हुए कहा–"महाराज! आप मुझे मौका तो दीजिए। इस युद्ध में मैं अपनी वीरता दिखा दूंगा।"

यह सुनकर राजा बोला–"चाहे तुम सर्वगुण संपन्न क्यों न हो, अब मैं तुम्हें अपने यहां नहीं रखूंगा। तुम चाहे जितने बहादुर हो, पर हो तो कुम्हार ही। जिस कुल में तुमने जन्म लिया है वह शूरवीरों का कुल नहीं है। तुम्हारी स्थिति तो उस गीदड़ जैसी है जो शेरों के बीच पलकर भी हाथी से लड़ने को तैयार नहीं हुआ था।"

"वह कैसे महाराज?" कुम्हार ने पूछा।

राजा ने तब उसे यह कथा सुनाई।

स्वभाव बदलना असंभव है

किसी जंगल में एक शेर और शेरनी रहते थे। उसके दो छोटे-छोटे बच्चे थे। शेर प्रतिदिन शिकार करके लाता और शेरनी का पेट भरता था। बच्चे छोटे होने के कारण शेरनी शिकार करने नहीं जाती थी, अतः दोनों के आहार का प्रबंध शेर को ही जुटाना पड़ता था। एक दिन जंगल में बहुत घूमने पर भी शेर के हाथ कोई शिकार न आया। वह खाली हाथ जब वापस लौट रहा था, तो रास्ते में से एक छोटा-सा गीदड़ का बच्चा मिला। बच्चे को देखकर शेर को उस पर दया आ गई। उसने बच्चे को नहीं मारा, बल्कि उसे बड़ी सावधानी से अपने मुंह में रखकर अपनी गुफा में ले आया। उसने गीदड़ के बच्चे को शेरनी के सामने रख दिया और बोला—"प्रिये! आज भोजन तो कुछ मिला नहीं। रास्ते में यह गीदड़ का बच्चा खेलता मिल गया, इसे जीवित ही ले आया हूं। तुम्हें ज्यादा भूख लगी हो तो आज इसे ही खाकर अपना काम चला लो, कल कोई दूसरा शिकार ले आऊंगा।"

शेरनी बोली—"प्रिय! जिसे तुमने बालक समझकर नहीं मारा, उसे मारकर मैं अपना पेट कैसे भर सकती हूं। मैं भी इसे बालक मानकर ही पाल लूंगी। समझ लूंगी कि यह मेरा तीसरा बच्चा है।"

तब से वह गीदड़ का बच्चा भी शेर के बच्चों के बीच रहने लगा और शेरनी का दूध पीकर जवान होने लगा। कुछ ही दिन में खूब हृष्ट-पुष्ट हो गया और शेर के दोनों बच्चों के साथ खेलने लगा। शेर और शेरनी तीनों को प्रेम से एक समान रखते थे।

कुछ दिनों बाद एक जंगली हाथी उस जंगल में कहीं से भटकता

हुआ आ निकला। उसको देखकर शेर के दोनों शिशु तो क्रुद्ध होकर उसकी ओर दौड़ पड़े, किंतु गीदड़ का बच्चा डर गया और दोनों शेर के बच्चों को रोकता हुआ बोला—"अरे, उसके पास मत जाओ। यह हाथी है, हाथी सिंह-कुल का स्वाभाविक शत्रु होता है। इससे दूर रहना ही अच्छा होता है।" यह कहकर वह गुफा की ओर भाग गया। उसको भागता देखकर दोनों सिंह-शावक भी निरुत्साहित होकर लौट आए।

"किसी ने ठीक ही कहा है कि यदि युद्ध भूमि से एक भी कायर भागने लगता है तो शेष सेना का उत्साह भी क्षीण हो जाता है।"

घर पहुंचकर दोनों शेर के बच्चों ने गीदड़ के बच्चे का खूब उपहास किया और हाथी पर आक्रमण न करने के कारण उसे खूब खरी-खोटी सुनाई।

यह सुनकर गीदड़ के बच्चे को क्रोध आ गया और उसने भी उन दोनों को खूब बुरा-भला कहा। उसे क्रोधित देखकर, एकांत में शेरनी ने उसे समझाया—"बेटे! यह तुम्हारे छोटे भाई हैं। तुम्हें इनकी बात का बुरा नहीं मानना चाहिए। इस बात को टाल ही दो तो अच्छा है।"

शेरनी के समझाने पर गीदड़ के बच्चे का क्रोध और भी भड़क गया। वह बोला—"मैं क्या इनसे कम हूं। मैं इनको अपने इस अपमान का मजा जरूर चखाऊंगा। इन्होंने मुझे समझ क्या रखा है? मैं इन दोनों को मार डालूंगा।"

यह सुनकर शेरनी ने हंसते हुए कहा—"तू बहादुर भी है और विद्वान भी है, सुंदरता में भी तू कम नहीं है, पर जिस कुल में तेरा जन्म हुआ है, उसमें हाथी नहीं मारे जाते। समय आ गया है कि अब तुझे सच्ची बात बता ही दूं। तू वास्तव में गीदड़ का बच्चा है। मैंने तुझे अपना दूधा पिलाकर पाला है। अब इससे पहले कि तेरे छोटे भाई इस सच्चाई को जानें, तू यहां से भाग कर अपने जाति-भाइयों में मिल जा। अन्यथा अगर उन्हें तरे बारे में सच्चाई पता चल गई तो तुझे यहीं चीर-फाड़कर रख देंगे।"

यह सुनकर गीदड़ का बच्चा भय से कांप उठा। वह तत्काल वहां

से भाग लिया और जाकर अपने जाति-भाइयों से जा मिला।

यह कथा सुनाकर राजा ने उस कुम्हार से कहा–"इसीलिए मैं तुमसे कह रहा हूं कि तत्काल यहां से भाग जाओ। अगर यह बात दूसरे क्षत्रियों को पता लग गई कि तुम क्षत्रिय नहीं कुम्हार हो तो वे तुम्हारी हत्या करने में तनिक भी नहीं हिचकेंगे।"

कहानी सुनाने के बाद बंदर ने मगरमच्छ से कहा–धूर्त मगरमच्छ तुझे धिक्कार है, तूने स्त्री के कहने पर मेरे साथ विश्वासघात किया। स्त्रियों का कभी विश्वास नहीं करना चाहिए। स्त्रियां किसी भी रहस्य की बात को छिपाकर नहीं रख सकतीं। स्त्री का स्वभाव चंचल होता है, वह कभी भी विश्वासघात कर सकती हैं।

मगरमच्छ बोला–"वह कैसे?"

बंदर ने तब उसे एक कुलटा स्त्री की यह कहानी सुनाई।

स्त्री का विश्वास

किसी नगर में एक ब्राह्मण और ब्राह्मणी रहते थे। ब्राह्मण अपनी पत्नी से बहुत प्रेम करता था, किंतु उसकी पत्नी बड़ी कर्कशा थी। नित्यप्रति अपने कुटुम्बियों के साथ उसका झगड़ा होता रहता था। रोज-रोज की कलह से छुटकारा पाने के लिए ब्राह्मण ने एक दिन मां-बाप, भाई-बहन का साथ छोड़कर पत्नी को साथ लेकर किसी दूसरे नगर में बस जाने का निश्चय कर लिया।

रास्ता लंबा था। मार्ग में एक घना जंगल भी पड़ता था। दोनों उस जंगल में पहुंचे तो ब्राह्मणी को प्यास लग आई। ब्राह्मण ने ब्राह्मणी को एक वृक्ष के नीचे ठहरने को कहा और स्वयं पानी की तलाश में चला गया। पानी लाने में उसे देर लग गई। लौटा तो देखा कि उसकी पत्नी मरी पड़ी है।

पत्नी को मृत जानकर ब्राह्मण को बड़ा दुख हुआ। वह बुरी तरह विलाप करते हुए ईश्वर से प्रार्थना करने लगा कि हे भगवान्! किसी प्रकार मेरी पत्नी को जीवित कर दो।

ईश्वर ने शायद उसकी प्रार्थना सुन ली क्योंकि तभी आकाशवाणी हुई और धीर-गंभीर आवाज में किसी ने कहा—"हे ब्राह्मण! यदि तू अपनी आयु का आधा भाग इसे दे दे तो तेरी पत्नी जीवित हो सकती है।"

ब्राह्मण ने खुशी-खुशी अपनी आयु का आधा भाग अपनी पत्नी को दे दिया। ब्राह्मणी जीवित हो गई। दोनों फिर से अपनी यात्रा पर चल पड़े।

शीघ्र ही दोनों एक नगर की सीमा पर जा पहुंचे। सीमा पर एक

खूबसूरत बगीचा देख, ब्राह्मण ने ब्राह्मणी को वहां बैठाया और स्वयं भोज़न का प्रबंध जुटाने के लिए नगर में चला गया।

ब्राह्मण के जाने के बाद ब्राह्मणी वहां अकेली रह गई। तभी उसकी निगाहें एक ऐसे व्यक्ति पर पड़ी जो लंगड़ा था। वह लंगड़ा व्यक्ति एक कुएं से रहट द्वारा पानी निकालकर बगीचे को सींच रहा था। साथ ही वह इतने मधुर स्वरों में कोई गीत गा रहा था कि ब्राह्मणी उसका गीत सुनकर भाव विभोर हो गई। वह उस लंगड़े व्यक्ति के पास पहुंची और उससे प्रणय निवेदन करने लगी। लंगड़े ने उसका आग्रह स्वीकार कर लिया। दोनों एक-दूसरे को चाहने लगे और बातों-बातों में जीवनभर का साथ निभाने का प्रण कर बैठे।

ब्राह्मण जब भोजन लेकर नगर से लौटा तो ब्राह्मणी ने कहा—"यह लंगड़ा भी बेचारा बहुत भूखा है। इसे भी अपने हिस्से में से थोड़ा-थोड़ा भोजन दे दें तो कितना अच्छा हो। उस भूखे को भी भोजन मिल जाएगा।"

ब्राह्मण ने तब उस लंगड़े को भी भोजन कराया। फिर जब वे वहां से प्रस्थान करने लगे तो ब्राह्मणी ने फिर अनुरोध किया—"स्वामी! बेचारा भी अनाथ है। साथ रहेगा तो हमारा वक्त भी आसानी से कट जाएगा और इसे भी एक सहारा मिल जाएगा। तुम जब बाहर चले जाते हो तो मैं अकेली रह जाती हूं। बात करने को भी कोई नहीं होता। ये साथ रहेगा तो एकाकीपन महसूस नहीं होगा।"

ब्राह्मण बोला—"पर यह तो लंगड़ा है। हमें अपना भार उठाना ही मुश्किल हो रहा है। इस लंगड़े को कहां-कहां ढोते रहेंगे?"

ब्राह्मणी बोली—"तुम इसकी चिंता मत करो। हम इसे सामान की गठरी में बांध देंगे, फिर अन्य सामान के साथ इसे उठाने में कोई परेशानी नहीं आएगी।"

ब्राह्मण को अपनी पत्नी की बात माननी पड़ी। इस प्रकार वह लंगड़ा भी उन लोगों के साथ चल पड़ा।

एक-दो दिन बाद मार्ग में जाते हुए एक स्थान पर कुआं देखकर वे वहां विश्राम करने लगे। ब्राह्मण कुएं की जगत पर कपड़ा बिछाकर

लेट गया। शीघ्र ही उसे नींद ने आ घेरा। ब्राह्मणी ने इसे उचित अवसर जानकर अपने सोते हुए पति को कुएं में धकेल दिया और उस लंगड़े के साथ किसी नगर में पहुंच गई।

नगर की सीमा पर जब राजसेवकों ने उस ब्राह्मणी को सिर पर गठरी उठाए घूमते देखा तो उन्हें संदेह हो गया। वे उसे साथ लेकर राजा के पास पहुंच गए। राजा के सामने जब पोटली खोली गई तो उसमें लंगड़ा बैठा हुआ मिला।

राजा ने कहा—"यह व्यक्ति कौन है?"

ब्राह्मणी ने तब त्रिया-चरित्र का ढोंग दिखाया। रोतें हुए बोली—"ये मेरे पति देव हैं। हमारे परिजनों ने इन्हें बेकार समझकर घर से निकाल दिया है। इसलिए मैं इन्हें अपने साथ लेकर इधर आ गई हूं।"

राजा ने उसकी बात पर विश्वास कर लिया, और उसके गुजारे की व्यवस्था करा दी। दोनों सुखपूर्वक उस नगर में रहने लगे।

संयोगवश उस कुलटा का पति वह ब्राह्मण कुएं में डूबने से बच गया। किसी पथिक ने उसे कुएं से सहायता के लिए चिल्लाते हुए देखा तो वह उसके समीप पहुंच गया और एक रस्सी की सहायता से उसे ऊपर खींच लिया।

ब्राह्मण जब उस नगर में पहुंचा तो किसी तरह उसकी कुलटा पत्नी की नज़र उस पर पड़ गई। वह तत्काल राजा के पास पहुंची और उससे निवेदन किया—"राजन! जिस शत्रु के डर से हम लोग अपना नगर छोड़कर यहां आए थे, वह शत्रु यहां भी आ पहुंचा है। कृपा करके उससे हमारी रक्षा कीजिए।"

उसकी बात पर विश्वास कर राजा ने ब्राह्मण को पकड़ने का आदेश दे दिया। राज- सैनिक ब्राह्मण को पकड़कर ले आए। राजा ने उसे मृत्युदंड की सजा सुना दी। सैनिक जब उसे मृत्युदंड देने के लिए लेकर चलने को हुए तो वह ब्राह्मण राजा से बोला—"देव! यद्यपि मैंने कोई अपराध नहीं किया है, मैं बिल्कुल निर्दोष हूं, इस पर भी यदि आपको मुझ पर विश्वास नहीं है, तो मरने से पूर्व मेरी एक इच्छा पूर्ण कर दीजिए।"

"कैसी इच्छा?" राजा ने पूछा

"आप उस स्त्री को यहां बुला दीजिए जिससे मैं उससे कह सकूं।" ब्राह्मण ने बताया।

"वह स्त्री यहीं मौजूद है। पूछो क्या पूछना चाहते हो?" राजा ने कहा। राजा के आदेश पर ब्राह्मणी वहां उपस्थित की गई। ब्राह्मण ने उससे पूछा–"सुभगे। मैंने अपनी आयु का आधा भाग तुम्हें दिया था, वह मुझे वापस कर दो।"

ब्राह्मण बोली–"मैंने तुमसे कभी कुछ नहीं लिया।"

"यदि ऐसा है तो देवता की सौगंध खाकर यही बोल दो कि मैंने तुमसे कुछ नहीं लिया है। और यदि कुछ लिया भी है तो वह मैं तुम्हें वापस करती हूं।" ब्राह्मण ने कहा।

"हां-हां! बोल दो न।" राजा ने उसे उत्साहित किया।" जब इससे तुमने कुछ लिया ही नहीं है तो घबराहट कैसी?"

देवता के भय से ब्राह्मणी ने वैसा ही कह दिया। यह कहने के साथ ही वह वहीं पर गिर पड़ी और उसके प्राण-पखेरू उड़ गए।

राजा ने विस्मय से पूछा–"यह सब कैसे हो गया?"

ब्राह्मण ने तब सविस्तार सारा वृतांत सुना दिया।

यह कथा सुनाकर बंदर कहने लगा–"अरे मूर्ख मगरमच्छ। इसीलिए मैं कहता हूं कि स्त्रियों पर कभी भरोसा मत करो। पुरुष पत्नी के मांगने पर अपना सब कुछ दे देने को तत्पर हो जाता है, उसे तो पत्नी को खुश करने के लिए कभी घोड़े की तरह हिनहिनाना भी पड़ता है, इतना ही नहीं कभी तो अपना सिर भी मुंड़वाना पड़ जाता है।

मगरमच्छ ने पूछा–"वह कैसे?"

बंदर ने तब उसे यह कथा सुनाई।

जोरू का गुलाम

किसी देश में नंद नाम का एक राजा राज्य करता था। उसकी वीरता चारों दिशाओं में प्रसिद्ध थी। आसपास के सब राजा उसकी वंदना करते थे। उसका राज्य समुद्र-तट तक फैला हुआ था। उसका मंत्री वररुचि भी बड़ा विद्वान और शास्त्रों में पारंगत था।

वररुचि की पत्नी का स्वभाव बहुत तीखा था। एक बार वह किसी बात पर पति से रूठ गई और उसके बार-बार मनाने पर भी नहीं मानी। दुखी होकर अंत में वररुचि ने उससे पूछ लिया—"प्रिये! मैं तुम्हारी हर इच्छा पूरी करने को तैयार हूं। बताओ मैं ऐसा क्या करूं जिससे तुम प्रसन्न हो जाओ?"

उसकी पत्नी बोली—"यदि तुम अपना सिर मुंड़वा लो तो मैं प्रसन्न हो जाऊंगी।"

पत्नी की खुशी के लिए वररुचि ने अपना सिर मुंड़वा लिया। इससे उसकी पत्नी प्रसन्न हो गई।

वररुचि की तरह ही एक बार राजा की पत्नी भी अपने पति से रूठ गई। नंद भी अपनी पत्नी से वैसा ही अगाध प्रेम करता था जैसा वररुचि अपनी पत्नी से करता था। यानी किसी तरह प्रसन्न न हुई तो राजा ने उससे पूछ लिया—"प्रिये! मैं ऐसा क्या कार्य करूं जिससे तुम्हार नाराजगी दूर हो जाए?"

रानी बोली—"घोड़ा बनकर अपने मुख में लगाम लगाकर मुझे अपनी पीठ पर बिठाकर घुमाओ तो मेरी नाराजगी दूर हो जाएगी।"

राजा को घोड़ा बनना पड़ा। रानी प्रसन्न हो गई।

अगले दिन गुप्तचरों ने वररुचि को यह सरा वृतांत बता दिया।

दूसरे दिन जब राजा ने वररुचि को केश-विहीन सिर देखा तो उससे परिहास करते हुए पूछ लिया—"वररुचि! कल ऐसा कौन-सा पर्व था जो तुम्हें अपना सिर मुंड़वाना पड़ा है?"

वररुचि बोला—"महाराज! कल ऐसा पर्व था जिसमें कुछ पुरुष अपनी पत्नी को प्रसन्न करने के लिए मुख में लगाम लगाकर घोड़े की भांति हिनहिनाते हुए दौड़ते हैं।"

मंत्री के मुख से यह सुनकर राजा लज्जित हो गया।

यह कथा सुनाकर रक्तमुख बंदर ने मगरमच्छ से कहा—"तुम भी उस राजा नंद और उसके मंत्री वररुचि की तरह ही जोरू के गुलाम हो। किंतु वाणी के दोष के कारण तुम ठीक उसी प्रकार पकड़े गए जिस प्रकार बाघ की खाल ओढ़ने वाला एक गधा अपनी वाणी के कारण मारा गया था।"

"गधा कैसे मारा गया था?" मगरमच्छ ने पूछा।

रक्तमुख बंदर ने तब उसे यह कहानी सुनाई।

वाचाल गधा

किसी नगर में शुद्धपट नाम का धोबी रहता था। उसके पास एक गधा था जिस पर कपड़े लादकर वह उन्हें धोने के लिए तालाब पर ले जाया करता था। पर्याप्त घास न मिलने के कारण वह गधा बहुत दुबला हो गया था।

एक दिन उस धोबी को जंगल में एक मरा हुआ बाघ दिखाई दिया। धोबी इससे बड़ा प्रसन्न हुआ। उसने सोचा कि इस बाघ की खाल निकालकर मैं इसको अपने गधे पर डाल दूंगा और फिर उसे खेतों में चरने के लिए छोड़ आया करूंगा। बाघ समझकर खेत के रखवाले इससे डरने लगेंगे और इसके समीप जाने की हिम्मत नहीं जुटा पाएंगे।

धोबी की चाल चल गई। हर रात वह गधे को बाघ की खाल पहनाकर खेतों में चरने के लिए छोड़ आता था। गधा रात भर खाने के बाद घर वापस आ जाता था। इस प्रकार कुछ ही दिनों में वह गधा खूब मोटा-ताजा हो गया।

लेकिन एक दिन पोल खुल गई। हुआ ये कि गधे ने किसी गधी के रेंकने का स्वर सुन लिया। जातिगत स्वभाव के कारण वह भी रेंकने लगा। खेत के रखवाले समझ गए कि यह तो कोई गधा है जो बाघ की खाल ओढ़े हुए है। बस फिर क्या था, टूट पड़े गधे पर डंडे लेकर। गधे को इतना पीटा कि उसकी जान ही निकल गई। गधे की वाचालता ने उसकी जान ले ली।

बंदर मगरमच्छ से यह कहानी कह ही रहा था कि एक जलचर ने मगरमच्छ के पास पहुंचकर उसकी पत्नी के मर जाने की सूचना दी।

मगरमच्छ यह सुनकर व्याकुल हो गया और बंदर से बोला—"मित्र! क्षमा करना। अब तो मैं स्त्री-वियोग से भी पीड़ित हो गया हूं। उसके बिना अब मैं भी जीवित नहीं रहूंगा। मैं अब अग्नि में प्रविष्ट होकर प्राणांत कर लूंगा।"

मगरमच्छ की बात सुनकर बंदर हंस पड़ा। वह बोला— "यह तो मैं पहले जानता था कि तू स्त्री का दास है। अब इसका प्रमाण भी मिल गया है। अरे मूर्ख। ऐसी दुष्ट स्त्री की मृत्यु पर तो उत्सव मनाना चाहिए। एक दुष्ट स्त्री के मरने पर दुःख कैसा? ऐसी स्त्रियां पुरुष के लिए विष-समान होती हैं। बाहर से वे जितनी अमृत-समान मीठी लगती हैं, अंदर से उतनी ही ज़हर की तरह कड़वी होती हैं। किसी ने ठीक ही कहा है, दुष्ट-चरित्र और रोज कलह करने वाली पत्नी मिले तो यही समझना चाहिए कि शरीर को दुर्बल करने वाला बुढ़ापा मिल गया। स्त्रियां अपने मन की बात कभी नहीं कहती हैं। वे जो सोचती हैं, उसे कहती नहीं, और जो कहती हैं, उसे करती नहीं हैं। उनकी कथनी और करनी में बहुत अंतर होता है।

मगरमच्छ बोला—"मित्र! हो सकता है, तुम ठीक कह रहे हो। किंतु अब मैं क्या करूं। मैं तो न इधर का रहा, न उधर का रहा। दोनों तरफ से जाता रहा। पत्नी मर गई घर उजड़ गया, और तुम्हारे जैसा मित्र भी छूट गया। मेरी हालत तो उस किसान-पत्नी जैसी हो गई, जो पति से भी छूटी और घर से भी वंचित कर दी गई थी।"

बंदर ने पूछा—"वह किस प्रकार?"

मगरमच्छ ने तब उसे यह कथा सुनाई।

न घर का न घाट का

किसी ग्राम में एक किसान और उसकी पत्नी रहते थे। किसान बूढ़ा हो चुका था जबकि उसकी पत्नी अभी जवान थी। इस आयु-भेद के कारण पत्नी का चरित्र दूषित हो गया था। वह हमेशा पर-पुरुषों की तलाश में दिनभर इधर-उधर घूमती रहती थी।

एक दिन उसे एकांत में पाकर एक ठग ने उसे रोक लिया और उससे कहने लगा–"सुंदरी। मैं भी विधुर हूं और वृद्ध की पत्नी होने के कारण तू भी विधवा समान है। चलो हम यहां से कहीं दूर जाकर प्रेम-पूर्वक जीवन व्यतीत करें।

किसान-पत्नी को उस ठग की बात पसंद आ गई। दूसरे दिन उसने किसान के घर से सारा धन और आभूषण आदि बहुमूल्य वस्तुएं इकट्ठी कीं और उस ठग के साथ चल पड़ी। दोनों दक्षिण दिशा की ओर चल पड़े।

गांव से कई कोस दूर आने पर रास्ते में उन्हें एक नदी मिली। उस समय उस ठग के मन में विचार आया कि "अब इस अधेड़ आयु की औरत से अपना पिंड छुड़ा लेना ही श्रेयस्कर है। इसे साथ ले जाकर क्या करूंगा। पीछे से कोई इसका स्वजन इसे खोजता हुआ आ पहुंचा तो राजा से शिकायत कर देगा और मुझे राजा का कोपभाजन बनना पड़ेगा। अतः किसी प्रकार इसका धन हथिया लूं और इसे यहीं छोड़कर दूर निकल जाऊं।"

यही सोचकर उसने कहा–"सुंदरी। नदी बहुत गहरी है। पहले मैं गठरी को उस पार रख आऊं, फिर तुमको अपनी पीठ पर लाद कर उस पार ले चलूंगा। दोनों को एक साथ लेकर बहुत मुश्किल है।"

"ठीक है। ऐसा ही करो।" उसने गठरी ठग को पकड़ाई तो ठग फिर

से बोला—"अपने पहने हुए गहने-कपड़े भी दे दो जिससे नदी में तैरने में कोई कठिनाई न हो। ऐसा करने से कपड़े भी भीगने से बच जाएंगे और भार कम हो जाने से मुझे तुम्हें ले चलने में परेशानी भी न होगी।"

किसान की पत्नी मान गई। ठग सारा धन और आभूषण लेकर उस पार चला गया और फिर वापस नहीं लौटा। किसान की पत्नी नंगी हालत में नदी के तट पर बैठी प्रतीक्षा ही करती रह गई।

तभी एक गीदड़ी मुंह में मांस का टुकड़ा दबाए वहां पहुंची। इतने में एक मछली नदी के जल से उछलकर तट पर आ गई। मछली पाने के लालच में गीदड़ी ने मुंह में दबा मांस का टुकड़ा छोड़ दिया और मछली पर झपट पड़ी। किंतु मछली ने उसे आते देख लिया था, इसलिए जान बचाने के लिए वह तेज़ी से नदी में कूद गई। तभी एक गिद्ध ने झपट्टा मारा और गीदड़ी के द्वारा छोड़े गए मांस-पिंड को ले उड़ा। गीदड़ी के हाथ कुछ भी नहीं लगा। मांस-पिंड भी उससे छिन गया और मछली भी उसके हाथ न आई।

यह देखकर किसान की पत्नी हंस पड़ी। वह गीदड़ी से बोली—"अरे गीदड़ी। तू तो बड़ी मूर्ख निकली। तेरे हाथ से तो मांस का टुकड़ा भी चला गया और मछली भी चली गई। अब आकाश की तरफ किस आशा से देख रही है?"

गीदड़ी ने प्रत्युत्तर में कहा—"तेरा तो मेरे से भी ज्यादा बुरा हाल है। तूने तो पति भी खोया और प्रेमी को भी खो दिया। तेरा सारा धन तो तेरा प्रेमी ले गया, अब निपट नग्नावस्था में यहां बैठी तू क्या कर रही है?"

मगरमच्छ जब यह कथा सुना रहा था तभी एक दूसरे जलचर ने वहां आकर उसे सूचना दी—"अरे भाई मगरमच्छ तुम यहां क्या कर रहे हो। जल्दी से अपने घर पहुंचो, वहां एक अन्य मगरमच्छ ने तुम्हारे घर पर कब्जा कर लिया है।"

यह सुनकर मगरमच्छ ने बंदर से कहा—"मित्र रक्तमुख। मुझ पर तो एक के बाद एक नई मुसीबत आती जा रही है। अब तुम्हीं कोई उपाय सुझाओ जिससे मैं अपने प्रतिद्वंद्वी मगरमच्छ से अपना घर वापस ले सकूं।"

यह सुनकर रक्तमुख बंदर बोला—"अब मैं तुमको कोई परामर्श नहीं

दे सकता। अपनी पत्नी के कहने पर तुम तो मुझे मारने की योजना बना रहे थे। जो व्यक्ति अपनी मूर्खता और प्रभुसत्ता के कारण सज्जनों और हितैषियों का परामर्श नहीं मानता, वह घंटाधारी ऊंट की भांति शीघ्र ही विनष्ट हो जाता है।

मगरमच्छ ने पूछा—"घंटाधारी ऊंट कौन था, और वह किस कारण विनष्ट हो गया था?

बंदर ने तब उसे यह कथा सुनाई।

घमंडी का सिर नीचा

किसी गांव में उज्ज्वल नाम का एक बढ़ई रहता था। वह बहुत गरीब था। बढ़ई दिन-भर मेहनत करता था, फिर भी उसकी आर्थिक दशा बिगड़ती ही जा रही थी। तब एक दिन उसने गांव छोड़कर विदेश जाने का निश्चय कर लिया। उसने अपने औजार इकट्ठे किए और उन्हें लेकर विदेश के लिए निकल पड़ा।

रास्ते में घना जंगल पड़ता था। वहां उसने देखा कि एक ऊंटनी प्रसव-पीड़ा से तड़प रही है। कुछ ही देर बाद ऊंटनी ने एक बच्चे को जन्म दिया। बढ़ई उस ऊंटनी और उसके बच्चे को लेकर घर लौट आया। घर पहुंचकर उसने ऊंटनी को खूंटे से बांध दिया और उसके लिए पत्तों भरी हरी-भरी शाखाएं काटने के लिए वन में चला गया। उसने ढेर सारी शाखाएं वृक्षों से काटीं और आकर ऊंटनी के सामने रख दीं। बहुत दिन तक ऐसा ही स्वादिष्ट आहार मिलता रहा तो ऊंटनी शीघ्र ही स्वस्थ और पुष्ट हो गई। ऊंट का बच्चा भी बढ़कर जवान हो गया। बढ़ई ने उसके गले में एक घंटा बांध दिया, जिससे कि वह कहीं खो न जाए। दूर से ही घंटे की आवाज सुनकर बढ़ई उसे लिवा लाता था।

ऊंटनी का घर आना बढ़ई के लिए सौभाग्य सूचक सिद्ध हुआ। ऊंटनी का दूध बेचकर अब वह कुछ धन भी कमाने लगा और उसके दूध से बढ़ई के बच्चे भी पलने लगे थे। कुछ दिन बाद बढ़ई ने ऊंटों का व्यापार करने का निश्चय कर लिया। गांव के महाजन से कुछ रुपया कर्ज लेकर वह गुर्जर देश (गुजरात) चला गया और वहां से कुछ और ऊंट खरीद लाया। इस प्रकार ऊंटों की खरीद और बिक्री करके वह काफी संपन्न हो गया। अब उसके पास काफी ऊंट हो गए थे। अतः ऊंटों की रखवाली के लिए

उसने एक सेवक भी रख लिया जो प्रतिदिन ऊंटों को चराने जंगल में ले जाता और शाम को उन्हें वापस लाकर उनकी देखभाल करता था। बदले में बढ़ई उसे प्रतिवर्ष एक ऊंट का बच्चा दे दिया करता था।

दिन भर चरने के बाद ऊंट शाम को घर आ जाते थे। ऊंट का वह पहला बच्चा, जिसके गले में बढ़ई ने घंटा बांध दिया था, सबसे पीछे आता था। वह कुछ अधिक ही घमंडी हो गया था। वह अपने को दूसरों से विशेष समझता था। सब ऊंट वन में पत्ते खाने को जाते तो वह सब को छोड़कर अकेला ही जंगल में घूमने लगता था।

उसके घंटे की आवाज से शेर को यह पता लग जाता था कि ऊंट किधर है। सबने उसे मना किया कि वह गले से उतार दे, किंतु वह नहीं माना।

एक दिन जब सब ऊंट वन में पत्तो खाकर और तालाब से पानी पीकर गांव की ओर वापस लौट रहे थे तब वह सबको छोड़कर जंगल की सैर करने को अकेला ही चल दिया। एक शेर ने, जो उस घंटे की आवाज पहचान गया था, उसका पीछा किया और जब वह पास आया तो उस पर झपट कर उसे मार डाला।

यह कथा सुनाकर बंदर बोला–"जो अपने हितैषियों की बात नहीं सुनता, उसकी यही दशा होती है।"

मगरमच्छ बोला–"तभी तो मैं तुमसे पूछता हूं। तुम सज्जन भी हो और साधू-प्रवृत्ति वाले भी। किंतु सच्चा साधू तो वही होता है जो अपने अपकार करने वालों पर भी साधुता करे, कृतघ्नों को भी सही राह दिखलाए। उपकार करने वाले व्यक्ति पर तो सभी लोग दया करते हैं।"

यह सुनकर बंदर ने कहा–"तब मैं तुमको यही उपदेश देता हूं कि तुम जाकर उस मगरमच्छ से युद्ध करो, जिसने तुम्हारे घर पर जबरन कब्जा कर लिया है। नीति कहती है कि शत्रु अगल बलवान है तो उसके साथ भेदनीति से, नीच है तो दान-नीत से, और सशक्त है तो उससे युद्ध करके विजय प्राप्त की जाए।

मगरमच्छ ने पूछा–"ऐसा क्यों कर संभव है?"

बंदर ने तब उसे यह कथा सुनाई।

गीदड़ की नीति

एक जंगल में महा चतुरक नाम का एक गीदड़ रहता था। एक दिन आहार की खोज में भटकते हुए उसकी निगाह एक मरे हुए हाथी पर पड़ गई। गीदड़ ने उसके चारों ओर घूमकर यह जानने की चेष्टा की कि इसके कौन से नर्म स्थान से खाया जाए। एक-दो जगह पर उसने दांत भी गड़ाए किंतु चमड़ा सख्त होने के कारण उसे सफलता नहीं मिल सकी। हाथी की चमड़ी बहुत ही कठोर थी। तभी कहीं से एक सिंह उधर आ निकला। सिंह को देखकर गीदड़ के प्राण खुश्क हो गए। सिंह के सामने दोनों हाथ जोड़कर प्रणाम करने के बाद उसने कहा—''स्वामी। मैं तो आपका सेवक हूं इस भोजन की रखवाली में आपके लिए ही कर रहा था। आप आराम से अपना भोजन कीजिए।''

यह सुनकर सिंह ने कहा—''अरे गीदड़। मैं दूसरे का मारा हुआ शिकार कभी नहीं खाता। भूखे रहकर भी मैं अपने इस धर्म का पालन करता हूं, अतः! तू ही इसे खा समझ ले कि मैंने तुझे उपहार में दे दिया।' यह कहकर सिंह वहां से आगे बढ़ गया।

सिंह को गए हुए अभी थोड़ा ही समय बीता था कि एक बाघ वहां आ पहुंचा। गीदड़ सोचने लगा, ''एक मुसीबत को तो हाथ जोड़कर टाल दिया था अब इस नई मुसीबत को कैसे टालूं? इसके साथ तो भेद-नीति से ही निपटा जा सकता है। जहां साम-दाम की नीति काम न करे वहां भेद-नीति का प्रयोग करना ही उत्तम रहता है।''

यह सोचकर वह गर्दन ऊंची करके बाघ के सामने पहुंचा और उससे कहा—''मामा! उस हाथी पर दांत न गड़ाना। इसे सिंह ने मारा है।

अभी-अभी वह स्नान करने के लिए नदी पर गया है और मुझे यहां इसको रखवाली के लिए छोड़ गया है। वह कह गया है कि यदि कोई बाघ यहां आए तो मुझे तुरंत सूचित कर देना। एक बार एक बाघ ने उसके शिकार को जूठा कर दिया था, तब से वह बाघों से बेहद चिढ़ा बैठा है। वह तो जहां भी किसी बाघ को देखता है, तत्काल उसे मार डालता है।''

गीदड़ की बात सुनकर बाघ डर गया और तुरंत वहां से भाग गया। बाघ के जाते ही एक चीता वहां आ पहुंचा। गीदड़ ने सोचा–''चीते के दांत तीखे होते हैं। इससे हाथी की खाल उधड़वा लेता हूं।'' यह सोचकर उसने चीते से कहा–''क्या बात है भांजे। बहुत दिनों के बाद दिखाई दिए हो। कुछ भूखे-से लग रहे हो। आओ मेरा आतिथ्य स्वीकार करो। यह हाथी शेर ने मारा है और मुझे इसकी रखवाली करने को कह गया है। जब तक शेर आए, इसका कुछ मांस खाकर जल्दी से भाग जाओ। मैं उसके आने की खबर दूर से ही कर दूंगा।''

यह कहकर गीदड़ थोड़ी दूर जाकर खड़ा हो गया। चीता हाथी की खाल उधेड़ने लग गया। जैसे ही चीते ने एक-दो जगह से खाल उधेड़ी, गीदड़ चिल्ला पड़ा–''भांजे, भाग जाओ। शेर आ रहा है।''

चीता यह सुनकर तत्काल वहां से भाग गया।

उसके जाने के बाद गीदड़ ने उधड़ी हुई जगहों से मांस खाना शुरू कर दिया। लेकिन अभी उसने एक-दो ग्रास ही खाए थे कि एक गीदड़ वहां आ धमका। उसे देखकर गीदड़ सोचने लगा–''इससे क्या डरना? यह तो मेरे बराबर ही ताकतवर है।'' यह सोचकर वह उस गीदड़ पर झपट पड़ा और उसे दूर तक खदेड़ आया। इसके बाद वह काफी दिनों तक उस मरे हाथी के मांस को खाता रहा।

यह कहानी सुनाकर बंदर बोला–''तभी तुम्हें कहता हूं कि अपनी ही जाति के अपने दुश्मन से अभी युद्ध करके निपट लो। नहीं तो उसकी जड़ें जम जाएंगी। फिर वह तुम्हें नष्ट कर देगा। जाओ, जाकर अपने घर को बचाओ। स्थान छोड़कर जाने से कोई लाभ नहीं है।

नई जगह पर जाने से तो अपनी ही जाति के लोग अपना विरोध करने लगते हैं।"

"वह कैसे?" मगरमच्छ ने पूछा।

बंदर ने तब उसे यह कहानी सुनाई।

कुत्ते का वैरी कुत्ता

किसी नगर में चित्रांग नाम का एक कुत्ता रहता था। एक बार उस क्षेत्र में अकाल पड़ गया। भोजन न मिलने के कारण अनेक पशु-पक्षी मर गए। चित्रांग भी जब भूखा मरने लगा तो वह उस नगर को छोड़कर एक अन्य नगर में चला गया। वहां उसको एक ऐसा घर मिल गया जिसकी गृहिणी बड़ी फूहड़ थी। वह घर की रसोई में रखे सामान के बारे में बहुत लापरवाही बरतती थी। बस, चित्रांग को अवसर मिल जाता और वह रसोई में चुपके से घुसकर स्वादिष्ट भोजन का आनंद उठा लेता। किंतु जब वह भोजन करके उसके घर से बाहर निकलता तो उस नगर के कुत्ते उसे घेर लेते और जगह-जगह से उसके शरीर को काटकर घाव कर दिया करते थे।

इस कष्ट को देखकर चित्रांग सोचने लगा कि इससे तो अपना ही देश भला है। जहां अकाल तो अवश्य है किंतु कोई इस प्रकार अपने जाति-भाई को काटने के लिए नहीं दौड़ता। यह विचार कर वह अपने नगर लौट आया।

चित्रांग के वापस आने पर उसके सगे-संबंधी उसके घर एकत्रित होकर उससे विदेश का समाचार पूछने लगे। चित्रांग बोला—"विदेश में हर प्रकार से संपन्नता है। वहां के लोग संतुष्ट एवं प्रसन्न हैं। जी भर कर भोजन करते हैं। बस वहां केवल एक ही बात की कमी है, वह यह कि वहां अपनी ही जाति के लोग विरोधी हैं, जो निरंतर आपस में लड़ाई करते रहते हैं।"

बंदर से इस प्रकार उपदेश की बातें सुनकर मगर ने निश्चय कर

लिया कि वह भी अपने स्थान पर जाकर उस मगरमच्छ से युद्ध करेगा जिसने उसके घर पर अधिकार कर लिया है। तब वह वहां से उठ कर अपने घर वापस पहुंचा। उसने मगर से युद्ध करके उसे पराजित किया और अपने पराक्रम से अपना घर पुनः प्राप्त कर सुख पूर्वक रहने लगा।

किसी ने सच ही कहा है–"बिना पुरुषार्थ के अनायास ही प्राप्त हो जाने वाले धन से यदि सुख मिल भी जाए, तो उससे उतनी संतुष्टि और प्रसन्नता नहीं मिलती जितनी कि पुरुषार्थ से प्राप्त किए हुए धन से होती है। पुरुषार्थी कभी खाली बैठना पसंद नहीं करता। वह हमेशा अपने पुरुषार्थ से अपने धन में वृद्धि करने के प्रयासों में लगा रहता है।"

(इति चतुर्थ तंत्र समाप्तम)

पंचम तंत्र

अपरीक्षित कारक

चतुर्थ तंत्र की समाप्ति के बाद विष्णु शर्मा ने राजकुमारों से कहा—राजकुमारों! तुम लोगों ने चार तंत्र भली भांति समझ लिए हैं, अब मैं पांचवें तंत्र को आरंभ करता हूं। इसके प्रथम श्लोक में कहा गया है—"बिना सोचे-समझे और परिणाम की चिंता किए बिना किसी कार्य का आरंभ कभी न करें, अन्यथा मूर्ख नाई की तरह ही परिणाम भुगतना पड़ता है।"

"गुरूदेव! नाई ने क्या मूर्खता की थी?" राजकुमारों ने समवेत स्वर में पूछा।

"सुनाता हूं। सुनो।" कहकर विष्णु शर्मा ने यह कथा सुनानी आरंभ की।

नाई की मूर्खता

दक्षिण प्रदेश के एक प्रसिद्ध नगर पाटलिपुत्र में मणिभद्र नाम का एक सेठ रहता था। सेठ बड़ा धर्मात्मा था, किंतु लोक-सेवा और धर्म के कार्य करते रहने के कारण उसका संचित धन समाप्त हो गया था। निर्धनता के कारण वह दुखी रहने लगा था। धन न होने से समाज में उसकी मान-प्रतिष्ठा भी घट गई थी।

किसी ने सच ही कहा है–"निर्धन व्यक्ति के गुणों का भी समाज ने आदर नहीं किया। उसके शील, कुल स्वभाव की श्रेष्ठता भी निर्धनता में दब जाती है। बुद्धि, ज्ञान और प्रतिभा के सारे गुण निर्धनता के तुषार में कुम्हला जाते हैं। जिस प्रकार पतझड़ के झंझावात में मौलसिरी के फूल झड़ जाते हैं, उसी प्रकार घर-परिवार के पोषण की चिंता में उसकी बुद्धि कुंद पड़ जाती है। घर की चिंताएं प्रतिभा-संपन्न व्यक्ति की प्रतिभा को भी लील जाती हैं। निर्धन व्यक्ति का घर श्मशान का रूप धारण कर लेता है।

अपनी सुंदर पत्नी का सौंदर्य भी उसे रूखा और निर्जीव-सा लगने लगता है। सरोवर में उठते बुलबुलों की भांति उसकी सारी मान-मर्यादाएं और सामाजिक प्रतिष्ठा नष्ट हो जाती है।"

अपनी ऐसी स्थिति में परेशान होकर एक दिन मणिभद्र ने सोचा–"निर्धनता की ऐसी हालत में जीने से कोई लाभ नहीं है। ऐसे जीवन से तो मौत ही भली। मैं कल ही अपने जीवन का अंत कर लूंगा।" ऐसा निश्चय करके वह सो गया।

नींद में उसने एक सपना देखा। एक भिक्षु की वेशभूषा में पद्म

निधि ने उसे दर्शन दिए, और बोले—"मणिभद्र! हताश और निराश होने की कोई आवश्यकता नहीं है। तेरे पूर्वजों ने जो धन अर्जित किया था, मैं उसका संचित रूप हूं। कल प्रातः मैं तुम्हारे घर आऊंगा। उस समय तुम मेरे सिर पर लाठी से प्रहार करना। उस प्रहार से मैं सोना बनकर गिर जाऊंगा। वह सोना तुम्हारे लिए अक्षय निधि बन जाएगा। तुम्हारी निर्धनता हमेशा के लिए दूर हो जाएगी।"

अगली सुबह सेठ जब जागा तो सपने वाली बातें फिर से उसके दिमाग में चक्कर काटने लगीं। उसने सोचा कि "क्या सपना सच होगा? नहीं भी हो सकता। चूंकि मैं दिन-रात धन की चिंता किया करता हूं, शायद इसी कारण से इस प्रकार का सपना आया हो? वैसे सुना भी यही जाता है कि रोगी, शोकातुर, चिंताशील व्यक्ति के सपने निरर्थक ही होते हैं। उनका कोई अर्थ नहीं निकलता।"

मणिभद्र यह सोच ही रहा था कि स्वप्न में देखे हुए भिक्षु के समान ही एक भिक्षु अचानक उसके घर के दरवाजे पर आ पहुंचा उसे देखकर मणिभद्र का चेहरा खिल उठा, उसे सपने की बात याद आ गई। उसने पास पड़ी लाठी उठाई और भिक्षु के सिर पर मार दी। भिक्षु उसी क्षण मर गया। भूमि पर गिरने के साथ ही उसका सारा शरीर सोने का हो गया। मणिभद्र ने उसकी स्वर्णमय मृत देह को छिपा लिया।

परंतु तभी एक नाई वहां आ गया। वह नाई नित्य प्रति सेठ के नाखून आदि काटने के लिए उसके पास आया करता था। उस नाई ने सब कुछ देख लिया। मणिभद्र पर्याप्त धन और वस्त्र का लोभ देकर उसे अपना मुख बंद रखने के लिए और घटना का किसी से जिक्र न करने का आग्रह किया।

नाई ने यह बात किसी से कही तो नहीं, किंतु धन कमाने की इस सरल रीति का प्रयोग स्वयं करने का निश्चय कर लिया। उसने सोचा कि यदि एक भिक्षु लाठी के प्रहार से चोट खाकर स्वर्णमय हो सकता है तो दूसरा क्यों नहीं हो सकता? उसने मन में निश्चय

कर लिया कि कल प्रातः मैं भी ऐसा ही करूंगा।

अगले दिन वह भिक्षु की खोज में निकला। पास ही भिक्षुओं का एक मंदिर था।

वहां मंदिर की तीन-तीन परिक्रमाएं करके और भगवान बुद्ध से अपनी मनोकामना पूरी करने की प्रार्थना करके वह प्रधान भिक्षु के पास पहुंचा और उनसे निवेदन किया कि आज की भिक्षा के लिए आप समस्त भिक्षुओं के साथ मेरे द्वार पर पधारें।

यह सुनकर प्रधान भिक्षु ने नाई से कहा—"तुम शायद हमारी भिक्षा के नियमों से परिचित नहीं हों। हम उन ब्राह्मणों के समान नहीं हैं जो भोजन का निमंत्रण पाकर गृहस्थों के घर जाते हैं। हम बौद्ध भिक्षु हैं जो घूमते-फिरते किसी भी भक्त-श्रावक के घर पहुंच जाते हैं और वहां उतना ही भोजन करते हैं जितना जीने के लिए काफी हो। हमें निमंत्रण मत दो। हम अपनी इच्छा से किसी दिन अपने आप तुम्हारे पास पहुंच जाएंगे।"

यह सुनकर नाई को बड़ी निराशा हुई। किंतु फिर उसने चालाकी से काम लेते हुए कहा—

"मैं आपके नियमों से परिचित हूं, किंतु मैं आपको भिक्षा के लिए नहीं बुला रहा। मेरा उद्देश्य तो आपको पुस्तक-लेखन की सामग्री देना है। मेरे घर पर किताबें लिखने की बहुत-सी सामग्री रखी हुई है। आप वहां चलकर अपने लिए जो भी सामग्री लेना चाहते हैं, वह ले लें क्योंकि वह सामग्री मेरे किसी काम की नहीं है।"

प्रधान भिक्षु नाई की बात मान गया। आखिर लालच तो सभी को किसी न किसी चीज का होता है।

प्रधान भिक्षु अपने कुछ सहयोगियों के साथ जब नाई के यहां पहुंचा तो नाई ने वहां पहले से ही रखी लाठी उठा ली और पिल पड़ा भिक्षुओं पर। किसी का सिर फूटा तो किसी का हाथ टूट गया। एक तो वहीं धराशायी हो गया। उनकी चीख पुकार सुनकर अन्य लोग वहां इकट्ठे हो गए। कुछ देर बाद नगर के रक्षक भी वहां पहुंच

गए और नाई को पकड़कर न्यायालय ले गए।

न्यायालय में जब न्यायाधीश ने इस रक्तपात का कारण पूछा तो नाई बोला—“सेठ मणिभद्र ने मेरे सामने एक भिक्षु को लाठी से मारकर सोने का बना दिया था। मैं भी इन सबको लाठी से मारकर ढ़ेर-सारा सोना इकट्ठा कर लेना चाहता था।”

नाई की बात सुनकर न्यायाधीश ने मणिभद्र को बुलाया और उससे पूछा—“क्या आपने किसी भिक्षु की हत्या की थी?

सेठ ने स्वप्न और उसके बाद की सारी घटना न्यायाधीश को बता दी। सारी बातें जान लेने के बाद न्यायाधीश ने नाई को फांसी की सजा दे दी और कहा—

“अच्छी तरह देखे, सुने और समझे बिना उसे जो दूसरों की अंधी नकल करता है, उसे ऐसा ही दंडभोगना पड़ता है। बिना सोचे-समझे किए गए अपने कार्य के लिए एक ब्राह्मणी को भी इसी प्रकार पछताना पड़ा था।”

मणिभद्र ने पूछा—“वह कैसे?”

न्यायाधीश ने तब उसे यह कहानी सुनाई।

बिना विचारे जो करे

किसी नगर में देवशर्मा नाम का एक ब्राह्मण रहता था। जिस दिन उसके घर में पुत्र जन्म हुआ, उसी दिन उसके घर में रहने वाली एक नेवली ने भी एक पुत्र को जन्म दिया, किंतु जन्म देने के बाद नेवली मर गई।

देवशर्मा की पत्नी बहुत दयालु स्वभाव की थी। उसने उस छोटे-छोटे नेवले को अपने पुत्र की तरह पाला। नेवले का शिशु सदैव उसके पुत्र के साथ खेलता था। दोनों में बहुत प्रेम था। देवशर्मा की पत्नी भी उन दोनों को प्रेम से रहते देख प्रसन्न होती थी, किंतु उसे यह डर भी लगा रहता था कि कहीं अवसर पाकर नेवला उसके बेटे का कोई अनिष्ट न कर दे। नेवला था तो आखिर एक हिंसक जीव ही। पशु के बुद्धि नहीं होती। मूर्खतावश वह कभी भी कैसा ही अनिष्ट कर सकता है।

एक दिन वह ब्राह्मणी अपने पुत्र को वृक्ष की छाया में सुलाकर पास के सरोवर से जल भरने चली गई। जाते-जाते वह अपने पति से कह गई कि वह बच्चे का ध्यान रखे, कहीं नेवला उसके बच्चे को काट न ले।

पत्नी के जाने के बाद देवशर्मा ने सोचा कि नेवला और बच्चे में गहरी मित्रता है, वह बच्चे को कोई नुकसान नहीं पहुंचाएगा। ऐसा सोचकर वह अपने एक यजमान के यहां भोजन करने के लालच से उसके घर चला गया।

संयोग से उसके जाने के बाद कहीं से एक काला नाग उधर आ निकला और धीरे-धीरे रेंगता हुआ बच्चे की ओर बढ़ने लगा। तभी नेवले

ने उसे देख लिया और वह उस नाग पर झपट पड़ा। यद्यपि इस लड़ाई में उसने नाग को मार दिया किंतु नाग के जहर से वह स्वयं भी इतना आहत हो गया कि निर्जीव-सा होकर भूमि पर गिर पड़ा। कुछ देर बाद वह कुछ सामान्य हुआ तो उधर ही चल पड़ा जिधर ब्राह्मणी जल भरने के लिए गई हुई थी। उसने सोचा था कि ब्राह्मणी उसके उस साहसपूर्ण कार्य की प्रशंसा करेगी, किंतु हुआ उसके विपरीत। उसकी खून में सनी देह को देखकर ब्राह्मणी ने यह समझा कि इस नेवले ने मेरे बच्चे को मार डाला है। बस, फिर क्या था, उसने सोचा न विचारा, क्रोध में भरकर सिर पर रखा जल से भरा घड़ा उतारा और नेवले के ऊपर पटक दिया। छोटे-से नेवले ने तत्काल वहीं दम तोड़ दिया। ब्राह्मणी भागती हुई उस वृक्ष के नीचे पहुंचे। वहां पहुंचकर उसने देखा कि उसका पुत्र बड़े आराम के साथ सोया हुआ है और उससे कुछ दूर एक काले नाग का शरीर टुकड़े-टुकड़े हुआ पड़ा है। तब उसे नेवले की वीरता का ज्ञान हुआ। वह बहुत पछताई और बार-बार नेवले का स्मरण करते हुए विलाप करने लगी।

कुछ समय बाद देवशर्मा भी घर लौट आया। ब्राह्मणी ने रोते हुए नेवले की मृत्यु का समाचार उसे सुनाया। उसने ब्राह्मण की भी बहुत भर्त्सना की। कहने लगी—"मैं तुम्हें बच्चे की रखवाली करने को कह गई थी, पर तुम तो इतने लोभी निकले कि भोजन के लालच में बच्चे को असुरक्षित छोड़कर यहां से चले गए। तुम्हें इतना लालच नहीं करना चाहिए था। अतिशय लालच करने से मनुष्य के मस्तक पर विपत्ति चक्र घूमने लगता है।

देवशर्मा ने पूछा—"वह किस प्रकार?"

ब्राह्मणी ने तब अपने पति को यह कथा सुनाई।

लालच बुरी बला

किसी नगर में चार ब्राह्मण-कुमार रहते थे। चारों में गहरी मित्रता थी। किंतु वे चारों ही बड़े निर्धन और दरिद्र थे। एक दिन उन चारों ने इस समस्या के समाधान के लिए आपस में विचार-विमर्श किया और फिर निश्चय किया कि धन कमाने के लिए किसी अन्य स्थान पर जाया जाए।

तब उन्होंने कोई एक दिन निश्चित किया और निर्धारित दिन को अपना घर-बार छोड़कर विदेश यात्रा पर निकल पड़े।

चलते-चलते चारों क्षिप्रा नदी के तट पर पहुंचे। वहां उन्होंने पहले तो नदी के शीतल जल में स्नान किया फिर महाकाल के मंदिर में जाकर महाकाल के दर्शन किए। थोड़ी दूर आगे जाने पर उन्हें जटाजूट धारी एक योगी दिखाई पड़े। उस योगी का नाम था—भैरवानंद। वह योगी उन ब्राह्मण-पुत्रों को अपने आश्रम में ले गए और उनके वहां आने का प्रयोजन पूछा। चारों ने कहा—"हम अर्थ-सिद्धि के लिए यात्री बने हैं। धनोपार्जन करना ही हमारा लक्ष्य है। अब या तो धन कमाकर लौटेंगे अन्यथा अपनी जान दे देंगे। धन-विहीन रहकर जीने से तो मृत्यु ही अच्छी है।

"परंतु धनवान बनना तो भाग्य के अधीन है।" योगी भैरवानंद बोले।

"महाराज। यह सच है कि भाग्य ही मनुष्य को धनी बनाता है, किंतु साहसी और पुरुषार्थी व्यक्ति तो अवसर के अनुसार उसका लाभ उठाकर भाग्य को भी बदल देते हैं। आप एक सिद्ध पुरुष हैं। आप ही हमें कोई ऐसा उपाय सुझाएं। कहा भी है कि श्रेष्ठ जन कार्य की पूर्णता में सहायक होते हैं।"

भैरवानंद उनको दृढ़ निश्चयी समझकर उनसे प्रसन्न हो गए और उनको कार्य-सिद्धि के लिए चार बत्तियां सिद्ध करके दे दीं। वह बोले—"हिमालय की ओर चले जाओ। वहां पहुंचकर तुम चारों की बत्तियां जिस स्थान पर गिरें, उस स्थान को खोदकर देखना, वहां अवश्य धन मिलेगा। धन को निकालकर लौट आना।"

चारों ब्राह्मण कुमार बत्तियां लेकर हिमालय की ओर चल पड़े। कुछ दूर जाने पर उनमें से एक के हाथ से एक बत्ती गिर गई। उसने उस जगह को खोदा तो उसे तांबे की खान मिली। वह बोला—"इसमें से बहुत-सा तांबा खोदकर ले चलते हैं। उसे बेचकर धन प्राप्त कर लेंगे।"

"मूर्ख। तांबे से दरिद्रता दूर नहीं होगी। हम आगे बढ़ेंगे।" दूसरा ब्राह्मण बोला।

यह सुनकर पहला ब्राह्मण कुमार बोला—"मैं तो इस तांबे को पाकर ही संतुष्ट हूं। तुम लोग जाना चाहते हो तो चले जाओ।"

तीनों ब्राह्मण-कुमार तब आगे बढ़ गए। पहला युवक अपनी सामर्थ्य के अनुसार तांबा निकालकर अपने घर लौट आया।

वे तीनों कुछ और आगे पहुंचे तो दूसरे ब्राह्मण-कुमार के हाथ से बत्ती गिर गई। उस स्थान को खोदा गया तो वहां चांदी की खान मिली। उसने शेष दोनों युवकों से कहा—"यह चांदी हमारी दरिद्रता दूर करने के लिए काफी है। यहां से चांदी लेकर लौट चलते हैं।"

"पहले तांबा मिला फिर चांदी। और आगे चलेंगे तो हो सकता है सोने की खान मिल जाए। अतः हमें आगे चलना चाहिए।" शेष दोनों युवक बोले।

"मेरे लिए तो यह चांदी ही यथेष्ट है। मैं तो इसी को लेकर लौट जाऊंगा। तुम लोग और आगे जाना चाहते हो तो चले जाओ।" यह कहकर वह दूसरा युवक चांदी लेकर लौट आया।

शेष दोनों ब्राह्मण-कुमार आगे बढ़ गए। थोड़ा और आगे पहुंचने पर तीसरे युवक की बत्ती नीचे गिर गई। उसने वह जगह खोदी तो वहां सोने की खान मिली। उसने चौथे ब्राह्मण-कुमार से कहा—"अब आगे

भटक कर क्या करेंगे? यह सोना हमारे लिए काफी है। इसे निकाल कर लौट चलते हैं।''

''तुम तो मूर्ख हो।'' चौथा युवक बोला—''अरे देखा नहीं कि पहले तांबा निकला, फिर चांदी। इस बार सोना निकला है। आगे जाने पर तो रत्नों की ही खान मिलेगी।''

तीसरा युवक बोला—भाई। ज्यादा लालच करना ठीक नहीं है। फिर भी तुम्हें जाना है तो जाओ। मैं तो यहीं ठहरूंगा और तुम्हारी प्रतीक्षा करूंगा।''

चौथा युवक आगे बढ़ गया। रास्ता बहुत विकट था। कांटों से उसके पैर छलनी हो गए। किंतु रत्नों के लालच में वह आगे ही बढ़ता गया।

बहुत आगे जाने पर उसे एक ऐसा व्यक्ति दिखाई दिया जिसका शरीर खून से लथपथ था, उसके मस्तक पर एक चक्र भी घूम रहा था। चौथे युवक ने उसे व्यक्ति के पास जाकर पूछा—''तुम कौन हो भाई? और तुम्हारे मस्तक पर यह चक्र क्यों घूम रहा है? यहां कहीं पानी मिल सकता है तो वह स्थान मुझे बतलाओ, मुझे बड़ी जोर की प्यास लगी हुई है।''

चौथे युवक का इतना पूछना था कि उस व्यक्ति के मस्तक से चक्र उतर कर चौथे युवक के मस्तक पर आ लगा। यह देखकर युवक के आश्चर्य की सीमा न रही। उसने कष्ट से कराहते हुए पूछा—''यह क्या हुआ? यह चक्र तुम्हारे मस्तक से छूटकर मेरे मस्तक पर क्यों लग गया?''

अजनबी व्यक्ति ने उत्तर दिया—''मेरे मस्तक पर भी यह इसी प्रकार अचानक लग गया था। अब यह तुम्हारे मस्तक से तभी उतरेगा जब कोई व्यक्ति धन के लोभ में घूमता हुआ यहां तक पहुंचेगा और तुमसे बात करेगा।''

युवक ने पूछा—''ऐसा कब होगा?''

अजनबी व्यक्ति ने उत्तर देने के स्थान पर पूछा—''पहले यह बताओ कि अब किस राजा का राज्य है?''

''आजकल राजा वत्स का राज्य है।''

"वर्षों की गिनती तो मुझे मालूम नहीं है, लेकिन मैं जब सिद्ध बत्ती लेकर अपनी निर्धनता दूर करने यहां आया था, तब श्री रामचंद्र महाराज का राज्य-काल चल रहा था। मैंने एक व्यक्ति के मस्तक पर इस चक्र को घूमते देखा था। जैसे ही मैंने उससे बात करने का प्रयास किया, वैसे ही उसके मस्तक पर घूमता हुआ यह चक्र उतर कर मेरे मस्तक पर आकर लग गया था।" अजनबी मनुष्य ने ब्राह्मण युवक को बताया।

"किंतु, इतने समय तक तुम्हें भोजन और जल कैसे मिलता रहा?" ब्राह्मण युवक ने पूछा।

"यह चक्र धन के अति लोभी पुरुषों के लिए बना है।" अजनबी बोला—"इस चक्र के मस्तक पर लगने के बाद मनुष्य को भूख, प्यास, नींद, बुढ़ापा और मरण आदि का भय नहीं सताता। केवल चक्र घूमने का कष्ट ही उसे सताता रहता है। वह व्यक्ति अनंत काल तक कष्ट भोगता रहता है।"

यह कहकर अजनबी वहां से चला गया, और वह अति लोभी, ब्राह्मण युवक कष्ट भोगने के लिए वहीं रह गया। अजनबी व्यक्ति के चले जाने के बाद वह अति लोभी ब्राह्मण युवक खून से लथपथ शरीर लिए इधर-उधर भटकता हुआ उस स्थान पर पहुंचा, जहां तीसरा ब्राह्मण युवक सोने की खान से सोना निकाल रहा था। वहां पहुंचकर उस चक्रधारी ब्राह्मण कुमार ने उससे सारा वृत्तांत कह सुनाया। सुनकर तीसरा ब्राह्मण युवक बोला—"मैंने तुम्हें आगे जाने से रोका था, किंतु रत्नों के लोभ में तुम नहीं माने। ब्राह्मण परिवार में जन्म होने से विद्या तो तुम्हें मिल गई, कुलीनता भी मिली, किंतु भले-बुरे को परखने वाली बुद्धि तुम्हें नहीं मिली। विद्या की अपेक्षा भले-बुरे को परखने वाली बुद्धि नहीं मिली। विद्या होते हुए भी जिसके पास बुद्धि नहीं होती, वह उसी तरह नष्ट हो जाते हैं जिस प्रकार शेर को जीवन देने वाले तीन युवा ब्राह्मण नष्ट हो गए थे।"

चक्रधारी ने पूछा—"वे ब्राह्मण कौन थे, और उन्हें शेर को जीवित करने की क्या आवश्यकता पड़ गई थी?"

तब स्वर्ण-सिद्धि ने उसे यह कथा सुनाई।

विद्या बड़ी या बुद्धि?

किसी नगर में चार भाई रहते थे। वे ब्राह्मण परिवार से थे। चार में से तीन शास्त्रों में तो पारंगत थे, पर बुद्धि से बिल्कुल कोरे थे। चौथे ने शास्त्र तो नहीं पढ़ा था किंतु उन तीनों की अपेक्षा अधिक बुद्धिमान था।

एक दिन उन चारों ने सोचा—''हमने विद्या तो प्राप्त कर ली, किंतु विद्या का लाभ तभी हो सकता है जब विदेश जाकर ढेर सारा धन कमाकर लाएं। इसलिए धन कमाने के साथ-साथ हमें अपनी विद्या की परीक्षा भी करनी चाहिए। यही विचारकर वे चारों विदेश यात्रा को चल पड़े।

मार्ग में एक स्थान पर वे विश्राम करने के लिए ठहर गए। वहां सबसे बड़े भाई ने कहा—''हम चारों भाइयों में तीन तो विद्वान हैं, किंतु सबसे छोटा भाई मूर्ख है। उसे शास्त्रों का ज्ञान नहीं है। धनी लोग तो विद्वान व्यक्ति का ही आदर-सम्मान करते हैं। हां, उसके पास बुद्धि जरूर है, पर मात्र बुद्धि से ही क्या होगा? इसलिए हम लोग जो धन कमाएंगे उसमें से उसे कुछ नहीं देंगे। उचित तो यही है कि यह यहीं से घर वापस चला जाए।''

दूसरे ने बड़े भाई का समर्थन किया, किंतु तीसरे ने उनका विरोध करते हुए कहा—''ऐसा करना उचित नहीं होगा। हम लोग बचपन से एक साथ रहते रहे हैं, इसलिए इसको भी साथ ले चलते हैं। अपनी कमाई में से थोड़ा-सा इसे भी दे देंगे तो हमारा क्या जाएगा? आखिर है तो हमारा छोटा भाई।''

तीनों ने उसकी बात मान ली। फिर वे आगे चल दिए। रास्ते में

एक जंगल आया। वहां उन्होंने शेर की हड्डियों का एक ढांचा पड़ा देखा। उस ढांचे को देखकर तीनों ने अपनी विद्या की परीक्षा लेने का निर्णय किया।

तब एक भाई ने उस कंकाल की हड्डियों को इकट्ठा किया और अपने ज्ञान द्वारा उन्हें यथास्थान जोड़ दिया। दूसरे भाई ने उस ढांचे पर अपनी विद्या के बल से चमड़ा और मांस चढ़ाया, उसमें खून का संचार किया।

तीसरा बोला—"तुम दोनों अपनी विद्या का चमत्कार दिखा चुके। अब मेरी विद्या का कमाल देखो। मैं इसमें प्राणों का संचार कर देता हूं।"

चौथा बोला—"नहीं भैया। ऐसा मत करो। यह शेर का कंकाल है। तुमने इसे जीवित कर दिया तो वह हम सबको खा जाएगा।"

"अरे तुम तो मूर्ख हो।" तीसरे भाई ने झिड़का—"मैं तो अपनी विद्या का चमत्कार जरूर दिखाऊंगा।"

यह सुनकर चौथा भाई बोला—"यदि तुम्हें अपनी विद्या का चमत्कार दिखाना ही है तो दिखाओ। पर कुछ क्षण के लिए रुक जाओ, तब तक मैं इस वृक्ष पर चढ़ जाऊं।" यह कहकर वह वृक्ष पर चढ़ गया।

तीसरे भाई ने अपनी विद्या के प्रयोग से जैसे ही शेर के कंकाल में प्राण फूंके, शेर जीवित हो गया। उसने नीचे खड़े तीनों भाई मार डाले और गरजता हुआ जंगल में चला गया। चौथा भाई पेड़ से उतरकर कुशलतापूर्वक अपने घर लौट गया।

यह कथा सुनाकर स्वर्ण-सिद्धि ने कहा—"इसीलिए कहता हूं कि सिर्फ विद्या का ज्ञान होना ही पर्याप्त नहीं है, व्यक्ति को बुद्धि की भी आवश्यकता होती है। शास्त्रों में कुशल होने पर भी लोक-व्यवहार से अनभिज्ञ रहने पर व्यक्ति उसी प्रकार उपहास का पात्र बन जाता है, जिस प्रकार एक बार ऐसे चार पंडित बन गए थे।"

"कौन थे वे चार पंडित?" चक्रधारी ने पूछा।

स्वर्ण-सिद्धि ने तब उसे यह कहानी सुनाई।

मूर्ख पंडित

एक नगर में चार ब्राह्मण-कुमार रहते थे। चारों में परस्पर बहुत स्नेह था। एक बार उन्होंने मिलकर विचार किया कि विद्याध्ययन के लिए किसी अन्य देश में जाया जाए। तब उन्होंने कान्यकुब्ज देश में जाने का निर्णय किया और उस देश के लिए चल पड़े।

बारह वर्ष तक उन्होंने विद्याध्ययन किया फ़िर गुरुजनों से आज्ञा लेकर लौट पड़े। अपने-अपने पोथे भी वे साथ ले आए। वे लोग क्योंकि बारह वर्ष बाद अपने नगर को लौट रहे थे, इसलिए उन्हें रास्ते का ध्यान न रहा। जिस मार्ग से वे पहले आए थे, उस रास्ते में बहुत फेर-बदल हो चुका था, इसलिए वे रास्ते से भटक गए।

चौराहा आया तो चारों उलझन में पड़ गए कि कौन से रास्ते से जाएं। तब वे चारों चौराहे के पास ही बैठ गए और प्रतीक्षा करने लगे कि कोई आए तो उससे अपने नगर को जाने वाला रास्ता पूछें।

संयोग की बात है कि कुछ ही देर बाद कुछ लोग एक अर्थी उठाए उधर से गुजरे। पास के गांव के लड़के का देहांत हो गया था, वे लोग उसी का दाह-संस्कार करने के लिए उसे श्मशान घाट ले जा रहे थे। तब उन ब्राह्मणों में से एक ने अपनी पोथी खोली और कहने लगा—"इसमें लिखा है कि जिस मार्ग से महाजन लोग जाएं, अन्य व्यक्तियों को भी उसी मार्ग से जाना चाहिए।"

यह जानकर वे चारों जी उन लोगों के पीछे-पीछे चल दिए। जब वे श्मशान में पहुंचे तो वहां उनको एक गधा दिखाई दिया। यह निश्चय करने के लिए दूसरे ब्राह्मण ने अपनी पोथी खोली और पढ़कर कहने

लगा—"इसमें लिखा है कि किसी उत्सव में, दुःख में, अकाल पड़ने पर, शत्रुओं से घिर जाने पर, राज सभा में तथा श्मशान में जो मिले, उसे स्वजन के समान मानना चाहिए।" यह जानकर उन्होंने उस गधे को अपना भाई मान लिया। कोई उससे गले मिलने लगा तो कोई उसे सहलाने लगा। उन्होंने इधर-उधर निगाहें दौड़ाई तो एक ऊंट भी उन्हें तेज गति से आता दिखाई दे गया। जिसको देखकर वे परस्पर प्रश्न करने लगे—"यह क्या है?"

ऐसे अवसर पर तीसरे ब्राह्मण ने अपना ग्रंथ खोला और पढ़कर बोला—"धर्म की गति तेज होती है। इसकी गति भी तेज है। तब यह निश्चय ही धर्म होगा।"

चौथा अपने ग्रंथ को पढ़कर बोला—"मित्र को धर्म के साथ जोड़ देना चाहिए।"

यह विचार कर उन चारों ने उस गधे को ऊंट के गले में बांध दिया। जब किसी ने उस गधे के स्वामी धोबी को इसकी सूचना दी तो वह उन्हें मारने के लिए दौड़ा आया। धोबी का ऐसा रौद्र रूप देखकर चारों वहां से भाग खड़े हुए।

कुछ आगे चलने पर उन्हें एक नदी मिली। उस नदी की धारा में एक पलाश का पत्ता बहता चला जा रहा था। उसे देखकर एक ब्राह्मणा ने कहा—शास्त्र में लिखा है कि आने वाला हमें पार लगाएगा।" यह कहकर वह मूर्ख उस पत्ते को पकड़ने के लिए नदी में कूद पड़ा। जब वह नदी में बहने लगा तो दूसरा ब्राह्मण उसे बचाने के लिए गया। उसके हाथ में उसकी चोटी आ गई। उसे पकड़कर वह कहने लगा—"शास्त्र में लिखा है कि जब सर्वनाश हो रहा हो, तब यदि आधा ही बचाया जा सके तो बचा लेना चाहिए। उसे आधे से ही संतोष कर लेना चाहिए।"

शास्त्र की बात का स्मरण कर उस मूर्ख ने अपने साथी ब्राह्मण की गर्दन काट ली। उसका धड़ नदी के जल में बह गया। चार में से अब तीन ही शेष रह गए।

मार्ग में चलते हुए वे एक गांव में पहुंचे। ग्रामवासियों ने यह समझकर

कि सुपठित पंडित आए हैं, अतः इनका सत्कार करना चाहिए, उन्हें अपने-अपने घरों में भोजन पर आमंत्रित किया।

उन्हें तीन व्यक्तियों ने भोजन के लिए आमंत्रित किया था और वे भी तीन ही थे। अतः वे तीनों घरों में अलग-अलग गए। एक ब्राह्मण जब खाने को बैठा तो उसे घी और चीनी में बनी सेवईं खाने को दी गईं। सेवईं देखकर उस ब्राह्मण को शास्त्र में लिखी एक बात स्मरण हो आई—"जो दीर्घ तंतु वाली वस्तु होती है, वह जल्दी ही विनष्ट हो जाती है।" कहीं इसे खाकर मैं भी नष्ट न हो जाऊं!" ऐसा विचार कर उस ब्राह्मण ने यह सेवईं नहीं खाईं। दूसरे को रोटियां परोसी गईं तो उसे याद आ गया—"फैली हुई वस्तु आयु को घटाती है।" यह सोचकर उसने भी रोटियां न खाईं कि इन्हें खाकर कहीं मेरी आयु भी कम न हो जाए। तीसरे को दाल से बने बड़े परोसे गए। उनमें बीच में छेद था। तीसरे को शास्त्र में लिखा यह वचन याद आ गया कि—"छिद्र वाली वस्तु में बहुत अनर्थ होते हैं।" ऐसा सोचकर उसने भी अपना भोजन छोड़ दिया। परिणाम यह हुआ कि तीनों ही भूखे रहे और उनकी जग-हंसाई हुई सो अलग।

यह कथा सुनाकर स्वर्ण-सिद्धि ने कहा—"इसीलिए कहता हूं कि व्यवहार बुद्धि के बिना पंडित भी मूर्ख ही रहते हैं। व्यवहार-बुद्धि भी एक ही होती है। सैकड़ों बुद्धियां रखने वाला सदा डांवा-डोल रहता है।" स्वर्ण-सिद्धि की बात सुनकर चक्रधारी ने कहा—"तुम्हारी बात निरर्थक है। भाग्य की प्रतिकूलता से बुद्धिमान व्यक्ति को भी कष्ट उठाना पड़ता है, और यदि अनुकूल हो तो मूर्ख व्यक्ति भी आनंदपूर्वक अपना जीवन व्यतीत करता है। भाग्य द्वारा सुरक्षित वस्तु बिना किसी सुरक्षा के भी बची रहती है।"

स्वर्ण-सिद्धि ने पूछा—"वह कैसे?"

चक्रधारी ने तब उसे यह कहानी सुनाई।

व्यावहारिक बुद्धि

किसी सरोवर में दो मछलियां रहती थीं। उनमें से एक थी शत बुद्धि (सौ बुद्धियों वाली) दूसरी थी–सहस्त्रबुद्धि (हजार बुद्धियों वाली)। उसी तालाब में एक मेंढक भी रहता था। उसका नाम था–एक बुद्धि। उसके पास एक ही बुद्धि थी, इसलिए उसे अपनी बुद्धि पर अभिमान नहीं था। शतबुद्धि और सहस्त्रबुद्धि को अपनी चतुराई पर बहुत अभिमान था।

एक दिन संध्या के समय तीनों आपस में वार्तालाप कर रहे थे। तभी उन्होंने देखा, कुछ मछुआरे मछलियां मारकर ला रहे थे। सरोवर को देखकर उन्होंने निर्णय किया कि अगले दिन इसी सरोवर में आकर मछलियां पकड़ेंगे।

मछुआरों के जाने के बाद सभी जलचरों ने आपस में विचार-विमर्श किया। सभी चिंतित थे कि क्या किया जाए! सबकी चिंता का उपहास करते हुए सहस्त्रबुद्धि ने कहा–"घबराओ मत! दुनिया में सभी दुर्जनों के मन की बात पूरी होने लगे तो संसार में किसी का रहना कठिन हो जाए। सांपों और दुष्टों के उद्देश्य कभी पूरे नहीं होते, इसीलिए संसर बना हुआ है। किसी के कहने मात्र से डर जाना कायर पुरुषों का काम होता है। पहली बात तो यह है कि वे मछुआरे यहां आएंगे ही नहीं, और यदि आ भी गए तो मैं अपनी बुद्धि से सबकी रक्षा कर लूंगी।"

शतु बुद्धि ने भी उसकी बात का समर्थन किया। वह बोली–"किसी के कहने मात्र से डर कर अपनी जन्मभूमि को छोड़ देना बिल्कुल भी न्यायसंगत नहीं है। बुद्धिबल से व्यक्ति असंभव से असंभव समझे जाने

वाले कार्यों को भी हल कर लेता है। बुद्धिमानों की बुद्धि तो वहां तक भी पहुंच जाती है जहां प्रकाश एवं वायु तक का प्रवेश नहीं हो पाता। बुद्धिमानों के लिए सब कुछ संभव है। इसलिए डरो नहीं। बुद्धिबल से काम लो। भगवान ने हमें जो बुद्धि दी है, वह भय से भागने की नहीं, बल्कि भय का युक्तिपूर्वक सामना करने के लिए दी है।''

सरोवर के सभी जलचरों ने सहस्रबुद्धि और शतबुद्धि के अश्वासन पर भरोसा कर लिया, किंतु एकबुद्धि नाम के मेंढ़क ने कहा—''मित्रो। मेरे पास तो एक ही बुद्धि है। वह मुझे भाग जाने की सलाह देती है। इसलिए मैं तो सबह होने से पहले ही इस सरोवर को छोड़कर किसी दूसरे सरोवर में चला जाऊंगा।'' यह कहकर वह अपने परिवार को साथ लेकर वहां से कूच कर गया।

अपने कहने के अनुसार दूसरे दिन प्रातःकाल मछुआरे वहां पहुंचे और जाल बिछाकर छोटे-बड़े सभी जलचरों को पकड़ लिया। शतबुद्धि और सहस्रबुद्धि भी पकड़ी गईं। मछुआरे इन दोनों बड़ी मछलियों को अपने सिर और कंधों पर लादकर ले गए।

कुछ देर बाद मछुआरे उस सरोवर के पास से गुजरे जिसमें समय रहते एकबुद्धि मेंढक अपने परिवार के साथ पहुंच गया था। शतबुद्धि और सहस्रबुद्धि को मृतावस्था में मछुआरों के कंधे और सिर पर लदा देखकर एकबुद्धि अपनी पत्नी से कहने लगा—''देखा। कैसी दुर्दशा हुई है इन तथाकथित बुद्धिमान मछलियों की। इनमें से एक तो स्वयं को शतबुद्धि कहती थी और दूसरी सहस्रबुद्धि। इनसे तो मैं एकबुद्धि वाला ही ठीक हूं, जो सरोवर के इस निर्मल जल में स्वच्छंद विचरण तो कर रहा हूं।''

यह कथा सुनाकर चक्रधारी ने कहा—''आपका यह कहना कि विद्या से बुद्धि श्रेष्ठ होती है, यह बात सर्वथा सत्य नहीं होती है।

''आपकी बात भी ठीक है।'' स्वर्ण-सिद्धि ने कहा—''परंतु मित्र की बात न मानने का परिणाम भयंकर ही निकलता है। मित्र की उचित सलाह पर ध्यान न देने वाले व्यक्ति की दशा वैसी ही हो जाती है जैसी एक

गधे की हो गई थी। उस गधे को अपने मित्र सियार ने बहुत समझाया था, फिर भी उसने उसके परामर्श पर परामर्श पर कोई ध्यान नहीं दिया था।''

चक्रधारी ने पूछा–''गधे ने अपने मित्र का परामर्श क्यों नहीं माना था?''

स्वर्ण-सिद्धि ने तब उसे यह कहानी सुनाई।

संगीत विशारद गधा

एक गांव में उद्धत नाम का एक गधा रहता था। दिन भर तो वह गधा धोबी के अधिकार में रहकर उसके कपड़े ढोया करता, किंतु रात को धोबी उसे खुला छोड़ देता था और वह मनमाने ढंग से इधर-उधर घूमा करता। सवेरा होते ही वह गधा धोबी के यहां अपने-आप ही आ जाता था, जिससे धोबी उस पर विश्वास करके कभी बांधता नहीं था।

एक रात खेतों में घूमते हुए उसकी जान-पहचान एक गीदड़ से हो गई। गधे के साथ गीदड़ भी खेतों में जाने लगा। खेत की बाड़ को तोड़कर पहले गधा खेत में घुसता था, फिर उसके पीछे-पीछे गीदड़ भी अंदर चला जाता। रात भर दोनों खेत से नर्म-नर्म ककड़ियां खाते और सुबह होते ही अलग-अलग हो जाते थे।

एक दिन गधा उमंग में आ गया। चांदनी रात में लहलहाते खेतों को देखकर उसने गीदड़ से कहा—"मित्र। आज की रात कितनी सुहावनी है। मेरा तो जी चाह रहा है कि आज खूब गीत गाऊं। मैं अनेक राग-रागिनियां जानता हूं। तुझे जो भी पसंद हो, वही रागिनी सुना सकता हूं। अब अपनी पसंद बता, कौन-सा गीत गाऊं?"

गीदड़ बोला—"अरे मामा! क्यों बेकार मुसीबत को न्यौता देते हो। हम दोनों चोरी से तो यहां आए हैं। चोर को तो खांसना भी मना है और फिर तुम्हारी आवाज़ तो इतनी भद्दी है कि कोंसों दूर तक सुनाई पड़ेगी। तुम्हारी आवाज़ सुनकर खेतों के रखवाले यहां पहुंच गए तो तुम्हारी हड्डियां तोड़ डालेंगे। कल्याण चाहते हो तो इस समय अपनी राग-रागिनियों को भूल जाओ। आराम से ककड़ियां खाकर अपना पेट भरो और चुपचाप

निकल चलो। बेवक्त की रागिनी तुम्हारे लिए हितकर नहीं है।''

गीदड़ की बात सुनकर गधे ने कुछ गरज से कहा–''मित्र! तुम तो जंगली ही रहे। तुम्हें संगीत का कोई ज्ञान नहीं है इसीलिए ऐसा कह रहे हो। संगीत की कद्र तो कोई संगीत ही कर सकता है। कभी तुमने संगीत कहीं सुना भी है?''

गीदड़ बोला–''मामा। यह बात तो ठीक है कि मुझे संगीत का कोई ज्ञान नहीं है, पर संगीत तुम्हें भी तो नहीं आता। तुम्हारे गले से तो सिर्फ़ ढेंचू-ढेंचू की आवाज़ ही निकलती है।''

गधे को गीदड़ की बात पर बहुत क्रोध आया, किंतु वह उस समय अपने क्रोध को पी गया बोला–''अरे गीदड़! यदि मुझे संगीत विद्या का ज्ञान नहीं है तो और किसको होगा? मुझे सारा संगीत-शास्त्र कंठस्थ है। स्वर क्या होते हैं, उसके कितने भेद होते हैं, उन भेदों को क्या कहते हैं, मैं सब जानता हूं। संगीत की लय, ताल, मूर्छनाएं, ग्राम आदि जो भी विद्याएं है, उन सबमें पारंगत हूं।''

गीदड़ बोला–''मामा। यदि ऐसी ही बात है तो मैं तुम्हें नहीं रोकूंगा। मैं खेत के प्रवेश द्वार पर जाकर चौकीदारी करता हूं। तुम जैसा चाहो, वैसा गीत गाना।'' यह कहकर गीदड़ जल्दी से खेत के बाहर चला गया, और झाड़ी के पीछे छिपकर खड़ा हो गया।

गधे ने अपना राग आलापना शुरू कर दिया। गधे के रेंकने की आवाज सुनकर रखवाले जाग गए और डंडा लेकर उसकी ओर दौड़ पड़े। उन्होंने डंडों से गधे को इतना पीटा कि वह कराहते हुए जमीन पर गिर पड़ा। रखवालों ने उसके गले में एक मोटी सांकल डाल दी और एक खूंटा गाड़कर उसमें गधे को बांध दिया। यह सोचकर कि अब यह गधा भाग नहीं सकेगा, रखवाले उसे छोड़कर आराम करने के लिए चले गए।

गधा भी थोड़ी देर कष्ट से तड़पने के बाद उठ बैठा। जोर लगाकर उसने खूंटा उखाड़ लिया और गांव की ओर भागना शुरू कर दिया। गीदड़, जो झाड़ी के पीछे छिपा सब कुछ देख रहा था, उसके पास पहुंचा और मुस्कराकर गधे से बोला–''क्यों मामा! मिट गया न संगीत विशारद बनने

का मजा! कितना मना किया था कि बेवक्त की रागिनी अच्छी नहीं होती, किंतु तुम नहीं माने। और अपनी हड्डियां तुड़वां बैठे। मित्रों की सलाह का तिरस्कार करने पर ऐसा ही दंड मिलता है।''

चक्रधारी को यह कहानी सुनाकर स्वर्ण-सिद्धि ने कहा—आपने भी मेरा परामर्श नहीं माना था। मेरे मना करने पर भी आप रूके नहीं थे। रत्नों का लालच जो आप पर हावी हो रहा था।'' चक्रधारी बोला—''तुम ठीक कहते हो। किसी ने ठीक ही कहा है कि जो स्वयं बुद्धिहीन हो और मित्र का कहना भी न माने वह व्यक्ति मंथर जुलाहे की भांति मृत्यु को प्राप्त होता है।''

स्वर्ण-सिद्धि ने पूछा—''मंथर जुलाहा कौन था, और उसकी कैसे मृत्यु हुई थी?''

चक्रधारी ने तब उसे यह कहानी सुनाई।

मित्र की शिक्षा मानो

किसी गांव में मंथरक नाम का एक जुलाहा रहता था। एक दिन कपड़ा बुनते हुए एक-एक करके उसके कपड़ा बुनने के कई उपकरण (औज़ार) टूट गए। इससे उसका काम बंद हो गया। नए उपकरण तैयार करने के लिए लकड़ी की आवश्यकता महसूस हुई तो वह लकड़ी काटने के लिए जंगल की ओर चल पड़ा।

घूमता-घामता वह समुद्र के किनारे जा पहुंचा जहां उसे एक बड़ा-सा शीशम का वृक्ष दिखाई दे गया। इसी वृक्ष की लकड़ी उपयुक्त रहेगी। ऐसा सोचकर वह वृक्ष पर चढ़ गया। उसने एक मोटी-सी शाखा को काटने के लिए जैसे ही कुल्हाड़ी उठाई कि तभी वृक्ष पर एक यक्ष प्रकट हुआ और उससे बोला—''ठहरो युवक! इस वृक्ष को मत काटना। इस वृक्ष पर मेरा आवास है। मैं वर्षों से इस वृक्ष पर सुखपूर्वक रह रहा हूं।''

जुलाहा बोला—''मैं विवश हूं देव! लकड़ी तो मुझे काटनी ही पड़ेगी। लकड़ी के बिना मेरे बुनने के उपकरण नहीं बनेंगे और फिर कपड़ा भी नहीं बुना जा सकेगा। जब कुछ कमाई नहीं होगी तो मेरा सारा परिवार भूखा मर जाएगा। इसलिए मेरी मानिए, आप किसी अन्य वृक्ष पर अपना आवास बना लीजिए। इस वृक्ष को काटना तो मेरी विवशता है।

यक्ष बोला—''युवक! मैं तुम्हारे उत्तर से प्रसन्न हूं। तुम कोई भी एक वर मांग लो, मैं उसे पूरा कर दूंगा, बस तुम इस वृक्ष को मत काटो।''

यह सुनकर मंथरक ने कहा—''यदि ऐसी बात है तो मुझे कुछ समय दे दो। मैं घर जाकर अपनी पत्नी और मित्रों से विचार करके आपसे वर मांगूगा।''

यक्ष ने कहा—"ठीक है। तुम जाकर अपनी पत्नी और मित्रों से सलाह कर लो। मैं तुम्हारी प्रतीक्षा करूंगा।"

जुलाहा घर लौटा तो रास्ते में ही उसे अपना मित्र नाई मिल गया। नाई को उसने सारी बात बताई, फिर पूछा—"बताओ मित्र। कैसा वर मांगू उस यक्ष से?"

नाई बोला—"इसमें सोचने को क्या है। किसी देश का राज्य मांग लो। तुम राजा बन जाना और मैं तुम्हारा मंत्री बन जाऊंगा। आनंद से सारा जीवन व्यतीत करेंगे।"

जुलाहा बोला—"बात तो तुम्हारी ठीक है, किंतु एक बार पत्नी की राय भी जान लूं। देखता हूं क्या सलाह देती है वह!"

"उससे सलाह लेने की क्या आवश्यकता है मित्र!" नाई बोला—"स्त्रियां तो अल्प- बुद्धि की होती हैं। स्त्री से सलाह लेना शास्त्र विरुद्ध है।"

"कुछ भी हो, वह आखिर है तो मेरी पत्नी।" जुलाहा बोला—"ऐसे गंभीर विषय पर उससे सलाह करना मेरा कर्तव्य है।" यह कहकर जुलाहा अपने घर पहुंचा और जुलाही से बोला—"एक यक्ष मुझ पर प्रसन्न होकर मुझे वर देना चाहता है। बताओ प्रिये। कैसा वर मांगू? मेरे मित्र नाई ने तो राज्य मांगने को कहा है।"

यह सुनकर जुलाही बोली—"नाई के कहने में मत आना। नाई और भाट जैसे चतुर व्यक्ति से कभी कोई परामर्श नहीं करना चाहिए। और फिर राज्य करना तो बहुत कष्टकारक होता है। भगवान राम को भी राज्य के कारण ही इतने दिन तक बनवास भोगना पड़ा था। राज्य के लिए ही यदुवंशी लोग आपस में कट मरे थे। राजा नल ने राज्य के लिए ही इतने कष्ट झेले थे। सौदास राजा को शाप मिला। राज्य के लिए परशुराम ने कार्तवीर्य को मार डाला। राज्य के लिए रावण की कैसी दुर्दशा हुई थी, यह किसी से छिपा नहीं है। किसी समझदार व्यक्ति को तो कभी राज्य प्राप्ति की इच्छा करनी ही नहीं चाहिए।"

"तब उससे क्या मांगू?" जुलाहे ने पूछा।

जुलाही बोली—"तुम अकेले दो हाथों से जितना कपड़ा बुनते हो, उसमें भी हमारा खर्च पूरा हो जाता है। पर यदि तुम्हारे दो की बजाय चार हाथ और एक सिर की बजाय दो सिर की बजाय दो सिर हो जाएं तो कितना अच्छा रहे। तब तुम आज की अपेक्षा दोगुना कपड़ा बुन लोगे। दो सिर, चार हाथ हो जाने से तुम्हारा समाज में मान-सम्मान भी बढ़ जाएगा। तुम उस यक्ष से यही वर मांग लो।"

मंथरक को अपनी पत्नी की बात जंच गई। वह समुद्र तट पर जाकर यक्ष से बोला—"देव! यदि आप वर ही देना चाहते हैं तो यह वर दीजिए कि मेरे चार हाथ और दो सिर हो जाए।"

यक्ष ने उसे वैसा ही हो जाने का वरदान दे दिया। परिणामतः जुलाहा चार हाथ और दो सिर वाला आदमी बन गया। परंतु उस रूप में जब वह गांव में वापस लौटा तो गांव वालों ने उसे कोई राक्षस समझ लिया, और सब लोग उस पर लाठी-डंडे लेकर टूट पड़े। उन्होंने जुलाहे को इतना पीटा कि उसका दम ही निकल गया।

यह कथा सुनाकर चक्रधारी ने कहा—"मित्र। यदि वह जुलाहा अपनी पत्नी की मूर्खतापूर्ण सलाह न मानता और अपने मित्र नाई के परामर्श पर ध्यान देता तो उसकी जान बच जाती। कभी-कभी लोग आशा रूपी पिशाचनी से दबे हुए ऐसे काम कर जाते हैं, जो जगत में हंसी का कारण बनते हैं। हवाई किले बनाने वाला व्यक्ति व्यर्थ में ही परेशानी मोल ले लेता है। जो व्यक्ति असंभव की आशा और अनागत की चिंता करता है, वह सोम शर्मा की भांति पीला हो जाता है।"

स्वर्ण-सिद्धि ने पूछा—"यह सोम शर्मा कौन था, और किस कारण से उसका शरीर पीला हो गया था?"

चक्रधारी ने तब उसे यह कहानी सुनाई।

हवाई किले कभी मत बनाओ

किसी नगर में एक कंजूस ब्राह्मण रहता था। उसकी जीविका भिक्षा से चलती थी। वह भिक्षा में मिले सत्तुओं (जौ अथवा गेहूं को भूनकर पीसा हुआ आटा) का भोजन करता और जो सत्तू बच जाते उनको एक घड़े में रख देता। इस प्रकार सत्तुओं से उसका घड़ा भर गया। उसने घड़े को रस्सी से बांधकर खूंटी पर टांग दिया था, और उसके नीचे अपनी चारपाई बिछाकर सोता था। जब तक उसको नींद न आती, तब तक वह निरंतर उस घड़े को ही निहारता रहता था।

एक दिन वह सोए-सोए विचित्र सपने देखने लगा और कल्पना के हवाई किले बनाने लगा। उसने सोचा कि "जब देश में अकाल पड़ेगा तो इन सत्तुओं का मूल्य सौ रुपए हो जाएगा। उन सौ रुपयों से मैं दो बकरियां खरीद लूंगा। छह महीने बाद उन दो बकरियों से कई बकरियां बन जाएंगी। फिर उन्हें बेचकर एक गाय ले लूंगा। गाय बेचकर भैंस ले लूंगा और जब वह भैंस अच्छे दामों में बिक जाएगी तो कुछ घोड़ियां खरीद लूंगा और फिर घोड़ों का व्यापार करने लगूंगा। व्यापार में खूब मुनाफ़ा होगा। मेरे पास सोना-ही-सोना हो जाएगा। फिर उस सोने से अपने लिए एक बहुत ही सुंदर महल बनवाउंगा।"

इस प्रकार सोचता हुआ वह विचार करने लगा कि "ज्यों ही मेरा महल तैयार होगा, कोई ब्राह्मण आकर अपनी सुंदर रूपवती कन्या का विवाह मेरे साथ कर देगा। तब फिर मेरी पत्नी के गर्भ से एक पुत्र पैदा होगा और मैं अपने पुत्र का नाम सोम शर्मा रखूंगा।

मेरा पुत्र जब घुटनों के बल चलने योग्य हो जाएगा तो मैं पुस्तक

लेकर घुड़साल के पीछे जाकर बैठूंगा। मेरा पुत्र मुझको देखकर अपनी माता की गोद से उतर कर मेरे पास आने के लिए घुटनों के बल चलता हुआ घोड़ों के पास से निकलेगा और मेरे पास आएगा। तब मैं अपनी पत्नी से नाराज़ होकर कहूंगा—"अपने पुत्र को संभालो यह मेरी पढ़ाई में बाधा बन रहा है।" मेरी पत्नी गृह कार्य में व्यस्त होगी इसलिए मेरे कथन को सुन नहीं पाएगी। तब मैं उठकर उसे पैर की ठोकर से मारूंगा।"

यह सोचते ही उसका पैर ठोकर मारने के लिए ऊपर उठा। वह ठोकर सत्तू-भरे घड़े को लगी। घड़ा फूट गया और उसमें रखा सारा सत्तू ब्राह्मण के ऊपर आ गिरा। ब्राह्मण का सारा शरीर पीला हो गया। कंजूस ब्राह्मण को घड़ा फूटने और सत्तू बिखर जाने का बहुत दुख हुआ और वह पश्चाताप करने लगा।

कथा सुनाकर चक्रधारी ने कहा—"तभी तो कहता हूं कि अनावश्यक हवाई किले बनाना उचित नहीं होता।"

"तुम ठीक कहते हो। लोभ के वशीभूत होकर सभी दुःखी होते हैं।" स्वर्ण सिद्धि ने कहा—कहते भी हैं कि जो व्यक्ति चपलता के कारण परिणाम सोचे बिना कार्य करता है, वह अंत में धोखा ही खाता है। उसको वैसा ही फल मिलता है जैसा चंद्र भूपति को मिला था।"

"यह कैसे हुआ?" चक्रधारी ने पूछा।

स्वर्ण-सिद्धि ने तब उसे यह कथा सुनाई।

जैसे को तैसा

किसी नगर में चंद्र नाम का एक राजा रहता था। उसके पुत्रों को बंदरों से खेलने का शौक था। महल और उसके आसपास विचरण करने वाले बंदरों का सरदार भी बड़ा चतुर था। वह सब बंदरों को नीतिशास्त्र की बातें बताया करता था। सारे बंदर उसकी आज्ञा का पालन करते थे। राजा के पुत्र भी उन बंदरों के सरदार को बहुत मानते थे।

उसी नगर के राजमहल में छोटे राजकुमार की सवारी के लिए कई मेढ़े भी थे। उन मेढों में एक मेढ़ा लालची था। वह जब भी मौका लगता, रसोई में घुस जाता और वहां जो कुछ भी खाने को मिलता, सबको खा जाता था। रसोइए उसे देखते तो लकड़ी से मार कर बाहर निकाल देते थे। बंदरों के सरदार ने जब यह देखा तो बड़ी चिंता हुई। उसने सोचा—''यह कलह किसी दिन सारे बंदरों के लिए विनाश का कारण बन जाएगी। कारण यह कि किसी दिन कोई नौकर इस मेढ़े को जलती लकड़ी से मारेगा, उसी दिन यह मेढा घुड़साल में घुसकर आग लगा देगा। इससे घुड़साल में आग लग ज़ाएगी। अनेक घोड़े जल जाएंगे। जलन के घावों को भरने के लिए बंदरों की चर्बी की मांग होगी। तब, हम सब मारे जाएंगे।''

उस दूरदर्शी बंदरों के सरदार ने तब बंदरों को यही सलाह दी कि अभी से इस राजमहल का त्याग कर दें। किंतु उस समय किसी भी बंदर ने उसकी बात पर ध्यान नहीं दिया। खाने के लोभ में वे राजमहल में ही रहते रहे। वहां उन्हें रोज मीठे-मीठे फल जो खाने को मिलते थे। वे उन्हें छोड़कर कैसे चले जाते। उन्होंने बंदरों के सरदार से कहा कि बुढ़ापे के कारण तुम्हारी बुद्धि मंद पड़ गई है। हम राजकुमारों के प्रेम-व्यवहार और

अमृत-समान मीठे फलों को छोड़कर जंगल में नहीं जाएंगे।

बंदरों का ऐसा अवज्ञापूर्ण रवैया देखकर सरदार को बहुत दुःख हुआ। उसकी आंखों में आंसू भर आए। वह बोला–"अरे मूर्खो! तुम लोग इस लोभ का परिणाम नहीं जानते हो। यह सुख तुम्हें बहुत महंगा पड़ेगा।" यह कहकर वह राजमहल छोड़कर अकेला ही जंगल में चला गया। बंदरों के सरदार की आशंका सही सिद्ध हुई। आदत से मजबूर वह मेढ़ा एक दिन जैसे ही रसोई घर में घुसा, गुस्से में आकर रसोइए ने एक जलती लकड़ी उसके शरीर पर दे मारी। मेढ़े के शरीर पर उगी ऊन तत्काल जल उठी। मेढ़ा आग से बचने के लिए इधर-उधर दौड़ने लगा। कोई और जगह न मिली तो घुड़साल में घुस गया। परिणाम यह हुआ कि घुड़साल में आ लग गई। समूची घुड़साल धू-धू करके जलने लगी। कुछ घोड़े जलकर मर गए, शेष आधे जले खूंटा उखाड़ कर इधर-उधर दौड़ने लगे।

राजा को घोड़ों के जलने का समाचार मिला तो उसने राजवैद्य को बुलाया। राज वैद्य ने आधे जले घोड़ों को बचाने के लिए बंदरों की चर्बी लाने को कहा। राजा ने तत्काल मंत्री को बुलाकर आदेश दे दिया कि उन सभी बंदरों को मारकर उनकी चर्बी निकाल ली जाए, जो हमने राजमहल में पाल रखे हैं। राजा की आज्ञा मानकर कर्मचारियों ने सारे बंदर मार डाले।

जंगल में बंदरों के सरदार को जब अपने साथियों के मारे जाने का समाचार मिला तो उसे भारी दुःख हुआ, और उसने अपने स्वजातीय भाइयों की हत्या का बदला लेने का निर्णय कर लिया।

एक दिन बंदरों का सरदार प्यास से व्याकुल होकर जंगल में घूम रहा था। अचानक एक ऐसा सरोवर दिखाई पड़ा, जिसमें कमल के पुष्प खिले हुए थे; उसने गौर से सरोवर के तट की ओर दृष्टिपात किया कि कई जंगली पशुओं के पैरों के निशान पानी की ओर जाते तो दिखाई पड़ रहे हैं किंतु वापस आने के किसी जंगली पशु के पैरों के निशान नहीं है। दूरंदेशी बंदर समझ गया कि कोई परभक्षी मगरमच्छ या कोई अन्य भयानक हिंसक जानवर सरोवर के अंदर रहता है जो जल पीने के लिए आने वाले पशुओं का भक्षण कर जाता है।

यही सोचकर वह जल पीने के सरोवर में नहीं उतरा। बड़ी चतुराई से उसने एक कमल की डंडी तोड़ी और उसे जल में डालकर तट पर खड़े होकर श्वास के सहारे जल खींचकर अपनी प्यास बुझा ली।

तभी सरोवर से एक विशाल राक्षस बाहर निकला उसके गले में एक सुंदर रत्नमाला पड़ी हुई थी।

बंदर को देखकर वह राक्षस बोला—इस सरोवर में जो भी जल पीने अथवा नहाने के लिए आता है, वह मेरा भोजन बन जाता है। किंतु तुम बेहद चतुर निकले। मैं तुम्हारी चतुराई से बहुत प्रसन्न हूं। बताओ, तुम्हें क्या चाहिए? मैं तुम्हारी कैसी मनोकामना को पूरी कर सकता हूं।

बंदर ने पूछा—"राक्षस राज!" तुम कितने जीवों को एक साथ खा सकते हो!"

राक्षस बोला—"असंख्य लोगों को! जो भी जीव इस जल में प्रविष्ट हो जाएगा वही मेरा भोजन बन जाएगा। लेकिन मेरी शक्ति सिर्फ जल तक ही सीमित है, भूमि पर तो मैं एक गीदड़ तक को नहीं मार सकता।

तब बंदर ने कहा—"एक राजा के साथ मेरी शत्रुता है। यदि तुम अपने गले में पड़ी यह रत्नमाला मुझे दे दो तो मैं अपने शब्दों के जाल में फंसाकर राजा और उसके सारे कुटुम्ब को इस जल में प्रविष्ट करा दूंगा।"

राक्षस ने उस पर विश्वास कर लिया और वह रत्नमाला उसे दे दी। बंदर उस रत्नमाला को गले में पहनकर उस राजा के नगर में पहुंचा। नगर वासियों ने एक बंदर के गले में ऐसी बहुमूल्य रत्नमाला देखी तो उससे पूछा कि यह रत्नमाला उसे कहां से प्राप्त हुई है? तब बंदर ने उन्हें बता दिया कि समीप ही कुबेर द्वारा बनवाया हुआ एक सरोवर है। उस सरोवर में जो भी व्यक्ति प्रातःकाल के समय मुंह अंधेरे जाकर स्नान करता है, उसे धन के स्वामी कुबेर महाराज ऐसी ही रत्नमाला प्रसाद स्वरूप देते हैं।

नगर के रहने वाले एक राजकर्मचारी ने यह बात जाकर राजा को बता दी। राजा ने बंदर को वहां बुलवाया और उससे पूछा—"वानर राज!

नगर में रत्नमाला मिलने के बारे में यह जो चर्चा फैल रही है, क्या वह सत्य है?''

बंदर बोला—''महाराज प्रत्यक्ष को प्रमाण की क्या आवश्यकता है? यह माला मेरे गले में आप देख ही रहे हैं। यदि आपको ऐसी ही और भी मालाएं चाहिए तो आप किसी को मेरे साथ भेज दीजिए। मैं आपको वह सरोवर दिखा दूंगा।''

राजा ने कुछ क्षण सोचा, फिर बोला—''किसी और को भेजने की आवश्यकता नहीं है। मैं स्वयं अपने परिवार के साथ तुम्हारे साथ चलूंगा। इस प्रकार मेरे पास बहुत-सी रत्नमालाएं हो जाएंगी।''

फिर एक दिन राजा समेत उनके परिवार के सभी लोग एवं राजमहल के कार्य करने वाले अनेक राजकर्मचारी बंदरों के सरदार के साथ उस सरोवर पर जा पहुंचे। किसी को यह न सूझा कि ऐसा कभी संभव नहीं हो सकता। लालच होती ही बुरी बला है। तृष्णा का मारा व्यक्ति लालच में पड़कर अंधा हो जाता है। सैकड़ों वाला हजारों चाहता है, हजारों वाला लाखों की तृष्णा रखता है और लखपति करोड़पति बनने की धुन में लगा रहता है। मनुष्य बूढ़ा हो जाता है, पर उसकी तृष्णा सदा जवान बनी रहती है। राजा की तृष्णा भी उसे उसके काल के मुख तक ले आई।

भोर होने पर सब लोग सरोवर में प्रवेश करने के लिए तैयार हुए, बंदरों के सरदार ने राजा से कहा—''महाराज। आप थोड़ा ठहर जाइए, पहले और लोगों को रत्नमालाएं लेने दीजिए। आप मेरे साथ सरोवर में प्रवेश करना। मैं आपको ऐसे स्थान पर ले चलूंगा जहां सबसे अधिक रत्नमालाएं मिलेंगी।''

जितने लोग सरोवर में उतरे, सबके सब डूब गए, कोई भी ऊपर न आया। उन्हें बाहर निकलता न देख राजा चिंतित हो उठा। उसने बंदर से पूछा—''वानर राज। मेरे बंधु-बांधव जल से ऊपर क्यों नहीं आ रहे हैं?''

बंदर ने एक ऊंची छलांग लगाई और झटपट एक वृक्ष पर चढ़ गया। उसने ऊपर से उत्तर दिया—''अरे दुष्ट राजा। अब वे कभी ऊपर नहीं आएंगे। इस सरोवर में रहने वाले एक विशालकाय राक्षस ने उन सबका

भक्षण कर लिया है। तूने मेरे कुल का विनाश किया था, मैंने तुम्हारा कुल नष्ट कर दिया। मुझे तुमसे बदला चुकाना था, वह मैंने चुका लिया। मैंने तुम्हें सिर्फ इसलिए रोक लिया था, क्योंकि कभी तुमने मुझे पाला था। अब चुपचाप अपने राजमहल चले जाओ।''

यह सुनकर राजा क्रोध से पागल हो उठा। किंतु करता भी तो क्या? बंदर ने सामान्यनीति का ही पालन किया था। हिंसा का प्रति हिंसा से और दुष्टता का उत्तर दुष्टता से देना ही व्यावहारिक नीति है। ''शठे शाठ्यम समाचरेत'' वाली उक्ति ही दुष्ट के साथ उचित समझी जाती है।

राजा के जाने के बाद राक्षस सरोवर से बाहर निकला। वह बंदर से बोला–''कम की डंडी से जल पीकर तुमने अपनी निपुणता सिद्ध कर दी। तुमने अपने शत्रु का विनाश भी कर दिया और मेरे साथ मित्रता भी कर ली। तुम धन्य हो वानर राज। तुम्हारी बुद्धि धन्य है। सचमुच तुम एक मित्रता करने योग्य व्यक्ति हो।

उपरोक्त कथा सुनने के बाद स्वर्ण-सिद्धि ने चक्रधारी से कहा–''मित्र! अब तुम मुझे अनुमति दो जिससे मैं घर जा सकूं।''

चक्रधारी बोला–''मुझे विपत्ति में पड़ा छोड़कर तुम घर कैसे जा सकते हो? इतने निष्ठुर मत बनो, मित्र! मित्रों के कुछ कर्तव्य होते हैं। मुझे ऐसी स्थिति में छोड़कर जाओगे तो नरक के भागी बनोगे।''

यह सुनकर स्वर्ण-सिद्धि ने कहा–''तुम्हें कष्ट से मुक्ति दिलाना मेरी सामर्थ्य-शक्ति से बाहर है, मित्र। मुझे तो यह भी डर है कि तुम्हारे साथ अधिक देर तक रुका रहा तो कहीं मैं भी इसी कष्ट से पीड़ित न हो जाऊं। अब मेरा यहां से चले जाना ही ठीक है, अन्यथा मेरी भी हालत वैसी ही हो जाएगी जैसे विकाल राक्षस के चंगुल में फंसे एक बंदर की हो गई थी।

चक्रधारी ने पूछा–''विकाल राक्षस कौन था और उनके चंगुल में कौन-सा बंदर फंस गया था।

स्वर्ण-सिद्धि ने तब उसे यह कथा सुनाई।

भय का भूत

किसी नगर में भद्रसेन नाम का एक राजा राज करता था। उसकी रत्नवती नाम की एक सुंदर और गुणवती कन्या थी। एक राक्षस उस राजकन्या पर मोहित हो गया। वह नित्य प्रति रात को उसके शयन कक्ष में पहुंच जाता था, किंतु मंत्र-मंत्र से सुरक्षित होने से वह उस कन्या का अपहरण नहीं कर पाता था। उस कन्या को उस राक्षस के पहुंचने का आभास हो जाता था, क्योंकि राक्षस के पहुंचने पर उसका समूचा शरीर कांपने लगता था।

एक रात वह राक्षस राजकन्या का अपहरण करने के लिए गया और चुपचाप एक अंधेरे कोने में छिपकर बैठ गया। राजकन्या उस समय अपनी एक सखी से कह रही थी "सखी। विकाल नाम का एक राक्षस रोज रात को मेरे सोने के कमरे में आता है और मुझे तंग करता है। उस दुष्ट से मुक्ति का कोई उपाय बताओ।"

राक्षस ने जब विकाल का नाम सुना तो उसने सोचा–"राजकुमारी के पास मेरे अतिरिक्त कोई और राक्षस भी आता है जो उसका अपहरण करना चाहता है। अब मैं घोड़े के रूप में घुड़साल में रहूंगा और देखूंगा कि वह राक्षस कौन है?" यही सोचकर उसने एक घोड़े का रूप धारण किया और घुड़साल में जाकर छिप गया।

उसी रात एक चोर ने राज महल में घोड़े चुराने के उद्देश्य से प्रवेश किया। घुड़साल में जाकर उसने घोड़ों की जांच-परख की, और उस घोड़ा का वेश धारण किए राक्षस को ही सबसे बढ़िया घोड़ा समझ कर उसकी पीठ पर सवार हो गया। घोड़ा बने राक्षस ने समझा "अवश्य ही यही

वह विकाल नाम का राक्षस है जो रात के समय राजकुमारी के शयन कक्ष में पहुंचकर उसे परेशान करता है। यह शायद मुझे पहचान गया है और मेरी हत्या करने के लिए ही मेरी पीठ पर सवार हुआ है।'' किंतु अब कोई चारा नहीं था। उसके मुंह में लगाम पड़ चुकी थी। चोर के हाथ में चाबुक था। चोर ने दो-तीन जोरदार चाबुक उसके शरीर पर मारे तो वह हवा के मानिंद भाग छूटा।

जब चोर को यह विश्वास हो गया कि अब वह सुरक्षित है, राजा के सैनिक उसका पीछा नहीं कर रहे, तब उसने घोड़े को रोंकने के लिए उसकी लगाम खींची। किंतु घोड़ा नहीं रुका। रुकने की बजाय उसकी गति और भी तेज हो गई। यह देखकर चोर भयभीत हो उठा। वह सोचने लगा—''कहीं घोड़े के रूप में यह कोई राक्षस तो नहीं। यदि ऐसा है तो निश्चित ही यह मुझे मार डालना चाहता है। आगे किसी ऊबड़-खाबड़ स्थान पर ले जाकर मुझ पटक देगा और मेरी हड्डियों का सुरमा बन जाएगा। मुझे अपने बचने का कोई उपाय सोचना चाहिए।''

और फिर एक उपाय उसे सूझ भी गया। आगे एक बरगद का वृक्ष दिखाई दे रहा था जिसकी, कई शाखाएं नीचे लटकी दिखाई दे रही थीं। घोड़ा भागता हुआ उस बरगद के वृक्ष के नीचे से गुजरा तो चोर ने उछलकर बरगद की एक मोटी शाखा पकड़ ली और उस पर लटक गया।

उस वृक्ष पर एक बंदर रहता था। उसने राक्षस को उस रूप में भी पहचान लिया। वह बंदर चिल्लाकर बोला—''अरे मित्र! इस तरह से क्यों भयभीत हो रहे हो। यह तो एक मनुष्य है। तुम्हारा भोजन है। पकड़ो इसे और मारकर खा जाओ।''

बंदर की यह बात सुनकर चोर को बहुत गुस्सा आया। बंदर उससे ऊपर वाली शाखा पर बैठा था, उसकी पूंछ नीचे लटक रही थी। चोर ने उसकी पूंछ पकड़ ली और उसे मुंह में दबाकर दांतों से चबाने लगा। इससे बंदर को असहनीय तकलीफ होने लगी। उसके चेहरे पर भय के भाव प्रगट होने लगे।

बंदर की बात सुनकर भयभीत होकर भागता राक्षस रुका। वह अपने

वास्तविक स्वरूप में आया और धीरे-धीरे वृक्ष की ओर बढ़ने लगा। लेकिन जब उसने बंदर को भयभीत होते देखा तो वह फिर भयभीत हो गया और बिना यह देखे कि वास्तविकता क्या है, वहां से तत्काल भाग निकला।

यह कहानी सुनाकर स्वर्ण-सिद्धि ने कहा—"अब तुम यहां रहकर अपने लोभ का फल भोगो। मुझे आज्ञा दो, मैं अपने घर वापस जाता हूं।"

यह सुनकर चक्रधारी ने कहा— मित्र! मैं लोभ के कारण नहीं, अपने दुर्भाग्य के कारण इस विपत्ति में फंसा हूं। जो भी अच्छा या बुरा होता है, व्यक्ति के सौभाग्य अथवा दुर्भाग्य से ही होता है। रावण जैसे बलशाली सम्राट को भी अपने दुर्भाग्य का फल भोगना पड़ा था। न सिर्फ वह, अपितु उसका सारा परिवार भाग्य विपरीत हो जाने के कारण विनष्ट हो गया था। इसके विपरीत एक कुबड़े, एक अंधे और एक त्रिस्तनी (ती स्तनवाली) राजकन्या ने कर्म तो बुरे किए थे, किंतु भाग्य के कारण उन तीनों को फल अच्छा मिला था।

स्वर्ण-सिद्धि ने उत्सुकतावश पूछा—"वह कैसे?"

चक्रधारी ने तब उसे यह कथा सुनाई।

भाग्य का फल

उत्तर दिशा में मधुपुर नाम का एक नगर था। एक बार उस नगर के राजा मधुसेन की रानी ने एक ऐसी कन्या को जन्म दिया जिसके तीन स्तन थे। राजा ने उस कन्या को अशुभ माना और सेवकों को बुलाकर कन्या को किसी जंगल में छोड़ आने का आदेश दे दिया। उसने उन सेवकों को यह भी समझा दिया कि इस बात की चर्चा वे दूसरे लोगों से न करें।

सेवक राजा की इस आज्ञा को मानने से झिझकने लगे। उन्होंने राजा को समझाया—''स्वामी, इस निर्दोष कन्या की हत्या कराने से क्या लाभ है। उचित तो यही है कि पहले राज ज्योतिषियों से इसका भविष्य पूछ लीजिए। क्या पता शरीर से विकृत होते हुए भी यह कन्या राज्य के लिए शुभ निकले। अपने से विद्वान व्यक्तियों के साथ परामर्श करने से कभी-कभी असाध्य समझे जाने वाले कार्य भी सिद्ध हो जाया करते हैं। व्यक्ति को हमेशा जिज्ञासु रहना चाहिए। किसी ब्राह्मण को एक राक्षस ने पकड़ लिया था, किंतु जब उस ब्राह्मण ने उस राक्षस के कुछ प्रश्नों का सही उत्तर दे दिया तो वह मुक्त हो गया था।''

यह सुनकर राजा ने पूछा—''वह किस प्रकार?''

सेवकों ने तब राजा को यह कहानी सुनाई।

जिज्ञासु बनो

किसी वन में चंद्रकर्मा नाम का एक राक्षस रहता था। जंगल में घूमते-घामते एक दिन एक ब्राह्मण उसके हाथ लग गया। वह राक्षस उस ब्राह्मण के कंधों पर चढ़ गया और उससे बोला—"चलो! मुझे सरोवर तक लेकर चलो। मैं वहां स्नान करूंगा।"

राक्षस को कंधे पर उठाए ब्राह्मण सरोवर की ओर चल पड़ा। तभी उसकी निगाह राक्षस के पैरों पर पड़ी जो बहुत नरम और उजले थे। ब्राह्मण ने जिज्ञासावश राक्षस से पूछ लिया—"महोदय! आपके पैर इतने नरम और उजले कैसे हैं?"

यह सुनकर राक्षस बोला—"मैं गीले होने के बाद अपने पैरों को कभी भूमि पर नहीं रखता। इसी कारण मेरे पैर इतने नरम और उजले हैं।

सरोवर के तट पर पहुंचकर राक्षस उस ब्राह्मण के कंधों से उतरा और ब्राह्मण से बोला—"जब तक मैं स्नान करके लौटूं नहीं, तब तक यहां से हिलना मत। तुझे मुझको वापस मेरे निवास तक छोड़कर भी आना है।"

राक्षस ने मन में सोच रखा था कि स्नान करके इसे घर ले जाऊंगा और इसे अपना आहार बना लूंगा। ब्राह्मण को भी इसी बात का संदेह था। राक्षस सरोवर में स्नान करने के लिए प्रविष्ट हुआ तो मौका देखकर ब्राह्मण भाग निकला। उसे मालूम हो गया था कि राक्षस गीले पैरों से जमीन नहीं छू सकता, इसलिए वह उसका पीछा नहीं करेगा।

ब्राह्मण यदि जिज्ञासावश राक्षस से प्रश्न नहीं करता तो उसे यह

भेद कभी नहीं मालूम होता। जिज्ञासा के कारण ही उस ब्राह्मण के प्राण बच सके। प्रश्न करने की आदत कभी-कभी प्राण रक्षा भी कर देती हैं।

अपने सेवकों से यह कथा सुनकर राजा ने अगले दिन विद्वान ब्राह्मणों को बुलाया और उनसे कहा–''मेरे यहां त्रिस्तनी कन्या उत्पन्न हुई है। उसके जन्म की शांति का उपाय बताओ।''

ब्राह्मणों ने कहा–''राजन! हीन अथवा अधिक स्तन वाली कन्या अपने पति का विनाश करती है। वह अपने चरित्र को भी कलंकित करती है। यदि तीन स्तनों वाली कन्या अपने पिता के सम्मुख रहती है तो वह अपने पिता का भी नाश करती है। अतः आपको चाहिएं कि आप इसका दर्शन न करें। अच्छा यही है कि किसी के साथ उसका विवाह कर उसको राज्य से बाहर निकाल दें।

ब्राह्मणों की बात सुनकर राजा ने घोषणा करा दी–''जो व्यक्ति मेरी त्रिस्तनी कन्या से विवाह करेगा उसे एक लाख स्वर्णमुद्राएं देकर राज्य से निकाल दिया जाएगा।''

राजा को घोषणा कराए हुए अनेक वर्ष बीत गए। कन्या भी अब जवान हो गई थी। उसे गुप्त स्थान पर सुरक्षित रखा गया था।

उसी नगर में एक अंधा और एक कुबड़ा भी रहते थे। दोनों आपस में मित्र थे। कुबड़ा अंधे की लाठी पकड़ कर चलता था। उन दोनों ने राजा की घोषणा सुनकर विचार किया–''यदि भाग्य से राजा ने हमें पसंद कर लिया तो एक लाख स्वर्णमुद्राएं मिल जाएंगी और हमारा जीवन सुख से कट जाएगा। यदि त्रिस्तनी कन्या से विवाह करने के बाद हम मर भी गए तो भी हमें इस कष्टदायक जीवन से मुक्ति मिल जाएगी।

यह विचार कर अंधे ने राजा के सम्मुख पहुंचकर कहा–''महाराज! मैं आपकी कन्या से विवाह करने को तैयार हूं।''

राजा ने तब अपनी कन्या का विवाह उस अंधे के साथ कर दिया। साथ ही एक लाख स्वर्णमुद्राएं देकर, एक नाव में बैठाकर उनकी दूसरे देश में जाने की व्यवस्था कर दी।

विदेश में जाकर तीनों आनंदपूर्वक रहने लगे। अंधा तो सारे दिन घर

में लेटा रहता था, सारा काम कुबड़ा ही करता था। धीरे-धीरे त्रिस्तनी का उस कुबड़े से प्रेम हो गया।

एक दिन त्रिस्तनी ने कुबड़े से कहा—"यदि इस अंधे को किसी प्रकार विष खिलाकर मार दिया जाए, तो हम दोनों बड़े आंनद के साथ रह सकते हैं।"

एक दिन कुबड़े को मार्ग में चलते हुए एक मरा हुआ सांप मिल गया। वह उसे घर ले आया और त्रिस्तनी को देकर उससे बोला—"तुम इसे काटकर छोटे-छोटे टुकड़े कर लो। फिर उनमें अच्छी तरह मिर्च-मसाले लगाकर मछली की तरह पका लो। इस अंधे को मछली बेहद पसंद है।

इसके पश्चात् वह कुबड़ा किसी कार्य से घर से बाहर चला गया। त्रिस्तनी राजकुमारी ने कुबड़े के बताने के अनुसार सांप के टुकड़े कर, मिर्च मसाला लगाकर पकने के लिए चूल्हे पर रख दिया। फिर वह अपने अंधे पति से बोली—"प्रिय! तुम्हें मछली बहुत अच्छी लगती है। इसलिए मैं आज तुम्हारी पसंद की मछली बना रही हूं। तुम चूल्हे के पास बैठकर उसमें कलछी चलाते रहो, तब तक मैं घर के अन्य कार्य निपटा लेती हूं।"

अंधे को बड़ी प्रसन्नता हुई। वह चूल्हे के पास बैठ गया और हांडी में कलछी डालकर चलाने लगा।

सांप पकाते हुए अंधे की आंखों में विष का धुआें लगा तो उसकी आंखों का मोतियाबिंद पिघलने लगा। काफी देर तक धुआं लगने से उसकी आंखें ठीक हो गईं और उसे दिखाई देने लगा। उसने हांडी में देखा। सांप के टुकड़े देखते ही सारी बात उसकी समझ में आ गई कि यह सब उसे मारने के लिए किया गया है। तब उसने चालाकी से काम लिया। अपनी आंखें ठीक होने की बात छिपा ली और पहले की तरह अंधे व्यक्ति जैसा व्यवहार करने लगा।

रात को जब कुबड़ा घर लौटा तो अंधे के सामने ही त्रिस्तनी से प्रेम करने लगा। यह देख अंधे को बहुत क्रोध आया। उसने कुबड़े की दोनों टांगे पकड़ लीं और उसे जोर- से घुमाकर त्रिस्तनी की छाती पर

पटक दिया। ऐसा करने से त्रिस्तनी का तीसरा स्तन उसकी छाती में समा गया। घुमाए जाने के कारण कुबड़े का कुबड़ापन भी जाता रहा।

यह कथा सुनाकर चक्रधारी ने कहा—"इसीलिए तो मैं कहता हूं कि यदि भाग्य साथ हो तो बुरे कार्य का भी परिणाम अच्छा ही निकलता है।"

स्वर्ण-सिद्धि बोला—"तुम्हारी बात किसी हद तक ठीक है, मित्र! किंतु फिर भी मनुष्य को श्रेष्ठ मित्रों एवं सज्जनों का परामर्श मानना चाहिए। स्वेच्छाचारिता बुरी होती है। स्वेच्छाचारी व्यक्ति की हमेशा दुर्गति होती है। वह उसी प्रकार नष्ट हो जाता है जिस प्रकार एक स्वेच्छाचारी मारुंड पक्षी नष्ट हो गया था।

चक्रधारी ने पूछा—"वह कैसे?"

स्वर्ण-सिद्धि ने तब उसे यह कथा सुनाई।

मिलकर काम करो

किसी सरोवर में मारुड नाम का एक पक्षी रहता था। उस पक्षी के पेट तो एक ही था, पर उसके मुंह दो थे। एक दिन जब वह पक्षी समुद्र के किनारे विचरण कर रहा था, तभी समुद्र की लहरों में बहता हुआ एक अमृत के समान मीठा फल किनारे पर आ लगा।

वह पक्षी उसको एक मुख से खाकर उसकी प्रशंसा करने लगा। दूसरे मुख ने कहा—"जरा मुझे भी तो इसका स्वाद चखा दो।"

पहला मुख हंसकर कहने लगा—"तुम्हें चखकर क्या करना है? हमारा पेट तो एक ही है, वह उसमें चला गया है। तृप्ति तो हो ही गई है।" यह कहने के बाद उसने शेष फल अपनी प्रेयसी को दे दिया। उसे खाकर उसकी प्रेयसी प्रसन्न हो गई।

उसी दिन से दूसरा मुख विरक्त रहने लगा और इस तिरस्कार का बदला लेने का उपाय सोचने लगा।

अंत में, एक दिन उसे एक उपाय सूझ गया। उसे कहीं से एक विषफल मिल गया। पहले मुख को दिखाते हुए उसने कहा—"देखो! आज मुझे यह विषफल मिला है। मैं इसे खाने लगा हूं।"

प्रथम मुख ने उसे रोकते हुए आग्रह किया—"मूर्ख! ऐसा मत कर। इसके खाने से हम दोनों मर जाएंगे।" लेकिन दूसरा मुख न माना पहले मुख के निषेध करते-करते उसने बदला लेने के लिए वह विषफल खा लिया। परिणाम यह हुआ कि दो मुख वाला वह मारुड़ पक्षी तत्काल मर गया।

स्वर्ण-सिद्धि से यह कथा सुनकर चक्रधारी ने कहा—"हां मित्र! तुम

ठीक कहते हो। ठीक है, अब तुम जाओ, किंतु अकेले मत जाना। क्योंकि जिस प्रकार कोई अमृत समान वस्तु अकेले नहीं खानी चाहिए, किसी गूढ़ रहस्य पर अकेले विचार नहीं करना चाहिए, उसी प्रकार शास्त्र का कथन है कि यात्रा अकेले नहीं करनी चाहिए। मार्ग में यदि कोई डरपोक आदमी भी मिल जाए तो उसको ही साथ ले लेना चाहिए। क्योंकि इसी प्रकार साथ में रहने पर ही एक केकड़े ने एक ब्राह्मण की जीवन रक्षा कर दी थी।''

स्वर्ण-सिद्धि ने पूछा—वह किस प्रकार?''

चक्रधारी ने तब उसे यह कथा सुनाई।

राह का साथी

किसी गांव में ब्रह्मदत्त नाम का एक ब्राह्मण रहता था। एक दिन किसी आवश्यक कार्य के लिए दूसरे गांव में रहने वाले उसके एक मित्र ने उसे अपने यहां आमंत्रित किया। ब्राह्मण वहां को तत्पर हुआ तो उसकी माता बोली—"बेटा अकेले मत जाओ। किसी को साथ ले जाओ।"

ब्राह्मण बोला—"माता जी आप चिंतित न हों। रास्ता ज्यादा लंबा नहीं है। मुझे वहां अधिक देर तक नहीं ठहरना। बस यूं समझो कि वहां गया कि आया।"

"फिर भी बेटा। अकेले जाना ठीक नहीं होता। अच्छा तनिक ठहरो, मैं साथ के लिए किसी का प्रबंध करती हूं।" यह कहकर ब्रह्मदत्त की मां बाहर एक तालाब पर पहुंची और वहां से एक केकड़ा उठा लाई। केकड़े को उसने एक कपूर की डिबिया में रखा और कपूर की डिबिया ब्रह्मदत्त के थैले में डालकर बोली—"यह तुम्हारा राह का साथी रहेगा।"

गर्मी का महीना था। रास्ते में कुछ देर विश्राम करने के लिए ब्राह्मण एक घने वृक्ष की छाया में बैठ गया। कुछ ही देर बाद उसे नींद आ गई और वहीं सो गया।

तभी समीप की एक झाड़ी से एक काला नाग बाहर निकला और कपूर की सुंगध से आकर्षित होकर ब्रह्मदत्त की ओर बढ़ने लगा। उसने ब्रह्मदत्त के थैले को फाड़ा और उसके अंदर घुस गया। नाग ने डिबिया को छेड़ा तो डिबिया खुल गई और केकड़ा बाहर निकल आया। केकड़ा नाग की गर्दन से चिपट गया और अपने नुकीले पंजे नाग की गर्दन में गड़ा दिए। कुछ ही देर में उसने नाग की गर्दन काट डाली। नाग उसी

स्थान पर तड़प-तड़प कर मर गया।

कुछ देर बाद जब ब्रह्मदत्त की नींद टूटी तो उसने अपने समीप मरा हुआ सांप देखा। केकड़ा उसकी कटी हुई गर्दन से चिपटा हुआ था। यह दृश्य देखकर ब्रह्मदत्त समझ गया कि उसके सो जाने के पश्चात् क्या कुछ घटित हुआ था। तब उसके मुंह से हठात यह शब्द निकल गए–"किसी ने सच ही कहा है। यात्रा कभी अकेले नहीं करनी चाहिए। कोई न कोई सहयात्री जरूर साथ ले लेना चाहिए। अगर मैंने अपनी माता का कहना न माना होता तो आज मेरी मृत्यु निश्चित थी।"

यह कथा सुनाने के बाद स्वर्ण-सिद्धि ने कहा–"इसलिए मैं कहता हूं कि यात्रा के समय साथ रहने वाला दुर्बल व्यक्ति भी उपकारक सिद्ध होता है।"

चक्रधारी की बात सुनकर स्वर्ण-सिद्धि को संतोष हो गया और फिर वह चक्रधारी से अनुमति लेकर अपने घर की ओर लौट पड़ा।

(इति पंचतंत्र पंचम तंत्र समाप्तम)